CATALOGUE RAISONNÉ

DES

LÉPIDOPTÈRES

du Berry & de l'Auvergne

(Cher, Indre, Creuse, Puy-de-Dôme, Cantal)

(FRANCE CENTRALE)

PAR

MAURICE SAND

Chevalier de la Légion d'Honneur, membre des Sociétés
entomologique & géologique de France

Prix: 6 Francs

PARIS

LIBRAIRIE ZOOLOGIQUE DE E. DEYROLLE

23, rue de la Monnaie, 23

LA CHATRE, IMPRIMERIE TYPOGRAPHIQUE H. ROBIN.

PRÉFACE AU LECTEUR

—————

Mon cher Collègue,

Celui qui entreprend de dresser un catalogue quelconque en histoire naturelle, avec collection et pièces à l'appui, pour une région tant minime soit elle sur le globe, ne sait pas à quoi il s'engage.

C'est après vingt-cinq ans de chasses de tous genres, de recherches, d'élevage, de préparations, de soins, de travaux bibliographiques et de patience surtout que je suis heureux de pouvoir enfin vous présenter aujourd'hui ce catalogue du Berry et de l'Auvergne.

J'ai commencé en 1852 par faire la collection des papillons de mon jardin à Nohant [Indre], mais la haie qui le séparait des champs n'était une limite ni entomologique, ni botanique, ni géologique, ni climatérique. Je l'eus bien vite franchie pour explorer d'abord mes environs, puis mon arrondissement et mon département;

mais les limites administratives étaient aussi
arbitraires que celles de mon jardin, je dus
laisser de côté la géographie politique pour
m'occuper de la géographie naturelle. Les
anciennes provinces de France étant mieux
séparées, je choisis le Berry et l'Auvergne,
c'est-à-dire toute la région qui, avec une partie
du Bourbonnais et de la Marche, constitue le
plateau central situé entre le cours de l'Allier
à l'est; celui de la Gartempe à l'ouest; la Loire,
de Beaugency à Gien, au nord; le Lot et les
monts Lozères au sud.

Le rayon de mes études s'étant élargi j'ai
dû visiter des régions plus éloignées où je
n'avais plus les mêmes facilités. J'ai, à différentes
époques et à différentes reprises, été faire des
stations dans la montagne; j'ai même poussé
mes recherches jusqu'à passer plusieurs nuits
au milieu des bois de sapins du Mont-Dore et
du Cantal, accompagné d'Henri, mon aide na-
turaliste, muni d'une tente, d'une lampe à
réflecteur et d'un pot de miellée pour me
procurer des espèces qui ne descendent pas
dans la vallée. Car il n'y a pas d'espèces rares
à proprement parler, il n'y a qu'à les chercher
dans leur milieu.

Si, comme le disait Duponchel, il y a une
quarantaine d'années, la France possède les
quatre cinquièmes des lépidoptères de l'Europe,
je puis vous dire aujourd'hui que le Berry et
l'Auvergne possèdent les quatre cinquièmes
des lépidoptères de la France. Je citerai à l'appui
la configuration du pays :

1° Les bruyères et les bois de bouleaux de la Sologne, plateau crayeux dont la faune et le climat séquanien sont identiques à ceux de Paris.

2° La Brenne, région humide qui rappelle le climat maritime par ses milliers d'étangs, ses prairies et ses petits bois de chêne.

3° La région des forêts du Cher et de l'Indre et les plaines cultivées de la partie appelée Champagne, pays calcaire *(oolithe* et *oxfordien)* jouissant du climat girondin où déjà se montrent quelques espèces méridionales.

4° La région des vignes, du froment, des prairies, pays bocager sur le *Lias*, jouissant aussi du climat girondin (Indre, Cher et Allier).

5° La région des châtaigniers et des hêtres, du sarrazin, du seigle, pente nord du plateau central, terrain granitique et climat continental avec la faune septentrionale.

6° Toute la partie volcanique de l'Auvergne avec la flore et la faune subalpine y compris la région des sapins jusqu'à la hauteur de 1858 mètres.

7° Le versant sud-ouest (Aurillac, Ytrac, Figeac) avec ses bruyères, ses bois sur le calcaire, où les espèces méridionales dominent.

Quand j'ai commencé à m'occuper de cette branche de l'entomologie, je ne croyais pas, mon cher collègue, que la chasse aux chenilles me conduisait fatalement à l'étude de la botanique et que celle de la botanique me mènerait tout droit à celle de la géologie et de la climatologie, mais tout se tient et s'enchaine dans l'univers.

Au point de vue entomologique il est un fait regrettable, mais inévitable : c'est le défrichement des landes, le déboisement et le déssèchement des étangs. Les espèces dont les larves vivent de bruyères, de genêts et de plantes sauvages disparaîtront. Déjà aujourd'hui, dans le midi, les bois, les fourrés et les garrigues sont remplacés par la culture de la vigne, cause qui fait remonter certaines espèces méridionales vers le centre et sur les contreforts du plateau central, au sud, où la nature calcaire ou volcanique du terrain ne permet pas l'arrachement des bruyères. Dans notre Berry où l'agriculture fait tous les jours des progrès, beaucoup d'espèces quittent la plaine pour gagner les vallées des montagnes. Quand le paysan aura la terre, tout sera blé, luzerne ou vigne ; alors les espèces actuelles auront disparu. Si nous nous en rapportons à Darwin, elles feront place à d'autres espèces, lesquelles par la loi de sélection et de transformation des variétés en espèces, seront nouvelles et classées par nos descendants. Ceux-ci s'étonneront peut-être que nous ne les ayons jamais mentionnées dans nos catalogues du XIXᵉ siècle; mais dans ce temps là l'entomologiste aura probablement, lui aussi, subi la loi de sélection il sera devenu tellement perspicace qu'il comprendra bien vite que ces espèces n'existaient de notre temps qu'à l'état de variétés ou d'aberrations.

En vous livrant aujourd'hui mon catalogue qui contient trois mille espèces environ, je n'ai pas la prétention, croyez-le bien, de publier une liste complète des lépidoptères qui habitent la

France centrale. Il y a encore de nombreuses découvertes à faire pour ceux de mes chers collègues qui trouveront avec raison, mon travail insuffisant.

J'ai suivi le catalogue de MM. Staudinger et Wocke (: Edit. 1871). dont les numéros précèdent le nom des espèces que je mentionne. Comme synonimie et bibliographie c'est, à mon avis, le plus complet jusqu'à ce jour. Si leur méthode est critiquée en France, c'est peut être à tort, car toutes les classifications sont bonnes, aucune n'est parfaite. Mais, comme l'a fort bien écrit dans sa préface du *Catalogue de Saône-et-Loire*, notre savant collègue M. A. Constant, il s'agit ici d'inventorier et non de classer.

Bien que j'ai élevé des milliers de chenilles et récolté tout ce que j'ai vu voler depuis 1852, il m'eût été impossible de terminer ce travail sans le concours de mon regretté ami Gustave Tourangin, de Saint-Florent (Cher), pour la partie septentrionale du Berry et celui de M. de Peyerimhoff, pour la dermination d'un grand nombre de microlépidoptères. J'adresse aussi mes remerciements à M. A. Depuiset, à M. le marquis de la Fitole, à MM. Henri Delamain et Fallou, pour les renseignements qu'ils m'ont obligeamment donnés.

MAURICE SAND.

Nohant (Indre), le 15 juillet 1879.

EXPLICATION

DES SIGNES ET ABRÉVIATIONS

♂ — Mâle.

♀ — Femelle.

C. — Commun.

A C. — Assez commun.

T C. — Très commun.

R. — Rare.

A R. — Assez rare.

T R. — Très rare.

Var. — Variété.

Ab. — Aberration.

CATALOGUE

DES

LÉPIDOPTÈRES

DU BERRY ET DE L'AUVERGNE

(France Centrale.)

PREMIÈRE PARTIE

—

MACROLEPIDOPTERA

RHOPALOCERA

—

Fam. I. — PAPILIONIDAE
GEN. 1. — PAPILIO (L.)

1* — PODALIRIUS(L.) — Nohant (Indre). C. du 25 avril au 1ᵉʳ juin. puis 15 août, jardins, lisières des bois, côteaux au midi, Cher, Allier, Creuse, Puy-de-Dôme. R. au Mont-Dore, Cantal. (Deux générations.) — Chenille sur le prunellier, l'amandier, le pommier, en juillet, puis du 15 septembre au 10 octobre.

2. — ALEXANOR (Esp.) — R. juin, montagne de Sermur (Creuse). Catalogue du département de la Creuse, par Roudaire, 2 fois cité. Musée de Guéret. Espèce alpine de la France méridionale. — Chenille en juillet, août, sur le *Seseli montanum*. La chrysalide passe l'hiver.

3. — MACHAON (L.) — C. Nohant (Indre). 4 mai, 25 juillet, août potagers et prairies, Cher, Allier, Cantal. (Deux générations.) — Chenille sur les carottes, les peucédans et le fenouil, 20 mai, 15 juillet, 15 septembre. Une partie des chrysalides d'automne éclot quinze jours après. L'autre partie (chrysalides grises) hiverne pour éclore au printemps.

---

* Les numéros des familles, genres et espèces correspondent au Catalogue STAUDINGER et WOCKE, édition 1871, s'y reporter pour la synonimie et la bibliographie.

Gen. 5. — Parnassius (Latr.)

13. — APOLLO (L). — 25 juin, 20 juillet. C. au Mont-Dore à Gravenoire, au Puy-de-Parriou, à Chaudefour (Auvergne), à Murat (Cantal), C. (Espèce Alpine). — Chenille en mai sur les *Sédum* et *Saxifraga*.

25. — MNEMOSYNE (L).— R. rochers, plateau du Capucin, Mont-Dore (Auvergne). Juin, juillet. (Espèce Alpine).

II. — PIERIDAE
Gen. 6. — Aporia (Hb.)

27. — CRATAEGI. (L.) — T. C. Nohant (Indre), 30 mai, 14 juin. Prairies, bois, champs, vergers. Guéret (Creuse), Cher, Sologne, Auvergne, le Lioran (Cantal). C. fin juillet, août. — Chenille vit en société sur le prunellier et l'aubépine. Elle éclot en octobre, hiverne et parvient à toute sa taille du 15 avril au 15 mai.

Gen. 7. — Pieris (Schrk.)

31. — BRASSICAE (L.) — C. Nohant (Indre), 24 mai, 25 juillet, 4 août, 20 septembre, Sologne, Cher, Guéret, Auvergne (Creuse). Vole jusque sur le haut du Puy-de-Sancy (1884 mètres d'alt.). Murat (Cantal). Deux générations. — Chenille sur le chou cultivé, juin.

34. — RAPAE. (L.) — C. Nohant (Indre), 25 mai, août, potagers prairies, bois. Cher, Sologne, Indre, Guéret (Creuse). Auvergne. Deux générations. — Chenille sur les crucifères, la rave, les choux en mai, septembre.

36. — NAPI. (L.) — C. Nohant (Indre), 28 mars, éclot 15 avril. Bois et prairies. Guéret (Creuse), Cher, Allier, Sologne, Auvergne (Première génération). — Chenille sur le reséda, la capucine, en juin et septembre, octobre.

A. Var. napaeae (Esp.) — (Deuxième génération). Nohant (Indre), C. septembre, Cher, Allier, Creuse, Auvergne, Sologne, Murat, (Cantal).

B. Ab. ♀ bryoniae (O.) — Le Lioran, Murat, Plomb du Cantal. R. juillet (Variété Alpine).

40. — DAPLIDICE (L.) — (Deuxième génération). Juillet, 25 septembre. Nohant (Indre). A C. Sologne, Cher, Allier, Auvergne. — Chenille sur l'arabette, dont elle mange les siliques, 20 juillet, octobre.

A. Var. bellidice (O.) — (Première génération). Nohant, R. Gargilesse (Indre), terrains de micaschiste, 15 avril, C. Auvergne, champs de seigle, C. Saint-Florent (Cher), R. grèves de l'Allier, C.

Gen. 8. — Anthocharis (Bdv.)

42. — BELEMIA (Esp.) — A. Var. glauce (Hb.) —Espèce d'Espagne et de Portugal, prise dans la vallée de l'Alagnon à Murat (Cantal) en mai, par M. Barretier. Collection Barretier Murat, également capturée par M. Séguy à Murat, fin mai

et juin, R. Collection Séguy à Murat, 2 exemplaires (Catalogue des lépidopt. du canton de Murat, par M. Séguy).

44. — BELIA (Cr) — (Première génération). Nohant, R. 26 avril, Gargilesse (Indre), C. Sologne, Saint-Florent (Cher), C. Royat (Auvergne). Avril, Mai, C. — Chenille sur les crucifères, la fausse roquette en juillet, août, reste dix mois en chrysalide.

A. VAR. AUSONIA (Hb.) — (Deuxième génération). Nohant (Indre) A R. 8, 15 juin, Saint-Florent (Cher), A R. Auvergne juillet, C. Sologne du Cher, juillet. — La chenille ne reste que quinze jours en chrysalide.

B. VAR. SIMPLONIA (Bdv.) — Gargilesse (Indre). Un exemplaire dans les rochers de la Creuse, 25 juin, un autre exemplaire dans les plaines calcaires de Nohant (Indre) 10 août (Variété du Valais).

45. — TAGIS. (Hb.) — Le type est d'Espagne.

VAR. A. BELLEZINA (Bdv.) — R. Gargilesse (Indre), Trois exemplaires, 5 mai, dans un ravin schisteux au Sud (Variété méridionale). — Chenille en juillet sur l'*Iberis pinnata*, reste dix mois en chrysalide.

47. — CARDAMINES (L.) — Nohant (Indre), C. du 15 avril au 25 mai, 28 mars, Sologne, Saint-Florent (Cher). Guéret, C. Chambon (Creuse). Auvergne, C. Murat, (Cantal). — Chenille sur la cardamine des prés le *Sisymbrium alliari* en juillet, reste onze mois en chrysalide.

51. — EUPHENOIDES (Stgr.) EUPHENO (Esp.) — Vallée de Fontanat, Royat (Auvergne) [R. avril, mai, très localisé. Murat (Cantal), R. (Espèce méridionale). Vallée de l'Alagnon, mai, juin. — Chenille sur la *Biscutella lævigata* en juillet.

GEN. 10. — LEUCOPHASIA (Stph.)

54. — SINAPIS (L.) — Nohant (Indre), C. 20 mai, bois, prairies. Cher, Allier, Creuse, Auvergne. — Chenille en juin, septembre sur la gesse des prés, les *Lotus*, *Lathyrus*, *Vicia cracca*.

A. VAR. LATHYRI (Hb.) — (Première génération), avril, Nohant, C.

B. VAR. DINIENSIS (Bdv.) — (Deuxième génération), 15 juillet, Nohant, R. Auvergne, C. (Variété méridionale).

C. AB. ♀ ERYSIMI (Bork.) — Nohant (Indre), A C. juillet, août.

55. — DUPONCHELI (Stgr.) LATHYRI (Dup.) — Murat (Cantal), 20 juin. — Chenille en mai sur la gesse des prés.

CEN. 13. — COLIAS (F.)

64. — HYALE (L.) — Nohant (Indre), C. 14 mai, 4 août (Deux générations). Sologne, C. Cher, Indre, Auvergne, C. Pâturages arides, landes. — Chenille sur les légumineuses, juin, septembre, sur la *Coronilla varia*.

71. — MYRMIDONE (Esp.) — Blessac (Creuse), R. fin juin (espèce de Hongrie), capturé par le marquis de Lafitole. Gargilesse (Indre), 15 juin, 4 exemplaires ♂ ♀ — Cette espèce ne serait-elle pas une variété alpine d'Edusa?

72. — EDUSA (Fab.) — Nohant (Indre), C. 15 juin', 5 août, 10 octobre (Deux générations). Champs, prairies, luzernières. Guéret (Creuse), Sologne, Cher, Auvergne, C. Murat (Cantal), C. — Chenille sur les trèfles et luzernes en mai, septembre.
A. Ab. ♀ helice (Hb.) — T R. Nohant (Indre), Août. Saint-Florent-sur-Cher, Clermond-Ferrand.

Gen 14. — Rhodocera (Bdv.)

75. — RHAMNI (L.) — Nohant, forêt de Saint-Chartier (Indre), C. Sologne, Cher, Guéret (Creuse), Auvergne, C. 15 juillet, hiverne et vole en février. — Chenille en juin sur le nerprun, la bourdaine.

77. — CLEOPATRA (L.) — Vallée de l'Alagnon, Murat, Ytrac, Aurillac (Cantal), 25 juillet, hiverne et reparaît en mars, avril, R. (Espèce méridionale). — Chenille en juin sur l'alaterne, le nerprun, la bourdaine.

III. — LYCAENIDAE.

Gen. 15. — Thecla (F.)

78. — BETULAE (L.) — Nohant (Indre), C. 24 juillet, 20 août, haies, jardins, bois. Saint-Florent-sur-Cher, Sologne, Guéret (Creuse). Auvergne, C. — Chenille sur le chêne, le bouleau, le prunellier, mai, 15 juin.

79. — SPINI (Schiff. S. V.) — Saint-Florent, forêt d'Allogny (Cher). A C. juillet (Coteaux du calcaire oxfordien). — Chenille sur le prunellier en mai.

80. — W. ALBUM (Knok.) — Nohant (Indre), C. 10 juin, 1ᵉʳ juillet. Bois, bords des routes plantées d'ormes. Sologne, R. Saint-Florent (Cher), C. Guéret (Creuse). Auvergne, Limagne, C. — Chenille en mai sur l'orme.

81. — ILICIS (Esp.) LYNCEUS (F.) — Nohant, C. Juin, dans les forêts de l'Indre, Saint-Florent, Guéret, Sologne du Cher, Auvergne, C. — Chenille en mai sur le chêne.
B. Var. aesculi (Hb.) — Gargilesse (Indre), R. juin (Var. méridionale).

83. — ACACIAE (Fab.) — Nohant (Indre), A R. 15 juillet. Sologne et forêts du Cher, R. Saint-Nectaire, Murols, Lac-Chambon (Auvergne), A C. — Chenille en mai sur le chêne.

86. — PRUNI (L.) — Bois de Saint-Florent (Cher), A R. juin. Enval, Randan (Puy-de-Dôme), R. forêt de Montpensier, Vichy (Allier). — Chenille sur le prunellier, le bouleau, le chêne en mai.

90. — ROBORIS (Esp.) EVIPPUS (Hb.) — Montagnes du Forez, Cantal, juin, juillet. Auvergne.

91. — QUERCUS (L.) — C. Bois de Vavrey, de Chanteloup, les tailles de Nohant (Indre), bois de Saint-Florent, Sologne (Cher), C. Auvergne, C. 17 juin, 25 juillet. — Chenille en mai sur le chêne.

94. — RUBI (L.) — C. Nohant, bois de la Brande (Indre), Saint Florent (Cher). Champs de genêts, Guéret (Creuse). Puy-de Dôme (Auvergne), avril, 15 mai. — Chenille sur la ronce, le genêt, 15 août.

GEN. 17. — POLYOMMATUS (Latr.)

99. — VIRGAUREAE (L.) — Mont-Dore, C. Royat (Auvergne). 10 juillet, 10 août (Deux générations). (Espèce Alpine). Murat, Le Lioran, C. (Cantal). — Chenille sur *Solidago virga aurea*. Juin et septembre.

109. — HIPPOTHOE (L.) CHRYSEIS (S. V). — Dontreix, forêt de la Drouille (Creuse), 15 juillet. Mont-Dore, Chaudefour (Auvergne), C. 25 juin (Espèce Alpine). Murat (Cantal), 5, 10 août.

110. — ALCIPHRON (Rott.) HIERE (F.) — Bourgogne, Auvergne, juillet. R.

A. VAR. GORDIUS (Esp. Hb. God.) — Gargilesse (Indre), A R. Puy-de-Gaudy (Creuse). Gravenoire, Mont-Dore (Auvergne). C. 25 juin au 20 juillet (Variété Alpine). Le Lioran, Aurillac, Ytrac (Cantal). — Chenille 20 mai sous les pierres. Côteaux arides au soleil.

111. — DORILIS (Hufn). XANTHE (F.) — Nohant (Indre), C. 15 mai, 30 juillet (Deux générations). Sologne, Saint-Florent (Cher), C. Puy-de-Dôme, C. Prairies arides, lisières de forets. — Chenille en juin et septembre sur le genêt à balais.

113. — PHLAEAS (L.) — (Première génération), 15 avril, Nohant (Indre), Sologne, Cher, Creuse, Allier, Puy-de-Dôme. Champs. forêts, prairies. Cantal. C. partout — Chenille sur les *Rumex,* septembre.

B. VAR. ELEUS (F.) — (Deuxième génération), 15 juillet, 10 octobre. Nohant (Indre).

GEN. 19. — LYCAENA (F.)

121. — BOETICA [L.) — Nohant, Le Coudrai (Indre), C. 25 juin, 29 juillet, 10 août, parcs et jardins, Sologne, Saint-Florent, C. (Cher), Guéret (Creuse), Gravenoire, Royat (Puy-de-Dôme) septembre (Deux générations). — Chenille, juin, 15 juillet, août, sur les haricots, les pois de senteur et dans les siliques du baguenaudier.

128. — ARGIADES (Pall.) AMYNTAS (S. V.) — Nohant (Indre), C. du 15 juin au 25 juillet, Sologne, Saint-Florent (Cher). Prairies du Mont-Dore, 25 juin (Deuxième génération).

B. Var. polysperchon (Berg.) — (Première génération).
Avril, mai R.

132. — AEGON (S. V.) — Nohant, bois de la brande d'Ardentes (Indre), C. 15 juin, 20 août (Deux générations), Sologne, C. Saint-Florent (Cher), Puy-de-Gaudy (Creuse), Auvergne, C. — Chenille en mai sur les genêts et les légumineuses.

133. — ARGUS (L.) — Nohant, bois de Rongère (Indre), C. 10 juin, 20 août. Prés et forêts. Sologne, C. Cher, C. Creuse, Puy-de-Dôme, C. — Chenille en mai sur le genêt à balais.

A. Ab. argyrognomon (Berg.) — A C. Nohant (Indre).

145. — ORION (Pallas). BATTUS (Hb.) — Riom, Thiers, Gravenoire, Puy-de-Dôme (Auvergne), avril, mai, C. — Chenille sur le *Sédum téléphum*, juillet.

146. — BATON (Berg.) HYLAS (S. V.) — 15 mai, août, côteaux arides. Nohant (Indre), A C. Saint-Florent (Cher), A R. Sologne, C. Auvergne, C.

155. — ASTRARCHE (Bgstr.) AGESTIS (S. V.) — Juin, août, prés et bois, Nohant (Indre), C. Sologne et Saint-Florent (Cher). Puy-de-Dôme, C.

159. — EROS (O.) — Murat (Cantal), juillet, A C.

160. — ICARUS (Rott.) ALEXIS (S.V.) — 5 mai, 25 juillet, côteaux, prés. Nohant, C. Saint-Florent (Cher), Sologne, C. Puy-de-Dôme, C. Creuse, C. (Deux générations). — Chenille sur la luzerne et autres légumineuses, 25 avril, 17 juillet.

A. Ab. icarinus (Scriba.) — Nohant, R. 24 juillet.

161. — EUMEDON (Esp.) — Mont-Dore, Chaudefour (Auvergne), C. 25 juin, juillet (Espèce Alpine).

163. — ESCHERI (Hb.) — R. Puy-de-Sancy, plateau du Capucin (Auvergne), juillet. Murat (Cantal), 25 juin (Espèce Alpine).

164. — BELLARGUS (Rott.) ADONIS (S. V.) — Du 20 mai au 15 juin, 1ᵉʳ août, Nohant, C. Gargilesse (Indre), Sologne, Saint-Florent (Cher), Guéret (Creuse), Royat (Puy-de-Dôme). Bois et prairies (Deux générations). — Chenille sur le trèfle, le lotier commun, l'hippocrepide vulgaire, en avril et juillet.

B. Ab. ceronus. — Gargilesse (Indre), A R. Saint-Florent (Cher), A C. juin et août.

165. — CORYDON (Poda.) — Juin, août. Nohant, C. Gargilesse (Indre). Sologne, Saint-Florent (Cher). Clermont-Ferrand, C. Guéret (Creuse). 8 septembre. — Chenille sur les lotiers, trèfles, côteaux arides et pierreux, 21 juillet.

A. Ab. ♀ syngrapha (Kef.) ♀ mariscolore (Gerh.) — Gargilesse (Indre), R. Août. Sologne, Saint-Florent-sur-Cher, A R. Clermont-Ferrand (Auvergne), C. (Variété Alpine).

167. — HYLAS (Esp.) DORYLAS (Hb.) — R. Forêt de Châteauvert (Creuse), juillet, bois de pins à Randanne, Clermont-Ferrand C. (Auvergne), août. Saint-Flour, Murat (Cantal) A C.

168. — MELEAGER (Esp.) — Ambert (Puy-de-Dôme), R. plus commun dans la haute Loire, la Lozère, juillet. Saint-Flour (Cantal), (Espèce méridionale).

169. — ADMETUS (Esp.) — Le type est de Hongrie.
A. VAR. RIPPERTI (Fr.) — Aurillac (Cantal). Un exemplaire en juillet.

170. — DOLUS (Hb.) — Ambert (Puy-de-Dôme), C. dans la Lozère, juillet, 20 août. Aurillac, Ytrac (Cantal) R. mai (Espèce méridionale) — Chenille sur le sainfoin (Onobrychis sativa.)

172. — DAMON (S. V.) — Murat (Cantal), juillet, C. — Chenille, mai sur les légumineuses.

176. — ARGIOLUS (L.). — C. 15 avril, 20 mai, 15 juillet, 3 août, forêts et parcs. Nohant (Indre), Sologne, Saint-Florent (Cher), Guéret (Creuse) Puy-de-Dôme, C. — Chenille sur la bourdaine, septembre.

177. — SÉBRUS (Bdv.) — Murat (Cantal), versant Sud-Ouest, R. juin.

178. — MINIMUS (Fuessl.) ALSUS (S. V.) — 15 mai, août, sur les bruyères, Nohant (Indre), C. Sologne, Saint-Florent (Cher), C. Côteaux arides, plateau de Randanne (Puy-de-Dôme) — Chenille dans les gousses de l'Anthyllis vulneraria juillet.
VAR. LORQUINII (H. S.) — (Probabl. est une espèce) Nohant (Indre), R. juin. Saint-Florent (Cher), A R.

179. — SEMIARGUS (Rott.) ACIS. (S. V.) — C. Nohant (Indre), 15 mai, 2 juin, 15 juillet. Prairies et bois humides. Sologne, Saint-Florent, C. (Cher), Guéret (Creuse), Mont-Dore (Auvergne C. 10 août. Le Lioran (Cantal), 25 juillet.

182. — CYLLARUS (Rott.) — C. Nohant (Indre), avril, mai. Prairies, bois. Saint-Florent (Cher), C. Guéret (Creuse) Auvergne, C. — Chenille sur le trèfle, la luzerne, le genêt à balais, 15 juillet.

186. — ALCON (S. V.) — Nohant, bois de Vavrey, du Magnet (Indre), A R. 20 juillet, 25 août, bois de Saint-Florent (Cher), R. Royat (Auvergne). — Chenille dans les fleurs de la gentiane pneumonanthe, juin.

187. — EUPHEMUS (Hb.) — Mont-Dore (Auvergne), 15 juillet. Le Lioran (Cantal), jusqu'au 10 août.

188. — ARION (L.) — Bois de Vavrey, Nohant (Indre) C. 25 juin, 15 juillet. Bruyères arides, lisières des bois montueux. Sologne, Saint-Florent (Cher), Guéret (Creuse), Puy-de-Dôme. Le Lioran, Murat (Cantal), 10 août. — Chenille en juin dans les fleurs de Gentiana cruciata.

189. — ARCAS (Rott.) EREBUS (Dup.) — Murat, Vallée de l'Alagnon (Cantal). Trois exemplaires, juillet.

IV. — ERYCINIDAE.

GEN. 20 — NEMEOBIUS (Stph.)

190. — LUCINA (L.) — C. 15 mai, lisières des bois, clairières. Nohant (Indre), Saint-Florent, Sologne (Cher), Creuse, Vichy (Allier), Puy-de-Dôme. — Chenille sur la primevère des bois. Septembre.

VI. — APATURIDAE.

GEN. 23. — APATURA (F.)

193. —   IRIS (L.) — Forêt d'Allogny (Cher), R. Forêt de Saint-Chartier (Indre), R. 20 juin, Gargilesse (Indre), R. Guéret (Creuse). Bois du Capucin, Mont-Dore, 20 août, Royat (Puy-de-Dôme), juillet, R. — Chenille sur le saule marceau, mai, juin.

194. —   ILIA (Schiff. S. V.) — Forêt de Saint-Chartier (Indre), R. 25 juin. Sologne du Cher, A C. Bourges (Cher), C. Guéret (Creuse). Clermond-Ferrand, juillet, R. — Chenille sur le saule marceau, mai, juin.

   A. AB. CLYTIE (Sch. S. V.) — Gargilesse (Indre), R. 15 août, Bourges, C. Saint-Florent (Cher), Guéret (Creuse), Auvergne, C.

VII. — NYMPHALIDAE.

GEN. 24. — LIMENITIS (F.)

196. —   POPULI (L.) — Forêt d'Allogny (Cher), 18 au 25 juin, R. Forêt, près Randan (Puy-de-Dôme), R. Forêt de Montpensier (Allier). — Chenille sur le tremble, 15 mai.

   A. AB. ♂ TREMULAE (Esp.) — Forêt d'Allogny (Cher). T R. 20 juin.

197. —   CAMILLA (Sch. S. V.) — Nohant, bois de Vavrey, forêt de Châteauroux (Indre), C. 15 juin, 25 juillet, 4 août, Sologne, Saint-Florent (Cher), Guéret (Creuse), Auvergne, C. — Chenille sur le chèvrefeuille, 25 mai, 27 juillet.

198. —   SIBYLLA (L.) — Nohant, R. Forêt de Châteauroux (Indre), C. 15 juin, Sologne, Saint-Florent (Cher), C. Guéret (Creuse), forêt de Randan (Puy-de-Dôme), R. — Chenille sur le chèvre feuille des bois, 15 mai, 20 mai.

GEN. 26. — VANESSA. (F.)

208. —   LEVANA (L.) — Chapelle Damgillon, limite de la Sologne au sud. Pentes nord-est de la forêt de Saint-Palais (Cher), R. Avril (Première génération). — Chenille sur l'ortie, septembre.

   B. VAR. PRORSA (L.) — (Deuxième génération), mêmes localités. R. juillet. — Chenille sur l'ortie, juin.

212. —   C. ALBUM (L.) — 10 juin, 29 août, bois, vergers (Deux générations). Nohant (Indre), Saint-Florent, Sologne (Cher) Cantal, Auvergne. C. partout. Hiverne et reparait en avril. — Chenille vit isolément sur l'orme, sur le groseiller, mai, juillet.

213. —   POLYCHLOROS (L.) — 8 juin. Nohant (Indre), Sologne, Saint-Florent (Cher), Guéret (Creuse), Auvergne (Cantal), juillet, C. partout. Hiverne et vole en hiver par les belles journées jusqu'en avril. — Chenille sur l'orme, en sociétés nombreuses, mai, juin, août.

216. — URTICAE (L.) — C. Nohant (Indre), 10 juin, 15 juillet, septembre (Deux générations) Sologne, Saint-Florent (Cher), C. Guéret (Creuse), Mont-Dore (Auvergne), 15 août, R. Hiverne et reparaît en mars, avril. — Chenille vit en société sur l'ortie dioïque, en mai, août.

217. — IO (L.) — Mai, juin, août, septembre (Deux générations). Nohant (Indre), Sologne, Saint-Florent, Bourges (Cher), Guéret (Creuse), Cantal, Auvergne. C. partout. Hiverne et reparait en avril. — Chenille en société sur l'ortie, juin, août.

A. Ab. ioides (O.) — Nohant (Indre), 10 septembre, R.

218. — ANTIOPA (L.) — Nohant (Indre), 10 juillet, bois, chemins, bords de l'Indre, A C. Hiverne et reparaît en avril, Sologne, Saint-Florent (Cher), C. Guéret (Creuse), Mont-Dore (Auvergne) 15 août. — Chenille par groupes sur le peuplier, le saule, le bouleau en juin, juillet.

219. — ATALANTA (L.) — 10 juin, 15 juillet, 20 septembre. Nohant (Indre), Sologne, Saint-Florent, Bourges (Cher), Guéret (Creuse), Auvergne, Cantal. (Deux générations). Hiverne et reparaît en mars, avril. C. partout. — Chenille sur l'ortie, 15 juin, 20 août. Elle vit solitaire dans une feuille repliée.

221. — CARDUI (L.) — C. Nohant (Indre), 30 juin, 25 juillet, chemins', côteaux arides, champs de chardons. Sologne, Saint-Florent (Cher), Guéret (Creuse), Auvergne, Cantal. Hiverne et reparaît en avril. C. partout. — Chenille solitaire sur les chardons et les mauves, dans un réseau de soie, mai, juin, juillet, août.

Gen. 28. — Mélitaea. (F.)

226. — MATURNA (L.) — R. Forêt d'Allogny (Cher), deux exemplaires en juin, moins rare dans le Loiret. — Chenille sur le tremble, les scabieuses, les sauges, le plantain, dans les bois, 20 mai.

227. — AURINIA (Rott.) ARTEMIS (S. V.) — C. Nohant, 15 mai, 10 juillet, lisières des forêts, clairières, landes, Saint-Chartier, Gargilesse (Indre), Sologne, Saint-Florent (Cher), Guéret (Creuse), Auvergne, C. en juin, août (Deux générations). — Chenille vit en société dans le jeune âge, sur l'épervière, le plantain, 20 avril, 10 septembre.

B. Var. provincialis (Bdv.) — Marmagne (Cher), R. juillet (Variété méridionale).

229. — CINXIA (L.) — Nohant (Indre), 9 mai, 3, 14 juin, 10 août. Forêts du Cher, de l'Indre, de la Creuse, de la Sologne et de l'Auvergne. C. partout. — Chenille sur l'épervière, le plantain, 26 avril, juillet, vit en société dans le jeune âge.

Ab. ♂ — La bande jaune médiane des ailes inférieures confondue avec la bande blanche. Nohant (Indre).

231. — PHOEBE (S. V.) — Nohant, bois de Vavrey (Indre), C. 12 juin, septembre, Sologne, Saint-Florent (Cher), C. Auvergne, C. landes, forêts. — Chenille sur le *Cirsium acaule, Centaurea jacea*, mars, avril, puis août. (Deux générations).

234. — DIDYMA (O.) — Forêt de Châteauroux, C. 20 mai, 15 juin, Gargilesse (Indre) C. Coteaux arides, Sologne, Saint-Florent (Cher), Auvergne, C. — Chenille sur le plantain lancéolé, 26 avril.

H. VAR. OCCIDENTALIS (Stgr.). — Mêmes localités.

235. — DICTYNNA (Esp.) — Forêt d'Allogny, bois de Saint-Florent, Sologne, (Cher), R. juin, Guéret (Creuse), Royat (Puy-de-Dôme), A C. juillet. — Chenille en mai sur la véronique agreste.

239. — ATHALIA (Rott.) — Nohant (Indre), juin, septembre, C. Forêts de la Sologne, Saint-Florent (Cher), Guéret (Creuse), Auvergne, C. Le Lioran (Cantal), juillet (Deux générations). — Chenille en avril puis en août sur le plantain, le mélampyre des bois.

240. — AURELIA (Nick). PARTHENIE (Hbst). — A R. Bois de Saint-Florent (Cher), juillet. (Espèce de la Suisse, de l'Allemagne et de la Russie). Nohant (Indre), sur les bruyères, 15 juillet, R. — Chenille en avril sur le plantain lancéolé.

A. VAR. BRITOMARTIS. — Deux exemplaires dans les prairies, Nohant, bords de l'Indre, 28 juillet. Variété ne se rapportant qu'à la *Britomartis* d'Allemagne.

241. — PARTHENIE (Bkh.) PARTHENOIDES (Kef.) — Nohant (Indre), C. 4 juin au 25 juillet. Saint-Florent (Cher), C. Mont-Dore, Chaudefour (Auvergne), Le Lioran (Cantal), juillet. — Chenille sur le plantain en mai et août.

GEN. 29. — ARGYNNIS. (F.)

245. — SELENE (Schiff. S. V.) — Nohant, bois de Vavrey, Crevant (Indre), C. 25 mai, 8 juin, septembre. Sologne, Saint-Florent (Cher), A C. Auvergne, C. Bois et prairies humides (Deux générations). — Chenille en avril, juillet, août sur les *Viola canina* et *montana*.

247. — EUPHROSYNE (L.). — Nohant, Crevant (Indre), C. 12 mai, 20 juillet. Sologne, Saint-Florent (Cher), A C. Auvergne, C. Bois et prairies (Deux générations). — Chenille sur la violette de chien (*Viola canina*) en juin puis en septembre.

252. — DIA (L.). — Nohant (Indre), C. 25 avril, 5 juillet. Bois de Saint-Florent, Sologne (Cher), C. Guéret (Creuse), Auvergne, C. (Deux générations). — Chenille en juin, septembre, sur les violettes et pensées.

257. — DAPHNE (Schiff. S. V.) — Volvic, Mont-Dore, Saint-Nectaire (Auvergne), juillet, C. Murat (Cantal), Blessac (Creuse) (Espèce Alpine). — Chenille en mai sur le framboisier *Rubus idœus*

259. — INO (Esp.) — Forêt de Châteauvert (Creuse), juin, Mont-Dore, Chaudefour, Volvic, sur le haut du plateau (Auvergne), juillet (Espèce Alpine). Le Lioran (Cantal). — Chenille sur le framboisier (*Rubus Idœus*).

262. — LATHONIA (L.) — Nohant (Indre), C. 5 mai, 15 juillet. août, Guéret (Creuse), Sologne, Saint-Florent (Cher), Mont-

Dore (Auvergne). Chemins herbus dans les bois. — Chenille en juin, septembre, sur les violettes et les pensées.

A. AB. VALDENSIS (Esp.) — Aberration fort rare. Dans les bois de Saint-Florent (Cher).

265. — AGLAJA (L.) — Nohant, Saint-Chartier, Châteauroux, Crevant (Indre), C. bois, landes. Saint-Florent (Cher), Guéret (Creuse), Riom (Puy-de-Dôme), C. Mont-Dore, 10 juillet, 5 août. Le Lioran (Cantal), 15 août. — Chenille sur la *Viola canina*, juin.

266. — NIOBE (L.) — Saint-Florent-sur-Cher, plaines basses et bois de la région du calcaire oxfordien du Cher, C. du 20 juin au 20 juillet. Collines de la Creuse, R. août, montagne de Maupuy (Creuse), Mont-Dore (Auvergne), A C. Le Lioran (Cantal), 10 août. — Chenille sur la violette odorante en mai.

A. AB. ERIS (Meig.) — Saint-Florent (Cher), aussi commune que le type. Mont-Dore (Auvergne), juillet, A C.

267. — ADIPPE (L.) — C. Nohant, forêt de Châteauroux, Crevant, Vijon (Indre), 15 juillet. Sologne, Cher (forêts), C. Puy-de-Dôme, C. 10 juillet, Le Lioran (Cantal), 10 août, C. — Chenille sur les violettes, fin mai, juin.

A. AB. CLEODOXA (O.) — Avec le type; mais moins commune (Variété méridionale).

271. — PAPHIA (L.) — C. Nohant, forêts de Saint-Chartier, de Chanteloup, de Châteauroux, de Bommiers, sur les ronces, 10, 25 juillet, Gargilesse (Indre). Saint-Florent, Sologne (Cher), Guéret (Creuse), Auvergne, Cantal. — Chenille sur la *Viola canina*, 25 mai, 12 juin.

A. AB. ♀ VALESINA (Esp.) — Nohant, T R. juillet, Saint-Florent (Cher), R.

272. — PANDORA (S. V.) — Ytrac, Maurs (Cantal), juillet, R. (Espèce méridionale).

IX. — SATYRIDAE.

GEN. 31. — MÉLANARGIA (Meig.)

275. — GALATEA (L.) — T C. Champs, bois, prairies, 10 juin, 4 juillet, Nohant (Indre), Saint-Florent-sur-Cher, Guéret (Creuse), Clermond-Ferrand, août, C. — Chenille sur les graminées, avril, mai.

A. AB. ♀ LEUCOMELAS (Esp.) — Nohant, R. 25 juin, Saint-Florent (Cher), R. 20 juin, Mont-Dore (Auvergne), R. juillet, Cantal.

C. VAR. PROCIDA (Hbst.) — Blessac (Creuse), juin, R. capturé par M. le marquis de Lafitole. Murat (Cantal). (Variété méridionale).

281. — JAPYGIA (Cyr.) CLOTHO (Hb.) — Le type est de l'Afrique septentrionale.

A. VAR. CLEANTHE (Bdv.) — Murat, Saint-Flour (Cantal), 25 juin, juillet. Plateaux de la Lozère, C. — Chenille sur les graminées des genres *Poa*, *Briza* et *Cynosurus*, juin.

GEN. 32. — EREBIA (Bdv.)

286. —   EPIPHRON (Kn.) — Le type est de la Silésie.
A. VAR. CASSIOPE (F.) — Plateaux élevés du Mont-Dore (Auvergne), 25 juin, juillet, 10 août, Le Lioran (Cantal), C.
B. AB. NELAMUS (Bdv.) — Mont-Dore, 20 juillet (Variété Alpine).

296. —   MANTO (Esp.) PYRRHA (S. V.) — Prairies sur les plateaux du Mont-Dore (Auvergne), 20 juillet.
A. AB. CAECILIA (Hb.) — Prairies des plateaux du Mont-Dore, la Cacadogne (Auvergne), 20 juillet, 6 août, R.

297. —   CETO (Hb.) — Murat (Cantal), juillet, C.

298. —   MEDUSA (S. V.) — Forêts de Saint-Palais, d'Allogny (Cher), R. Très localisée, 20 mai.

299. —   OEME (Hb.) — Puy-de-Sancy (Auvergne), R. 10 juillet, 10 août.

300. —   STYGNE (O.) — Toul-Sainte-Croix (Creuse), juillet, R. Royat, Mont-Dore, pelouses des montagnes (Auvergne), 25 juin, 15 juillet, C.

309. —   LAPPONA (Esp.) MANTO (S. V.) — Puy-de-Sancy (Auvergne), juillet, R. (Espèce Alpine).

311. —   TYNDARUS (Esp.) DROMUS (F.) — Versant sud du Puy-de-Sancy, la Cacadogne, Gorges d'Enfer, Mont-Dore (Auvergne), 25 juin, 15 juillet, 15 août, C.

314. —   PRONOE (Esp.) ARACHNE (Fab.) — Murat (Cantal), prairies, C. 15 juillet, 5 août. Pâturages au-dessus du Mont-Dore (Auvergne).

316. —   NEORIDAS (Bdv.) — Plateau de Gentioux (Creuse), Clermond-Ferrand, Royat, Gravenoire, Mont-Dore (Auvergne), C. Le Lioran (Cantal), C. 10 août.

318. —   AETHIOPS (Esp.) BLANDINA (F.) — Forêt de Châteauroux, R. 20 août, bois de Chabenet (Indre), C. Bois de Saint-Florent (Cher), C. 8 septembre. Randanne, Mont-Dore, Riom, Volvic (Auvergne), C.
A. VAR. LEUCOTAENIA. — Saint-Florent-sur-Cher, avec le type (Variété suisse).

320. —   LIGEA (L.) — Guéret (Creuse), Mont-Dore, Clermont-Ferrand, Volvic (Auvergne), C. 10 juillet, Le Lioran (Cantal), du 15 juillet jusqu'au 20 août, C.

321. —   EURYALE (Esp.) — Prairies élevées du Mont-Dore, juillet, 10 août (Auvergne), C. Le Lioran (Cantal), C.

GEN. 34. — SATYRUS (F.)

338. —   HERMIONE (L.) — Forêt de Cheurs (Indre), R. 15 juillet. Guéret (Creuse), A C. Riom (Puy-de-Dôme), 5 août, Gravenoire, C. Mont-Dore (Auvergne), 20 juillet, Chabenet (Indre), 7 septembre, C. — Chenille en mai sur les brômes, se cache le jour, facile à prendre la nuit, à la lanterne, le long des tiges.

339. —   ALCYONE (Schiff. S. V.) — Mont-Cornador, pentes au sud, Saint-Nectaire (Puy-de-Dôme), 22 juillet, Gravenoire, Royat, C.

340. — CIRCE (Fab.) — Ytrac, Aurillac (Cantal), 15 août, A C. (Espèce méridionale), 10 juillet. — Chenille en mai, juin, sur les graminées.

341. — BRISEIS (L.) — Plaines pierreuses du calcaire oxfordien de Reuilly (Indre), 4 septembre. Plaine de Marmagne (Cher), juillet; Sologne, Aubigny, C. Guéret (Creuse), Mont-Dore (Auvergne), 15 août, C.

A. AB. PIRATA (Esp.) — Henrichemont (Cher), juillet, Gien (Variété méridionale).

346. — SEMELE (L.) — Nohant, Vavrey, Saint-Chartier, forêts de l'Indre, C. 7 juillet, 20 juillet. Rochers et bruyères de Gargilesse (Indre), Saint-Florent, Sologne (Cher), Guéret (Creuse), Mont-Dore (Puy-de-Dôme), C. 10 août, Murat (Cantal), C. — Chenille en mai sur les graminées.

354. — ARETHUSA (S. V.) — Saint-Florent (Cher), C. dans les clairières des bois du calcaire oxfordien, 15 août, 5 septembre. Guéret (Creuse), C.

B. VAR. DENTATA. ERYTHIA (Stgr.) — Riom (Puy-de-Dôme), 10 août (Variété méridionale).

355. — STATILINUS (Hufn.) FAUNA (Hb.) — Forêt de Châteauroux, bois de Greuille (Indre), C. au 20 août. Saint-Florent-sur-Cher, C. Auvergne, C. août, terrains siliceux et granitiques· — Chenille sur les brômes des bois, 15 juin, facile à se procurer en fauchant sous bois, la nuit.

A. VAR. ALLIONIA (F.) — Riom, 20 août (Auvergne), R. (Variété mé;idionale).

360. — DRYAS (Sc.) PHAEDRA (L.) — Forêt de Châteauroux, bois de Greuille (Indre), 15 juillet, Sologne, bois de Saint-Florent (Cher), R. Guéret (Creuse), forêt de Randan (Puy-de-Dôme), forêt de Montpensier (Allier). — Chenille sur l'avoine élevée, 12, 15 juin, dans les bois, facile à trouver en fauchant la nuit.

362. — ACTAEA (Esp.) — Route de Clermont à la Barraque, Saint-Nectaire (Auvergne), 15 juillet, 10 août, A C. (Espèce méridionale).

A. VAR. PODARCE (O.) — Avec le type, août. R.

GEN. 35. — PARARGE (Hb.)

369. — MAERA (L.) ADRASTA (Dup.) — Forêt de Châteauvert, région froide des plateaux (Creuse), R. Mont-Dore, C. juillet. — Chenille sur les graminées, mai.

A. VAR. et AB. ADRASTA (Hb.) MAERA (Esp. God.) — Nohant (Indre), C. 24 mai, 20 juillet, le long des murailles de jardins et côteaux pierreux. Sologne, Cher, Auvergne, C. — Chenille sur les graminées en avril et juin.

371. — MEGAERA (L.) — Nohant (Indre), C. 18 mai, 22 juillet. Voltige le long des murs et des rochers. Saint-Florent, Sologne (Cher), Guéret (Creuse), Auvergne, C. Murat (Cantal). — Chenille sur les graminées, avril, juin.

372. — EGERIA (L.) MEONE (Esp.) — Saint-Florent (Cher), Limagne d'Auvergne, A R. Nohant (Indre), R. juillet août (Type
du midi), Figeac (Lot), C. — Chenille en mai sur le *Triticum
repens* (Chiendent) éclot en août. (Deuxième génération.)
     A. Var. egerides (Stgr.) aegeria (Esp.) — (Type du
Nord). Nohant (Indre), C. 15 avril, forêts, bois épais,
Sologne, Saint-Florent (Cher), Guéret (Creuse), Auvergne, C.
Cantal, C. — Chenille en septembre sur le chiendent, éclot en
avril. (Première génération.)

374. — ACHINE (Sc.) DEJANIRA (L.) — Nohant, Vavrey. forêt de
Châteauroux (Indre), C. 17 juin. Sologne, bois de Saint-
Florent (Cher), forêt de Randan (Puy-de-Dôme), C. forêt de
Montpensier (Allier). — Chenille sur l'ivraie vivace *Lolium
perenne)*, en avril.

Gen. 36. — Epinephele (Hb.)

386. — LYCAON (Rott.) EUDORA (Esp,) — Royat, Gravenoire
(Auvergne), 12 juillet, 1ᵉʳ août, A C. (Espèce méridionale).
Murat (Cantal), pentes arides au midi, C.

387. — JANIRA (L.) — Nohant (Indre), C. 5 juin, juillet, prés et
bois. Sologne, Saint-Florent (Cher), Guéret (Creuse), Auvergne, C. partout. — Chenille sur le *Poa pratensis,* avril,
mai.
     Ab. albédine infecta (HS.) — Nohant (Indre), Saint-
Florent (Cher). Trois exemplaires.
     A. Var. hispulla (Hb.) — R. Nohant (Indre), 20 juillet
(Var. méridionale).

390. — IDA (Esp.) — Blessac (Creuse), juin, capturée par M. le
marquis de Lafitole (Espèce méridionale). — Chenille en avril
sur les graminées.

391. — TITHONUS (L.) — Nohant (Indre), forêts et bruyères, C.
16 juillet, Sologne, Saint-Florent (Cher), Guéret (Creuse),
Auvergne, C. — Chenille sur le paturin annuel *(Poa annua),*
mai.

393. — HYPERANTHUS (L.) — Nohant (Indre), 20 juin, Saint-
Florent (Cher), bois frais, Auvergne, Creuse, Allier, C
partout. — Chenille sur le *Poa annua* en avril, mai.

Gen. 37. — Coenonympha (Hb.)

394. — OEDIPUS (F.) — Beaugency, Sologne du Cher, juin, R.
(Espèce méridionale).

395. — HERO (L.) — Forêt d'Henrichemont, Saint-Florent (Cher)
(Collection Tourangin), du 15 mai au 15 juin. — Chenille en
avril sur les graminées.

397. — IPHIS (Schiff. S. V.) — Bois, prés d'Argent (Sologne du
Cher), R. juin, juillet. Murat (Cantal). — Chenille en avril
sur les graminées.

398. — ARCANIA (L.) — C. Nohant. Forêts de Saint-Chartier, de
Chanteloup, de Châteauroux (Indre), 10 juin. Bois de Saint-

Florent (Cher), Guéret (Creuse), Auvergne, juillet, C. — Chenille en avril sur les graminées.

    B. VAR. SATYRION (Esp.) — Sologne, Auvergne, R. juillet (Variété Alpine).

402. — DORUS (Esp.) — Murat, Saint-Flour, Ytrac (Cantal), A R. 25 juin, 10 juillet. Rochers, bruyères arides.

405. — PAMPHILUS (L.) — Nohant (Indre), C. 15 mai, prairies. Saint-Florent (Cher), Sologne, C. Guéret (Creuse), C. Auvergne, C. 18 juillet. Murat (Cantal), C. — Chenille sur le *Poa annua* en avril, puis en juillet.

    A. VAR. LYLLUS (Esp.) — (Deuxième génération). Grèves sablonneuses du Cher à Saint-Florent, R. août, Auvergne, R.

406. — TIPHON (Rott.) DAVUS (Fab.) — Saint-Florent (Cher) A R. (Collection Tourangin), prairies humides, du 15 juin au 15 juillet, Guéret (Creuse).

X. — HESPERIDAE.

GEN. 39. — SPILOTHYRUS (Dup.)

411. — ALCEAE (Esp.) MALVAE (S. V.) — Nohant (Indre), C. juin, juillet, Saint-Florent (Cher), Sologne, C. Auvergne, C. — Chenille sur la rose tremière, la mauve en mai, vit enfermée dans la feuille repliée.

412. — ALTHAEAE (Hb.) — Nohant (Indre), A C. 13 juin, prés, vergers, jardins, Sologne, R. Saint-Florent (Cher), R. environs de Clermont-Ferrand (Auvergne), [A R. — Chenille en mai sur le *Stachis germanica*.

413. — LAVATERAE (Esp.) — R. Saint-Florent (Cher), juillet, capturé par M. G. Tourangin. Murat (Cantal), (Espèce méridionale).

GEN. 40. — SYRICHTHUS (Bdv.)

420. — CARTHAMI (Hb.) — Forêt de Saint-Chartier, C. 18 mai, 30 juillet, Nohant (Indre), 5 août. Forêts du Cher, Sologne, Guéret (Creuse), Mont-Dore (Auvergne), C. partout, août. Le Lioran (Cantal).

421. — ALVEUS (Hb.) — Nohant (Indre), juillet, Saint-Florent (Cher), Sologne.

    A. VAR. FRITILLUM (Hb.) — Mont-Dore, Chaudefour (Auvergne), août, A R.

    B. VAR. CIRSII (Rbr.) — Gargilesse (Indre), A R. 25 juillet, Mont-Dore (Auvergne), août.

    C. VAR. CARLINAE (Rbr.) — Mont-Dore (Auvergne), août.

    D. VAR. ONOPORDI (Rbr.) — Nohant, bois de Vavrey (Indre), juillet, C. Sologne, mai, Saint-Florent (Cher), Mont-Dore, prairies élevées, juillet.

422. — SERRATULAE (Rbr.) — Gargilesse (Indre), R. juillet, Mont-Dore (Auvergne), Murat, Le Lioran (Cantal), 10, 20 août.

423. — CACALIAE (Rbr.) — Murat (Cantal), 25 juillet, R.

426, —   MALVAE (L.) ALVEOLUS (Hb.) — Nohant (Indre), 20 mai,
10 juin, C. Saint-Florent (Cher), Guéret (Creuse), C. Auvergne,
C. — Chenille en avril.
   A. AB. TARAS (Meig.) — Bois de la Brande d'Ardentes
(Indre), 14 juin, R. Bois de Saint-Florent (Cher)', R. 15 mai,
Sologne, R. Auvergne, A R.
430. —   SAO (Hb.) — Nohant, Gargilesse, les Brandes (Indre), mai,
juillet, 10 août, C. Sologne, Saint-Florent (Cher), Royat,
Mont-Dore (Auvergne), 15 août.

GEN. 41. — NISONIADES (Hb.)

434. —   TAGES (L.) — Nohant (Indre), avril, mai, juin, C. Saint-
Florent, Sologne (Cher), Guéret (Creuse), Auvergne, C.
partout — Chenille en mai, septembre, sur le *Lotus corniculatus* et autres légumineuses.

GEN. 42. — HESPERIA (Bdv.)

439. —   THAUMAS (Hufn.) LINEA (S. V.) — Nohant (Indre),
25 juin, 15 juillet, Sologne, Saint-Florent (Cher), Guéret
(Creuse), Auvergne, C. partout — Chenille en mai sur les
graminées.
440. —   LINEOLA (O.) — Nohant (Indre), bruyères, 25 juin, C. Saint-
Florent (Cher), C. Auvergne, C. Murat, Le Lioran (Cantal),
18 août.
441. —   ACTAEON (Esp.) — Gargilesse (Indre), C. 10 juillet, côteaux
arides, Sologne, Saint-Florent (Cher), R. Mont-Dore (Auvergne), 15 août, Le Lioran (Cantal), 20 août.
444. —   SYLVANUS (Esp.) — Nohant (Indre), 25 juin, 25 juillet,
bois, forêts, côteaux, Sologne, Saint-Florent (Cher), Guéret
(Creuse), Auvergne, Le Lioran (Cantal), 15 août, C. partout.
445. —   COMMA (L.) — Forêt de Châteauroux (Indre), A C. 8 juin,
15 août, forêt d'Allogny (Cher), bois du Mont-Dore, le
Chambon (Auvergne), C. Le Lioran (Cantal), 20 août. — Chenille en juillet sur la *Coronilla varia*.

GEN. 43. — CYCLOPIDES. (Hb.)

452. —   MORPHEUS (Pall.) ARACINTHUS (F.) — Forêts de Saint-
Chartier, de Chanteloup (Indre), C. 15 mai, 18 juillet, Saint-
Florent (Cher), C. Guéret (Creuse). — Chenille en avril, juin,
sur les graminées.

GEN. 44. — CARTEROCEPHALUS (Ld.)

454. —   PALAEMON (Pall.) PANISCUS (F.) — Forêt de Saint-
Chartier (Indre), C. 5 mai, 15 juin, bois de Saint-Florent
(Cher), 15 mai, C. Guéret (Creuse), Mont-Dore (Auvergne),
30 juin — Chenille en avril sur le plantain.

HETEROCERA

A. SPHINGES. L.

I. — SPHINGIDAE. (B.)

GEN. 45. — ACHERONTIA (O.)

457. — ATROPOS (L.) — Nohant (Indre), 8 août, 17 septembre, 5 octobre. Champs de pommes de terre, C. Sologne, A R. Saint-Florent (Cher), C. Guéret (Creuse), R. Auvergne, A R. Murat (Cantal), R. — Chenille sur la pomme de terre, 15, 25 juillet, 22 août, 15 octobre. — Variété noire sur le jasmin, en octobre.

GEN. 46. — SPHINX (O.)

458. — CONVOLVULI (L.) — Nohant (Indre), 27 juillet, 10 août, 15 septembre, sur les fleurs de *pétunia*, jardins, C. Sologne, Saint-Florent (Cher), C. Guéret (Creuse), Clermont-Ferrand (Auvergne), C. — Chenille sur le liseron des champs, 18 juillet, 13, 22 août.

459. — LIGUSTRI (L.) — Nohant (Indre), juin, C. Sologne, C. Saint-Florent (Cher), Guéret (Creuse), Clermont, vallée du Mont-Dore (Auvergne), C. Murat (Cantal). — Chenille, 25 juillet, 15 août, 7 septembre, sur le frêne, le lilas.

460. — PINASTRI (L.) — Nohant (Indre), C. sur les pins et les cèdres, 12 juin, 15 juillet, 28 juillet, 5 août. Sologne, forêt d'Allogny (Cher), Planet (Indre), 18 août, Auvergne, A C. — Chenille sur les pins sylvestre et maritime, sur le pin d'Ecosse, le cèdre, 8 août, 17 septembre.

GEN. 47. — DEILEPHILA (O.)

461. — VESPERTILIO (Esp.) — Murat (Cantal), vallée de la Cère, A R. 15 août. — Chenille sur l'épilobe à feuilles étroites. *Ep. angustifolium*, juillet, septembre.

464. — GALII (Rott.) — Vierzon, Bourges (Cher), Issoudun (Indre), juin, septembre. Champs de garance. Devenu T R. depuis que la culture de la garance a été abandonnée dans le Berry. Gargilesse (Indre), R. — Chenille, fin juin juillet, sur la garance *(Rubia tinctorium)* sur le *Galium verum,* les épilobes *palustre* et *hirsutum,* en octobre.

467. — EUPHORBIAE (L.) — Nohant (Indre), 24 mai, 3, 15 juin, 4 juillet, Sologne, Saint-Florent (Cher), Guéret (Creuse), Auvergne, septembre. C. partout. — Chenille sur les euphorbes *gerardiana, cyparissias, esula,* dans les blés, dans les endroits arides, 20 juillet, 20 août.

B. AB. ESULAE (Bdv.) — Nohant (Indre), R. 28 juin, 2 juillet, le soir sur les sauges en fleurs (Variété méridionale).

468. —   NICAEA (Prun.) — Murat (Cantal), 26 juin, accidentellement. — Chenille sur les euphorbes, *cyparissias, esula,* en juillet août.

471. —   LIVORNICA (Esp.) LINEATA (F.) — Nohant (Indre), 6 août, 10 septembre, jardins. Sologne, Saint-Florent (Cher), Auvergne. R. partout. Ne paraît qu'accidentellement. — Chenille polyphage, mais préférant les *Rumex* et les *Linaria,* en juillet.

472. —   CELERIO (L.) — Nohant (Indre), R. 20 juillet, 10 octobre. Bourges (Cher), Sologne, Auvergne. Toujours accidentellement et certaines années chaudes. — Chenille sur la vigne et sur le *Galium verum,* en juin, septembre.

476. —   ELPENOR (L.) — Nohant (Indre), 23, 25 mai, 11 juin, 15 septembre, jardins, prairies, vient à la miellée, 10 octobre, C. Sologne, Saint-Florent (Cher), Guéret (Creuse), Clermont (Auvergne). C. partout. — Chenille sur l'épilobe et la vigne, bords des étangs, treilles abritées, 10 juillet, 20 septembre.

477. —   PORCELLUS (L.) — Nohant (Indre), A C. juin, août, au crépuscule sur les fleurs de jasmin, les œillets, les pétunias, Sologne, R. Saint-Florent (Cher), A R. Limagne d'Auvergne. — Chenille sur le caillelait jaune *(Galium verum),* 20 juillet, sur l'*Epilobium angustifolium.*

479. —   NERII (L.) — La Châtre (Indre), juin, Saint-Florent (Cher), octobre, novembre, Clermont (Auvergne). Toujours accidentellement et les années chaudes. — Chenilles, 24 août sur un laurier rose *(Nerium olander),* en caisse sur la place du Marché à Saint-Florent (Cher), à La Châtre (Indre), sur des nérions, dans un jardin, 30 juillet.

GEN. 48. — SMERINTHUS (O.)

480. —   TILIAE (L.) — Nohant (Indre), 20 avril, 15 mai, 10 juin, 22 juin, C. Saint-Florent (Cher), Sologne, Guéret (Creuse), Clermont (Auvergne), C. — Chenille, 20 juillet, 15 août, sur l'orme et le tilleul. C. partout.

ABERRATION ♀ — *Alis anticis absque macula media.* La Châtre (Indre), obtenu d'éclosion par M. L. Montu.

487. —   OCELLATA (L.) — Nohant (Indre), 20 mai, 10 juin, C. Sologne, R. Saint-Florent (Cher), C. Guéret (Creuse), R. Clermont, Riom (Auvergne), C. — Chenille sur les saules, l'osier, le peuplier, le bouleau, le pommier, 20 juillet, 15 août, 1ᵉʳ septembre.

488. —   POPULI (L.) — Nohant (Indre), 21 avril, 10 mai, 28 juillet, 20 août, C. Sologne, R. Saint-Florent (Cher), C. Auvergne, C.

— Chenille sur le peuplier, le tremble, le bouleau, 27 juillet.
1" septembre.

GEN. 49. — PTEROGON (Bdv.)

491. — PROSERPINA (Pall.) OENOTHERAE (Schiff. S. V.) — Gargilesse (Indre), R. 20 juin sur les fleurs de sauge, le soir,
Saint-Florent, vallée du Cher, R. Limagne d'Auvergne, C. —
Chenille, 15 juillet, août, sur les épilobes *angustifolium* et
rosmarinifolium, facile à trouver la nuit à la lanterne.

GEN. 50. — MACROGLOSSA (O.)

493. — STELLATARUM (L.) — Nohant (Indre), jardins, prairies,
C. juin, juillet, vole en plein jour. Sologne, Saint-Florent,
Bourges (Cher), Guéret, Chambon (Creuse), Auvergne, C.
partout, Murat (Cantal). — Chenille sur les gaillets blanc
et jaune, 25 avril, 23 juillet.

495. — BOMBYLIFORMIS (O.) — Nohant (Indre), C. 20 mai, 15 juin,
25 juillet, vole en plein jour. Sologne, Saint-Florent (Cher),
Chaudefour, Mont-Dore (Auvergne), C. partout, le Lioran
(Cantal). — Chenille sur les chevrefeuilles, 23 juillet, août,
15 octobre.

496. — FUCIFORMIS (L.) — Nohant (Indre), C. 15 mai, 10 juin,
20 juillet, Sologne, Saint-Florent (Cher), Guéret (Creuse),
Mont-Dore (Auvergne), 25 juin, C. partout. — Chenille sur
les scabieuses *succisa, arvensis, columbaria,* 20 juillet,
10 octobre.

II. — SESIIDAE (H. S.)

GEN. 51. — TROCHILIUM (Sc.)

498. — APIFORMIS (Cl.) — Nohant, bords de l'Indre, routes
plantées de peupliers 20 mai, 3, 15 juin, 15 juillet, C. Sologne,
Saint-Florent (Cher), Guéret (Creuse), Auvergne C. — La
chenille passe deux hivers dans le tronc des peupliers,
cocon dans l'arbre ou près de l'aubier en terre. Elle se
chrysalide en avril.

499. — CRABRONIFORMIS (Lew.) BEMBECIFORMIS (Hb.) —
Nohant, pré de la Biauce au pied d'un saule au bord de
l'Indre, juin. Deux exemplaires. (Espèce de l'Angleterre.)
— Chenille dans le tronc des saules, avril.

GEN. 52. — SCIAPTERON (Stgr.)

501. — TABANIFORMIS (Rott.) ASILIFORMIS (Schiff. S. V.) —
Nohant R. juin. Saint-Florent-sur-Cher, C. Sologne, Au-
vergne. — La chenille passe deux hivers dans le tronc
des peupliers. Elle se chrysalide en mai.
A. VAR. RHINGIAEFORMIS (Hb.) Sainte-Florent (Cher),
R. juin, sur le tronc des peupliers.

Gen. 53. — Sésia (Fab.)

506. — SCOLIFORMIS (Bkh.) — Forêt du Rhin-du-bois (Cher), juin R. — Chenille passe deux hivers dans le tronc pourri du bouleau. Se chrysalide en mai dans l'écorce pourrie.

507. — SPHECIFORMIS (S. V.) — Sommerère, bois de bouleaux (Sologne) R. juin. — Chenille passe deux hivers dans le tronc du bouleau.

510. — CEPHIFORMIS (O.) — Nohant (Indre), A R. sur les fleurs de ronce, 15 juin, 10 juillet. Sologne, Saint-Florent (Cher), Mont-Dore (Auvergne), (espèce de Hongrie.)

511. — TIPULIFORMIS (Cl.) — Nohant (Indre), 28 mai, C. Sologne. C. juin. Saint-Florent (Cher), C. — Chenille dans la tige du groseiller rouge *(Ribes rubrum)*, se chrysalide au 20 avril.

512. — CONOPIFORMIS (Esp.) NOMADAEFORMIS (Lasp.) — Nohant (Indre), R. juin. Saint-Florent (Cher), R. sur l'écorce des vieux chênes. — Chenille dans le tronc des vieux chênes ébranchés (tétauds), se chrysalide en mai.

513. — ASILIFORMIS (Rott.) CYNIPIFORMIS (Esp.) — Nohant (Indre), C. 6 juillet, 12 juillet, Saint-Florent, C. — Chenille passe deux hivers dans le tronc des chênes têtauds, dans les excroissances. Se chrysalide dans l'écorce en mai.

  A. AB. MELLINIFORMIS (Lasp.) — Saint-Florent, C. juillet.

513 bis. — DEPUISETI (M. Sand.) — Espèce inédite. Palpes rouges et brosse divergente noire, tibias jaunes et noires. Un exemplaire pris sur les bruyères d'Ardentes (Indre), 14 juin. Dédiée à M. Depuiset.

514. — MYOPIFORMIS (Bork.) MUTILLAEFORMIS (Lasp.) — Nohant (Indre), 18 juin C. Sologne Saint-Florent (Cher). — La chenille passe deux hivers ; vieux pommiers. Chrysalide 5 juin dans l'écorce près des nichées de pucerons lanigères.

515. — THYPHIFORMIS (Bork.) — Forêt de Châteauroux (Indre), 4 août, R. sur les fleurs de joncs. Bois de Saint-Florent (Cher), R.

519. — CULICIFORMIS (L.) — Nohant R. bois de la Brande (Indre), juin. — Chenille ne passe qu'un hiver dans les branches et le tronc du bouleau, se chrysalide au 25 avril.

522. — FORMICIFORMIS (Esp.) — Saint-Florent (Cher), juin R. Chenille passe deux hivers dans le tronc et les racines du saule et de l'osier, se chrysalide en mai.

527. — ICHNEUMONIFORMIS (S.V.) VESPIFORMIS (Esp.) — Nohant forêt de Châteauroux (Indre), A R. 15, 20, 25 juillet sur les graminées en fleurs. Sologne, Saint-Florent (Cher), R. Chenille sur les souches de chênes pourris et coupés à ras de terre. Chrysalide en mai.

529. — UROCERIFORMIS (Tr.) — Saint-Florent (Cher). Trois exemplaires, 25 juin (Espèce méridionale).

535. — EMPIFORMIS (Esp.) — Nohant (Indre), A C. juillet. Saint-Florent (Cher), A C. Royat (Auvergne), R. juillet. — Chenille passe deux hivers dans les tiges de l'*Euphorbia cyparissias*. Se chrysalide en mai.

547. — MUSCAEFORMIS (V. W.) PHILANTHIFORMIS (Lasp.) — Nohant (Indre), juillet, jardins sur les fleurs de lavande, R

550. — AFFINIS (Stgr.) — Nohant (Indre). Un exemplaire, juin.

551. — AERIFRONS (Z.) MERIIFORMIS (Rbr.) — Saint-Florent (Cher), R. juin.

562. — CHRYSIDIFORMIS (Esp.) — Nohant (Indre), C. 29 juin, 12 juillet sur les fleurs de lavande. Sologne, C. Saint-Florent (Cher), Gravenoire (Auvergne). — Chenille dans les racines de l'*Artemisia campestris* et du *Rumex crispus*.

GEN 54. — BEMBECIA (Hb.)

567. — HYLAEIFORMIS (Lasp.) — Coulée de laves de Volvic (Auvergne), R. juillet, 10 août. — Chenille dans les tiges et les racines du framboisier *(Rubus idæus)*. Se chrysalide en juin.

GEN. 55. — PARANTHRENE (Hb.)

568. — TINEIFORMIS (Esp.) — Figeac (Lot.) Un exemplaire, juillet.

III. — THYRIDIDAE.

GEN. 56. — THYRIS (Ill.)

571. — FENESTRELLA (Sc.) FENESTRINA (S. V.) — Bourges, Saint-Florent (Cher), 25 juin, 10 juillet, A C. La Châtre (Indre), vole en plein soleil sur les fleurs de sureau, de d'hyeble et sur les ronces.

IV. — HETEROGYNIDAE (H. S.)

GEN. 57. — HETEROGYNIS (Rbr.)

573. — PENELLA (Hb.) — Auvergne, A R. juillet, Mont-Dore la Scierie (Espèce méridionale). Murat (Cantal), 25 juin. — Chenille sur le *Genista purgans* en mai.

V. — ZYGAENIDAE (Bdv).

GEN. 58. — AGLAOPE (Lat.)

575. — INFAUSTA (L.) — Nohant (Indre). — T C. 20 juin, 9 juillet, buissons, haies, Sologne, R. Auvergne, C. août — Chenille sur le prunellier, mai.

GEN. 59. — INO (Leach.)

579. — PRUNI (Schiff. S. V.) — Nohant (Indre), A R. 25 juin, 8 juillet, Sologne, forêt d'Allogny (Cher), C. Volvic, Royat (Puy-de-Dôme). — Chenille sur le prunellier, en mai.

583. — GLOBULARIAE (Hb.) — Nohant (Indre), C. juin, Sologne, forêts du Cher, Murols, Saint-Nectaire (Auvergne). — Chenille sur la *Globularia vulgaris*, en mai.

586. — STATICES (L.) — Nohant (Indre), A C. 15 juin, 15 août, bruyères, bois et pâturages, Sologne, Saint-Florent (Cher), Guéret (Creuse), Clermont, Royat (Auvergne), 15 juillet. — Chenille en mai sur la patience *(Rumex acetosella)*.

     B. VAR. HEYDENREICHII (Led.) MICANS (H. S.) — Rochers de Crevant (Indre), A R. 15 juin (Variété alpine).

587. — GERYON (Hb.) — Mont-Dore (Auvergne), juillet (Espèce Alpine). — Chenille sur l'*Hélianthémum vulgare*.

GEN. 60. — ZYGAENA (F.)

589. — ERYTHRUS (Hb.) — Massiac (Cantal), juin, R. — Chenille sur le chardon Roland *(Eryngium campestre)*.

590. — PILOSELLAE (Esp.) MINOS (S. V.) — Bois de Saint-Florent (Cher), R. juillet, collines de la Creuse. Guéret, A C. Sologne, C. Murat (Cantal), C. — Chenille en mai sur les *Lotus corniculatus, Hyppocrepidis comosa, Trifolium montanum*.

596. — SCABIOSAE (Scheven.) — Bois de Morthomier (Cher), R. juillet (Espèce méridionale). — Chenille en mai sur les trèfles et autres légumineuses.

598. — SARPEDON (Hb.) — Aubigny (Cher), Gien (Loiret), R. juillet (Espèce méridionale). Aurillac, Murat (Cantal), Lozère, 20 juin, La Rochelle (Musée Fleuriau). — Chenille sur le chardon Roland *(Eryngium campestre)*, en avril, mai, par groupes.

     A. VAR. BALEARICA (Bdv.) — Gien (Loiret)', Sommerère (Sologne), T R. (Variété méridiouale).

604. — ACHILLEAE (Esp.) — Saint-Florent, Mareuil, Morthomiers, Fontmoreau (Cher), C. juin, juillet, Clermont-Ferrand (Puy-de-Dôme). — Chenille en mai, juin, sur le *Lotus corniculatus,* les trèfles l'hyppocrepide.

     A. VAR. BELLIS (Hb.). — Mêmes localités, mêmes époques (Variété alpine).

     B. AB. VICIAE (Hb.) — Mêmes localités, avec le type.

     C. VAR. BITORQUATA (Men.) — Bois de Saint-Florent. Juillet, T R.

607. — EXULANS (Hochenwarth.) — Plateaux du Cantal, pâturages, 25 juillet, les Causses de la Lozère, C. — Chenille en juin sur les légumineuses.

609. — MELITOTI (Esp.) — Forêt d'Allogny (Cher), R. juillet. — Chenille en mai sur les légumineuses.

611. — TRIFOLII (Esp.) — Nohant (Indre), C. 12 juin, 5 juillet. — Chenille 15 mai sur les lotiers l'hippocrepide et les trèfles : coque mi-partie jaune et blanc.

     A. AB. CONFLUENS (H. G.) GLYCIRRHIZAE. — Nohant, C. avec le type, forêts du Cher, Mont-Dore (Auvergne), 20 août, R.

     B. AB. OROBI (Hb.) — Nohant, C. avec le type, Crevant (Indre), terrain granitique, G. Auvergne, juillet, R.

612. — LONICERAE (Esp.) — Nohant (Indre), C. juin, Sologne, Bourges (Cher), Guéret (Creuse), plaines de la Limagne (Au-

vergne), R. — Chenille sur les légumineuses avril, mai :
coque jaune paille soufrée.

A. AB. BERCEI *(Faune, Ent. Franc.* Vol. II, pag. 76.)
Mac. Omnibus confluentibus. Nohant, A. C. avec le type.

614. — FILIPENDULAE (L.) — Nohant (Indre), C. 15, 20 juin,
20 juillet, Sologne, Saint-Florent (Cher), Guéret (Creuse),
Murols, lac Chambon, (Auvergne), C. partout. — Chenille
fin avril, mai sur les légumineuses 20 juin : coque jaune
paille luisante.

B. AB. CYTISI (Hb.) — A. C. Nohant (Indre), avec le type.

616. — ANGELICAE (O.) — Murat (Cantal), 15 juillet, A R. gravenoire (Puy-de-Dôme), 10 juillet — Chenille sur le *Trifolium
montanum* en mai : coque jaune pâle.

617. — TRANSALPINA (Esp.) — Gravenoire (Auvergne), 20 juin,
12 juillet, A R. — Chenille sur les lotiers, les trèfles au
20 mai : coque jaune.

VAR. A. HIPPOCREPIDIS (Hb.) — Bruyères de la Brande,
Gargilesse (Indre), bois de Saint-Florent (Cher), Auvergne,
25 juillet, 10 aout C. — Chenille sur le *Lotus corniculatus*
et l'*Hippocrepis comosa,* juin : coque jaune.

619. — EPHIALTES (L.) — Le type est du midi de la France.

E. VAR. PEUCEDANI (Esp.) — Nohant (Indre, C. 25 juin,
28 juillet, Sologne, Saint-Florent (Cher), A R. Guéret (Creuse),
coteaux calcaires de Clermont-Ferrand (Auvergne) — Chenille sur les trèfles, la *Coronilla varia,* l'hippocrepide, les
lotiers, 15 mai : coque blanche luisante.

F. AB. ATHAMANTHAE (Esp.) — Nohant, C. avec la variété
précédente.

620. — LAVANDULAE (Esp.) — Maurs (Cantal), R. juin (Lozère),
C. — Chenille sur   *Dorycnium suffruticosum* en mars,
avril.

621. — RHADAMA THUS (Esp.) — Ytrac, Aurillac, Murat (Cantal), 15 juin, A R. (Lozère), C. — Chenille sur les lotiers
en avril, mai.

635. — HILARIS (O.) — Bois de Morthomiers (Cher), clairières
au midi 20 juillet, R. Figeac (Lot), (espèce méridionale)
Lozère, Cantal.

638. — FAUSTA (L.) — Sologne, Saint-Florent (Cher), C. août,
bruyères arides, collines de la Creuse, Guéret, Mont Cornador
(Auvergne), C. — Chenille sur la *Coronilla minima,* l'*Ornithopus perpusillus,* l'*Hippocrepis comosa,* en juin : coque non
attachée sous les pierres.

640. — CARNIOLICA (Sc.) ONOBRYCHIS (S. V.) — Forêt de
Montmoreau (Cher), C. 20 juillet, coteaux calcaires. Aigueperse, forêt de Randan (Auvergne), forêt de Montpensier
(Allier) — Chenille sur le *Dorycnium suffruticosum* et le
sainfoin *(Hedysarum onobrychis),* en mai : coque jaune,
dure, cassante comme la coquille d'œuf.

B. VAR. HEDYSARI (Hb.) — Avec le type, R.

D. AB. FLAVEOLA (Esp.) — Riom (Puy-de-Dôme).

641. — OCCITANICA (Vill.) — Juillet, Figeac (Lot), R. — Chenille sur le *Dorycnium suffruticosum,* en juin.

VI. — SYNTOMIDAE (H. S.)
Gen. 61. — Syntomis (Ill.)

642. — PHEGEA (L.) — 20 juin, 20 juillet. Bois, broussailles, haies, pentes au sud, Murat (Cantal), R. (espèce subalpine). — Chenille de septembre à avril sur les plantains, pissenlits, oseilles, scabieuses.

Gen. 62. — Naclia (Bdv.)

647. — ANCILLA (L.) — Bois de Vavrey (Indre), A R. 15 juillet, bois de Saint-Florent, Sologne (Cher), C. Royat (Puy-de-Dôme), 20 juillet, C. — Chenille sur les lichens, mai juin.

648. — PUNCTATA (Fab.) — Marmagne (Cher), juillet, T R. (espèce méridionale), Aurillac (Cantal), 22 août, A R. sur les collines couvertes de bruyères : C. dans la Lozère.

B. BOMBYCES

I. — NYCTEOLIDAE (R. S.)
Gen. 63. — Sarrothripa (Gn.)

650. — UNDULANA (Hb.) REVAYANA (S. V.) — Nohant (Indre), C. août, septembre, octobre, hiverne et reparaît en mars. Saint-Florent (Cher), bois humides, oseraies, bords des rivières, C. — Chenille en mai sur l'osier, le saule, le cèdre, le pin, le génévrier et le saule marceau.

A. AB. DILUTANA (Hb.) — 10 novembre, touffes d'osiers dans les vignes de Nohant (Indre), R.

B. VAR. ET AB. DEGENERANA (Hb.) — Août, Nohant (Indre), Saint-Florent (Cher), A R.

C. AB. PUNCTANA (Hb.) — 15 mars, Nohant (Indre), Saint-Florent (Cher), C. — Chenille sur les cèdres du parc de Nohant.

D. AB. RAMOSANA (Hb.) — Nohant (Indre), R. juillet.

E. VAR. RUSSIANA (Dup.) — Nohant Indre), juillet. R.

Gen. 64. — Earias (Hb.)

653. — CHLORANA (L.) — Nohant (Indre), A C. 20 mai. Saint-Florent (Cher), 10 juin. — Chenille en juillet sur l'osier, passe l'hiver en chrysalide.

GEN. 65. — HYLOPHILA (Hb.)

654. — PRASINANA (L.) — Nohant (Indre), C. 10 mai, 10 juillet. Saint-Florent, Sologne, bois de bouleaux de Sommerère (Cher), C. — Chenille sur le chêne, le hêtre, le bouleau, 20 septembre, 10 octobre, se chrysalide au 15 octobre.

655. — BICOLORANA (Fuessl.) QUERCANA (S. V.) — Nohant (Indre), A C. 10 mai, juillet. Saint-Florent, Sommerère, bois de bouleaux (Cher), C. — Chenille 20 septembre, sur le chêne, le bouleau : Chrysalide 10 octobre.

II. — LITHOSIDAE (H. S.)

GEN. 68. — NOLA (Leach.)

658. — TOGATULALIS (Hb. — Saint-Florent-sur-Cher, A R. juillet bois secs. Planet (Indre). — Chenille en mai sur les lichens des chênes.

659. — CUCULLATELLA (L.) PALLIOLALIS (Hb.) — Nohant (Indre), 25 juin, A R. 20 juin. — Chenille en mai sur le prunellier.

660. — CICATRICALIS (Tr.) — Saint-Florent (Cher), C. juillet. — Chenille en mai sur le chêne.

661. — STRIGULA (Schiff. S. V.) STRIGULALIS (Hb.) — Saint-Florent, (Cher), juillet, C. — Chenille en mai sur le prunellier.

662. — CONFUSALIS (H. S.) — Saint-Florent, A R. avril, juillet. — Chenille sur le chêne en mai, septembre.

665. — CHLAMYDULALIS (Hb.) — Saint-Florent (Cher), R. 20 juin. (Espèce méridionale.)

667. — ALBULA (S. V.) ALBULALIS (Hb.) — Nohant (Indre), R. 29 juillet : vient au réflecteur.

668. — CENTONALIS (Hb.) — Nohant (Indre), C. jardin, 25 juin, 24 juillet. Royat (Auvergne), 12 juillet : au réflecteur C.

GEN. 70. — NUDARIA (Stph.)

676. — SENEX (Hb.) — Nohant (Indre), T R. juin, 2 septembre, au réflecteur. (Espèce alpine et septentrionale.)

677. — MUNDANA (L.) — Nohant (Indre), C. 14 juin, 6 juillet. Clermont-Ferrand, Mont-Dore (Auvergne). — Chenille sur les *placodium* des murs, du 10 mai au 10 juin.

680. — MURINA (Hb.) — Nohant (Indre), C. 20 juillet, 1ᵉʳ, 15, 22 août. Sologne, C. Saint-Florent (Cher), C. Auvergne, C. — Chenille sur les *placodium* des murs, des rochers et des arbres. 15 juin.

GEN. 71. — CALLIGENIA (Dup.)

681. — MINIATA (Forst.) ROSEA (Fab.) — Nohant (Indre), C. 4, 15 juin, 15, 25 juillet, 10 août, taillis, lisières des bois. Sologne, Saint-Florent (Cher), Guéret (Creuse), Limagne d'Auvergne, C. — Chenille en mai sur les lichens des arbres.

GEN. 72. — SETINA (Schrk.)

685. — IRRORELLA (Cl.) IRROREA (Schiff.) S. V.) — Gargilesse, Planet (Indre), C. Sologne, Saint-Florent (Cher), Guéret (Creuse), Royat, Auvergne, C. 6 juin, 10, 15 juillet, bruyères, landes, coteaux arides, — Chenille sur les lichens des pierres et des rochers, avril mai.

    B. AB. FLAVICANS (B.) — Aurillac (Cantal), juillet, T R.

    C. VAR. FREYERI (Nick.) — Mont-Dore (Auvergne), 10 août, R. (Variété alpine).

688. — AURITA (Esp.) — Murat (Cantal), R. juillet. Bruyères sur les pentes basaltiques au sud.

689. — MESOMELLA (L.) — Nohant, Gargilesse, forêt de Château-roux (Indre), C. 15 mai, 15 juin. Sologne, Saint-Florent (Cher), Guéret (Creuse), Auvergne, C. juillet, landes, lisières des bois. bruyères arides. — Chenille sur les lichens, se cache le jour dans les feuilles sèches au pied des arbres avril, mai.

GEN. 73. — LITHOSIA. (F.)

690. — MUSCERDA (Hufn.) — Saint-Florent (Cher), Mehun-sur-Yèvre, canal du Berry, R.

691. — GRISEOLA (Hb.) — Nohant (Indre), R. 20 juillet.

692. — DEPLANA (Esp.) DEPRESSA (Esp.) — Bois de pins de La Brande (Indre), R. juin, 15 août. — Chenille sur les lichens des pins, avril.

693. — LURIDEOLA (Zinck.) COMPLANULA (Bdv.) — C. Nohant (Indre), bois, jardins, 25 juin, 15 juillet. Auvergne, C. — Chenille sur les lichens des chênes et des érables en avril, mai.

695. — COMPLANA (L.) — C. Nohant, forêt de Châteauroux, Gargilesse (Indre), 20 juillet. Sologne C. Auvergne, C. — Chenille sur les lichens des arbres, avril, mai.

697. — CANIOLA (Hb.) — Gargilesse (Indre), C. 4 juin, 7 juin, 20 juillet, Saint-Florent (Cher). Auvergne, juillet C. (espèce méridionale.) — Chenille sur les lichens des toits et des rochers, murailles, 25 avril, mai, 10 juin.

    A. AB. LACTEOLA (Bdv.) — Gargilesse (Indre), C. 25 juillet, Nohant, A R.

699. — UNITA (Hb.) — Forêt de Châteauroux (Indre), 25 juillet, R. (espèce de Hongrie.) — Chenille d'octobre en avril sur les bruyères, se nourrit des lichens des branches.

    A. AB. FLAVEOLA (Rbr.) ARUNDINEOLA (Guénée.) — Forêt de Châteauroux (Indre), un exemplaire. (Variété de Hongrie).

    D. VAR. ARIDEOLA (Hering.) PETREOLA (Guenée.) — Forêt de Châteauroux (Indre) (Deux exemplaires.) (Variété de l'Allemagne.)

702. — LUTARELLA (L.) LUTEOLA (Schiff. S. V.) — Nohant (Indre), R. juillet, Royat, Randan (Auvergne) (Espèce alpine.) — Chenille d'octobre en avril sur les lichens des bruyères et des arbres.

B. VAR. PALLIFRONS (Z.) VITELLINA (Bdv.) — Nohant (Indre),
R. juin.

C. PYGMAEOLA (Dbld.) — Nohant (Indre), juin, R. (Variété
de l'Angleterre.)

705. — SORORCULA (Hufn.) AUREOLA (Hb.) — Nohant (Indre),
C. 25 mai, 4 juin. Sologne du Cher. C. Clermont-Ferrand
(Auvergne), C. (Espèce d'Angleterre et de Hongrie.) — Che-
nille en avril sur les lichens des arbres et des pins.

GEN. 74. — GNOPHRIA (Stph.)

707. — QUADRA (L.) — C. Nohant, les tailles. Forêt de Château-
roux (Indre), Sologne, forêt de Châteauneuf, bois de Saint-
Florent (Cher), Royat, Riom, Randan (Auvergne), juillet. —
Chenille sur les lichens des chênes, mai, 15 juin.

709. — RUBRICOLLIS (L.) — Forêt de Saint-Chartier (Indre), R.
25 mai, 10 juin, Sologne du Cher, R. forêt de Randan (Auvergne.) — Chenille sur les lichens des arbres et des rochers,
septembre, octobre.

III. — ARCTIIDAE (Stph.)

GEN. 77. — EMYDIA. (Bdv.)

715. — STRIATA (L.) GRAMMICA (L.) — Gargilesse (Indre), forêt
de Châteauroux, C. Sologne, C. 5, 25 juin, 10 juillet. Saint-
Florent (Cher), Guéret (Creuse), Gravenoire (Auvergne), C.
Le Magny, La Châtre (Indre). — Chenille sur les genets, les
chicoracées, de novembre à mai.

A. AB. ♂ MELANOPTERA (Brahm.) — (à ailes inférieures
noires) Saint-Florent (Cher), juin (Variété méridionale.)

B. AB. ♀ A AILES SUPÉRIEURES BLANCHES. — Gargilesse
(Indre), 25 juin, d'éclosion.

717. — CRIBRUM (L.) — Gargilesse (Indre), A R. 10 juillet,
5 août, Auvergne, C. — Chenille sur les genêts, les chicoracées, le plantain, l'épervière, 25 mai.

C. VAR. CANDIDA (Cyr.) — Gargilesse (Indre), juillet (un
exemplaire) (Variété alpine), Murat (Cantal), 25 juin.

GEN 78. — DEIOPEIA (Stph.)

718. — PULCHELLA (L.) PULCHRA (Schiff. S. V.) — Issoire (Puy-
de-Dôme), 25 juillet, R. 10 août (Espèce méridionale.) La
Châtre (Indre), A C. certaines années. — Chenille en avril,
mai sur l'*Heliotropium europœum*, sur la viperine *(Echium
vulgare.)*

GEN. 79. — EUCHELIA (Bdv.)

719. — JACOBAEAE (L.) — Nohant (Indre), C. 20 mai, juin, jardins,
vergers, Sologne, Saint-Florent (Cher), Guéret (Creuse), Puy-
de-Dôme, Riom, Clermont-Ferrand (Auvergne), C. — Chenille

sur le seneçon *(Senecio jacobae)*, 10 juillet, août, 15 septembre. Chrysalide passe l'hiver.

Gen. 80. — Nemeophila (Stph.)

722. — RUSSULA (L.) — C. Nohant (Indre), bois, landes et pâturages, 5, 9, 15 juin, 6, 10 juillet, Sologne, clairières des bois de pins, Saint-Florent (Cher), Guéret (Creuse), Royat (Auvergne), C. — Chenille de novembre en mai sur le mouron, le pissenlit, le plantain et le séneçon.

724. — PLANTAGINIS (L.) — Bruyères entre les forêts de Saint-Palais et d'Allogny (Cher) (Collection Mater à Bourges), R. juillet, plateau de Gentioux (Creuse), Puy-de-Sancy, Puy-de-Dôme, Gravenoire (Auvergne), C. Murat (Cantal) (Espèce alpine). — Chenille d'octobre à mai sur les plantains, pissenlits et autres plantes herbacées.

  A. Ab. hospita (S. V.) — Sommet du Puy-de-Dôme, juillet, R. Chaudefour, Mont-Dore, 25 juin.

  B. Ab. matronalis (Frr.) — Sommet du Puy-de-Sancy, R. 15 juillet, la Cacadogne. — Chenille sur les statices, 20 juin.

Gen. 81. — Callimorpha (Lat.)

725. — DOMINULA (L.) — Nohant, bois de Vavrey, Châteaubrun (Indre), A C. Sologne, forêts de Saint-Palais et d'Allogny (Cher), C. Auvergne, R. en juillet. — Chenille sur le *Lamium luteum*, le genêt et sur le troène, 28 avril, 15 mai, bords des ruisseaux, décombres au nord.

726. — HERA (L.) — Nohant (Indre), C. jardins, haies de prunelliers, 26 juin, 20 juillet, 1er août, Sologne, Saint-Florent (Cher), Guéret (Creuse), Auvergne, C. Murat (Cantal), C. — Chenille d'octobre à mai sur le prunier, le prunellier, le genêt à balais.

  A. Ab. lutescens (Stgr.) — Nohant (Indre), 10 juillet, R. Variété commune sur le littoral de la Manche en Normandie.

Gen. 84. — Arctia (Schrk.)

733. — CAJA (L.) — C. Nohant (Indre), 10 juin, 20, 29 juillet, 5 août, Sologne, Saint-Florent (Cher), Guéret (Creuse), Auvergne, C. Murat (Cantal), C. — Chenille sur les genêts et les plantes herbacées mai, 13 juin, 20 juillet.

735. — VILLICA (L.) — C. Nohant, forêt de Châteauroux (Indre), 5, 20 juin, Sologne, Saint-Florent (Cher), C. Guéret (Creuse), Auvergne, C. — Chenille d'octobre à avril sur les plantes herbacées, le genêt, le chèvrefeuille.

736. — PURPURATA (L.) PURPUREA (L.) — Gargilesse, Vijon, Crevant (Indre), C. 1, 18 juin, champs de genêts. Sologne, Saint-Florent (Cher), A R. Guéret (Creuse), C. Thiers, Puy-de-Dôme, A R. — Chenille sur le genêt à balais, d'octobre au 28 avril.

738. — FASCIATA (Esp.) — Ambert, R. (Puy-de-Dôme), juillet. Trois exemplaires (Espèce méridionale), Aurillac (Cantal), Lozère, A C. — Chenille polyphage sur les plantes herbacées, le genêt, terrains arides, mars, avril.

741. — HEBE (L.) — Nohant (Indre), A C. du 1er au 20 juin dans le parc, Sologne, Bourges (Cher), C. Guéret (Creuse), A C. Clermont-Ferrand (Puy-de-Dôme), R. mai, juin. — Chenille en mars, avril, sur la millefeuille, le pissenlit, le seneçon, fin mai sur le chardon, terrains pierreux.

744. — MACULATA (Lang.) CIVICA (Hb.) — Gargilesse, Le Magny (Indre), C. du 1er au 10 juin, Sologne, A C. clairières des bois, forêt de Randan (Auvergne), R. — Chenille d'octobre au 27 avril sous les pierres, polyphage, mais préfère les *Rumex* et les Luzules.

748. — MACULOSA (S. V.) — Gargilesse (Indre), R. 15 juin (Espèce de Hongrie). Chenille en avril sur les plantes herbacées, se cache le jour sous les pierres.

A. VAR. SIMPLONICA (Bdv.) — Gargilesse (Indre), 1er juillet, sur les plateaux, T R. (Variété des Alpes).

750 — CASTA (Esp.) — Enval (Puy-de-Dôme), juin, Montgivray (Indre). Trois exemplaires (Espèce de Hongrie). — Chenille, avril, mai sur l'*Asperula cynanchica*, collines arides et pierreuses.

Cen. 85. — Euprepia (H. S.)

760. — PUDICA (Esp.) — Feurs (Loire), R. Lyon, R. 20 juin. Vallées sud de la Lozère, R. (Espèce méditerranéenne.) — Chenille en mars, avril jusqu'au 15 mai sous les pierres au pied des murailles, vit de graminées.

Gen. 87. — Spilosoma (Stph.)

774. — FULIGINOSA (L.) — Nohant (Indre), C. 16 mai, 27 juillet, 4 août, (Deux générations.) Forêts de la Sologne, bois de Saint-Florent (Cher), Guéret (Creuse), Auvergne, C. — Chenille sur les plantains d'octobre au 15 avril et juillet.

776. — LUCTIFERA (S. V.) — Saint-Florent (Cher), R. mai, juillet. (Deux générations) (Espèce méridionale.) — Chenille en avril et septembre sur les plantes herbacées.

778. — SORDIDA (Hb.) — Auvergne R. 20 juin. C. dans la Lozère (Espèce alpine.) — Chenille en juillet sur les plantes herbacées, se cache le jour sous les pierres, se chrysalide à l'automne.

779. — MENDICA (Cl.) — Nohant (Indre), 25 avril, 15 mai, C. au réflecteur. Saint-Florent (Cher), C. Guéret (Creuse), C. Auvergne, C. — Chenille en juillet sous les pierres dans les décombres, elle est polyphage sur les plantes herbacées.

780. — LUBRICIPEDA. — Nohant (Indre), C. du 16 mai au 15 juin, jardins, bois, pâturages. Saint-Florent (Cher), R. Sologne, Auvergne, A R. — Chenille polyphage sur les plantes herbacées de septembre en avril.

781. — MENTHASTRI (Esp.) — C. Nohant (Indre), 20 avril, 15 juin, jardins, prés. Sologne, Saint-Florent (Cher), Guéret (Creuse), Auvergne, C. — Chenille de juillet à octobre sur les plantes herbacées et les arbres fruitiers.

782. — URTICAE (Esp.) — Nohant 20 juin, T R. Neuvy (Indre), A. C. dans la Vendée. — Chenille en août, septembre sur les plantes herbacées, surtout sur le lierre terrestre.

IV. — HEPIALIDAE (H. S.)
Gen. 89. — Hepialus (F.)

784. — HUMULI (L.) — Guéret (Creuse), R. (musée de Guéret), Riom, 25 juin, Mont-Dore, juillet (Auvergne) (Espèce septentrionale.) — Chenille dans les racines de la bryone et du houblon en hiver. Elle se chrysalide à la fin d'avril.

785. — SYLVINUS (L.) — Nohant (Indre), C. 20 avril, 25 août, 8 octobre, Sologne, Auvergne, C. prairies, lisière des bois au crépuscule. — Chenille dans les racines des graminées et du *Salvia pratensis* en mars et en juin, s'élève facilement dans des pots à fleurs où l'on plante des racines.

VAR. ♀ HAMMA (Hb.) — Nohant, 15 septembre, A R.

788. — VELLEDA (Hb.) — Mont-Dore (Auvergne), 25 juin, R. (Espèce alpine.)

791. — LUPULINA (L.) — Nohant (Indre), C. 15 avril au 20 mai, 15 août, prairies au crepuscule, Guéret (Creuse), Thiers (Puy-de-Dôme), A R. — Chenille dans les racines des graminées en janvier, février et juin, s'élève facilement dans les pots à fleurs où l'on plante des racines de graminées.

796. — HECTA (L.) — Les Brandes d'Ardentes (Indre), 25 juin, R. lisière des bois, bruyères, vole au coucher du soleil (Espèce septentrionale.)

V. COSSIDAE (H. S.)
Gen. 90. — Cossus (Fab.)

797. — COSSUS (L.) LIGNIPERDA (F.) — Nohant, bords de l'Indre, vieux saules, 20 juin, 10 juillet, C. bois de frênes. Sologne, Saint-Florent (Cher), Guéret (Creuse), Auvergne, C. — Chenille dans l'intérieur des saules, des ormes, des bouleaux, des peupliers et des chênes. Elle vit deux ans, a toute sa taille au 15 mai.

Gen. 91. — Zeuzera (Lat.)

802. — PYRINA (L.) AESCULI (L.) — Nohant (Indre), A C. 28 juin, 20 juillet, 10 août. Sologne, R. Saint-Florent-sur-Cher, R. Guéret (Creuse), Aigueperse, Riom (Auvergne), R. — Chenille dans la tige ou les branches des frênes, des ormes, pommiers, bouleaux, tilleuls, lilas, chênes; se chryrsalide vers le 10 juin.

Gen. 94. — Stygia (Lat.)

8 06. — AUSTRALIS (Latr.) — Bourges (Cher), juillet, T R. (Espèce méridionale). — Chenille dans les racines et les tiges de l'*Echium italicum*.

Gen. 95. — Endagria (Bdv.)

809. — ULULA (Bkh.) PANTHERINA (Hb.) — Nohant (Indre), 10, 15 août. Cinq exemplaires ♂ pris au réflecteur (Espèce de Hongrie), a été également trouvé à Tours par Rambur et à Rochefort (Charente) par H. Delamain.

VI. — COCHLIOPODAE (Bdv.)

Gen. 96. — Heterogenea (Knoch.)

12. — LIMACODES (Hufn.) TESTUDO (Schiff. S. V.) — Bois de la Motte-Feuilly, forêt de Châteauroux (Indre), 10, 17 juin, C. Sologne, Saint-Florent (Cher), C. Riom, Enval, Volvic (Auvergne), — Chenille sur les chênes, les hêtres, 25 juillet, août, septembre, fait sa coque en octobre, mais ne s'y chrysalide qu'en avril.

813. — ASELLA (Schiff. S. V.) — Saint-Florent sur Cher, R. bois de bouleaux en juin (Espèce d'Allemagne et de Suède). — Chenille sur le chêne et le bouleau en septembre.

VII. — PSYCHIDAE (BdV.)

Gen. 97. — Psyche (Schrk.)

815. — UNICOLOR (Hufn.) GRAMINELLA (Schiff S. V.) — Forêt de Châteauroux, bois de Rongères (Indre), C. Sologne, Saint-Florent (Cher), C. juin, Auvergne, C. — Fourreau sur les graminées, les bruyères, le tronc des chênes, avril, mai.

819. — VICIELLA (Schiff. S. V.) — Marais de Bourges (Cher), R. juin, juillet (Espèce de Hongrie, de la Russie centrale). — Fourreau sur la vesce *(Vicia sativa)*.

835. — ALBIDA (Esp.) — C. Forêt de Saint-Chartier, brandes de Saint-Août (Indre), 10 au 30 juin, bruyères au pied du Puy-de-Pariou, du Puy-de-Dôme, Mont-Dore (Auvergne), 15 juillet. — Fourreau sur les graminées, les légumineuses, le genêt à balais, 25 mars, 10 avril, 15 mai.

B. millierella (Mill.) — Saint-Florent-sur-Cher, juin, R. La Brande, Greuille (Indre). — Foureau sur le genêt à balais

839. — ATRA (Esp.) — STOMOXELLA (Bdv.) — Puy-de-Pariou (Auvergne), 15 juillet.

842. — MUSCELLA (S. V.) — Saint-Florent-sur-Cher, C. juillet.

846. — PLUMIFERA (O.) — Les Brandes d'Ardentes (Indre), R. août.

847. — PLUMISTRELLA (Hb.) PLUMIGERELLA (Dup.) — La Brande d'Ardentes, (Indre), avril (Espèce alpine.)

849. — HIRSUTELLA (Hb.) FUSCA (Hw.) — Nohant (Indre), bois, R. 1er juin, 7 juin, Saint-Florent (Cher.)

Gen. 98. — Epichnopteryx (Hb.)

851. —   BOMBYCELLA (Schiff. S. V.) — Mont-Dore (Auvergne), 10 juillet.

857. —   PULLA (Esp.) — Sologne du Cher, Nohant (Indre), 5 juin, C.

858. —   TARNIERELLA (Bruand.) — Nohant (Indre), mai, R.

861. —   SIEBOLDII (Reutti.) — Nohant (Indre), mai, R.

Gen. 99. — Fumea (Hb.)

864. —   PECTINELLA (S. V.) — Bourges (Cher), juillet, A R. (Espèce de Hongrie.)

866. —   NUDELLA (O.) — Bourges (Cher), juillet. A C. — Fourreau sur les lichens des chênes.

868. —   INTERMEDIELLA (Bruand.) NITIDELLA (Hof.) — Nohant (Indre), C. Saint-Florent (Cher), C. Auvergne, 15 juin. — Fourreau sur le chêne, le charme.

VIII. — LIPARIDAE (Bdv.)
Gen. 101. Orgya (O.)

878. —   GONOSTIGMA (Fab.) — Nohant (Indre), A R. 3 juin, août, Sologne, Saint-Florent-sur-Cher, C. Auvergne. — Chenille sur le chêne, le prunellier, le noisetier, l'églantier, 10 mai, juillet.

879. —   ANTIQUA (L.) — Nohant (Indre), C. 1er juin, 15 septembre, jardins, forêts, champs de genêts, Sologne, Saint-Florent (Cher), Auvergne, C. — Chenille en mai, août sur le chêne, les arbres fruitiers, le genêt à balais.

Gen. 102. — Dasychira (Stph.)

887. —   SELENETICA (Esp.) — Bois de Morthomiers (Cher), 20 juin, une ♀ (Espéce d'Allemagne et de Russie). — Chenille de juillet à mars sur les genêts, se chrysalide fin mars.

890. —   FASCELINA (L.) — Brandes d'Ardentes, Vijon, Gargilesse (Indre), C. 22 juillet, Sologne, Saint-Florent (Cher), Auvergne, C. — Chenille sur le *Genista scoparia* d'octobre au 18 mai, 10 juin.

892. —   PUDIBUNDA (L.) — Nohant (Indre), C. 5 avril, 20 mai, 15 juin, Sologne, Saint-Florent (Cher), Guéret (Creuse), Auvergne, C. — Chenille sur le chêne, l'orme, le noyer, les arbres fruitiers, 15 août, 10 octobre.

Gen. 104. — Laria (Hb.)

894. —   L. NIGRUM (Mueller.) V. NIGRUM (Fab.) — Nohant, A R. forêt de Saint-Chartier (Indre), 20 juin, 10 juillet, 4 septembre, Sologne, forêt d'Allogny, R. (Cher), forêt de Randan (Auvergne). — Chenille en mai sur le chêne, le hêtre, le bouleau, le tilleul.

Gen. 105. — Leucoma (Stph.)

895. — SALICIS (L.) — Nohant (Indre), T C. certaines années,
25 juin, 15 juillet à septembre. Sologne, R. Saint-Florent
(Cher), R. Mont-Dore, La Roche-Vendex (Auvergne), août.
— Chenille sur les saules, les peupliers, 5 mai, 25 juin. On
trouve les chenilles, les chrysalides et les papillons en même
temps.

Gen. 106. — Porthesia (Stph.)

899. — CHRYSORRHOEA (L.) — Nohant (Indre), T C. 23 juin,
forêts, jardins, Sologne, C. Saint-Florent (Cher), Guéret
(Creuse), Auvergne, C. — Chenille en avril, mai, sur le
chêne, l'orme, l'aubépine, les arbres fruitiers.

900 — SIMILIS (Fuessl.) AURIFLUA (Fab.) — Nohant (Indre), C.
1er, 10 juillet, Sologne, Saint-Florent (Cher), Auvergne, C. —
Chenille sur le chêne, l'aubépine, mai, 15 juin.

Gen. 107. — Psilura (Stph.)

901. — MONACHA (L.) — Nohant (Indre), les tailles, forêt de Châteauroux, A C. 12, 25 juillet, Sologne, Saint-Florent (Cher),
A R. forêt de Randan, Clermont (Auvergne). — Chenille du
15 septembre au 10 juin sur le chêne, le bouleau, le hêtre.

Gen. 108. — Ocneria (H. S.)

902. — DISPAR (L.) — Nohant (Indre), C. 25 juillet, 1er août, forêts,
jardins, Sologne, Saint-Florent (Cher), Guéret (Creuse), Auvergne, C. partout. — Chenille en mai, juin sur tous les
arbres fruitiers et forestiers.

908. — RUBEA (Fab.) — Forêts de Cheurs, de Bommiers (Indre),
R. 20 août (Espèce méridionale).

IX. — BOMBYCIDAE (Bdv.)

Gen. 110. — Bombyx (Bdv.)

911. — CRATAEGI (L.) — Nohant (Indre), forêts. C. 15, 16, 18 septembre, Saint-Florent, Sologne du Cher, A C. Auvergne. —
Chenille d'octobre à mai sur l'aubépine, le prunellier, le
bouleau, le chêne, le saule.

912. — POPULI (L.) — Nohant (Indre), C. octobre, novembre,
décembre, forêts du Cher, Sologne R. Royat, La Chère
(Auvergne). — Chenille en mars, mai, juin, sur le peuplier,
le chêne, le hêtre.

913. — FRANCONICA (Esp.) DORYCNII (Mill.) — Chapelle-Saint-
Ursin près Saint-Florent (Cher), 15 septembre, T R. — Chenille sur le saule, le rosier, la pimprenelle en juin, vit en
société dans le jeune âge.

915. — CASTRENSIS (L.) — Bois de Saint-Christophe (Indre), R.
Sologne, bois de Saint-Florent (Cher), C. bruyères d'Enval,

près Riom (Auvergne), R. 28 juin, 2, 15 juillet. Calcaire Oxfordien de Pellegru (Indre), C. — Chenilles en société dans le jeune âge sous une toile de soie. Au 20 mai, elles se dispersent et vivent solitaires sur les hélianthèmes, les euphorbes; endroits découverts, clairières au soleil. Elles se chrysalident en juin.

916. — NEUSTRIA (L.) — Nohant (Indre), C. 10, 26 juin, jardins, vergers, Sologne, Saint-Florent (Cher), Guéret (Creuse), Auvergne, juillet, C. partout. — Chenille en famille sur tous les arbres fruitiers et forestiers en mai.

920. — LANESTRIS (L.) — Nohant (Indre), C. 20 février, 16 mars. Sologne, Saint-Florent (Cher), R. forêt de Randan, Mont-Dore (Auvergne). — Chenilles en société sur les haies de prunellier et d'aubépine du 25 mars au 17 juin. La chrysalide reste souvent deux, trois et quatre ans avant d'éclore.

921. — CATAX (L.) EVERIA (Knoch.) — Nohant (Indre), C. 5 octobre, mai. Sologne, Saint-Florent (Cher), A C. Thiers (Auvergne). — Chenille de mai à juillet, en société, sur l'aubépine et le prunellier, parfois sur le chêne.

922. — RIMICOLA (S. V.) CATAX (Esp.) — Forêts de Saint-Palais et d'Allogny (Cher), octobre R. — Chenille sur le chêne en juin.

924. — TRIFOLII (S. V.) — Nohant (Indre), C. 10, 20 août, pâturages, lisières des forêts. Saint-Florent-sur-Cher. C. Guéret (Creuse), C. Auvergne, C. — Chenille de septembre au 10 mai sur les genêts, les trèfles et les luzernes.

A. AB. MEDICAGINIS (Bork.) — Nohant (Indre), aussi commun que le type. Saint-Florent (Cher), A R. Auvergne, C.

925. — QUERCUS (L.) — Nohant (Indre), C. 15, 26 juillet, 1er, 15 août. Sologne, C. Saint-Florent (Cher), C. Guéret (Creuse), Auvergne, C. — Chenille polyphage sur les arbres fruitiers et forestiers, sur la ronce, le groseiller, le lilas, l'orme, le prunellier, le genêt; de septembre au 10 juin.

B. VAR. SPARTII (Hb.) — Gargilesse (Indre), 15 juillet, un ♂ ♀ (Variété méridionale). — Chenilles trouvées en mars et élevées sur le genêt à balais.

D. AB. ROBORIS (Schrk.) — Nohant (Indre), 2 ♂ août.

926. — RUBI (L.) — Nohant (Indre), C. 1er au 15 juin, forêts, vergers, prairies. Sologne, Saint-Florent (Cher), C. Guéret (Creuse), Auvergne, C. — La chenille éclot fin juin et parvient à toute sa taille au 15 octobre, passe l'hiver sous la mousse, les feuilles mortes, dans les ronces, mange l'hiver les feuilles sèches et les jeunes pousses des plantes herbacées, se chrysalide en mai.

GEN. 111. — CRATERONYX (Dup.)

928. — TARAXACI (Esp.) — La Brenne (Indre), R. 20 septembre au 15 octobre (espèce d'Allemagne et de Suisse). — Chenille fin avril sur le pissenlit

930. — DUMI (L.) DUMETI (L.) — Gargilesse (Indre), C. 5 novembre, taillis de chênes. Sologne, R. (Auvergne), R. — Chenille du 25 avril au 10 juin sous les pierres; vit sur le pissenlit (*Léotodon taraxacum*) et l'*Hieracium pilosella*.

GEN. 112. — LASIOCAMPA (Latr.)

932. — POTATORIA (L.) — Nohant, les tailles, forêt de Châteauroux (Indre), C. 25 juillet, bois frais, allées humides, Sologne (Cher), Riom, Chateldon, Thiers (Auvergne), R. août. — Chenille sur les brômes, 28 avril, 15 mai, 13 juin, 20 juillet.

934. — PRUNI (L.) — Nohant (Indre), A R. 20 juillet, jardins, forêts. Sologne, Saint-Florent (Cher), A C, Aigueperse, juin, Enval, Royat, Thiers (Auvergne), A C. (espèce méridionale.) — Chenille de septembre au 20 mai sur les pruniers, le bouleau, le chêne, l'orme, le saule.

935. — QUERCIFOLIA (L.) — Nohant (Indre), C. 15 juillet, jardins, vergers, Saint-Florent (Cher), C. Guéret (Creuse), C. Sologne Auvergne, C. — Chenille de septembre au 1ᵉʳ juin sur les arbres fruitiers, l'aubépine, le prunellier, le chêne.

936. — POPULIFOLIA (S. V.) — Bords de l'Indre, Nohant, R. juillet. Saint-Florent, bords du Cher, Sologne, R. bords de la Dore à Puy-Guillaume (Auvergne), T R. juin. — Chenille sur les saules et les peupliers de septembre au 15 juin.

937. — TREMULIFOLIA (Hb.) BETULIFOLIA (O.) — Bois de Saint-Florent (Cher), avril, mai. Forêt de Cheurs (Indre), R. Sologne, forêt de Randan (Auvergne), R. — Chenille sur le bouleau, en juillet, août, septembre, se chrysalide en octobre.

938. — ILICIFOLIA (L.) — Bois de Saint-Florent-sur-Cher, R. 25 avril. — Chenille en juin, juillet sur le saule, l'osier, se chrysalide en août, septembre.

941. — PINI (L.) — Sologne (Cher), plantations de pins, R. 12 juillet. Fontanat, Royat (Auvergne) (espèce méridionale). — Chenille de septembre au 20 mai. Elle hiverne sous les écorces, au pied des pins, se chrysalide à la fin de mai.

X. ENDROMIDAE (Bdv.)

GEN. 113. — ENDROMIS (O.)

946. — VERSICOLORA (L.) — Bouquets de bouleaux des bois de Bellevue (Indre), Sologne. Forêt du Rhin-du-bois, forêt de Vierzon, forêt d'Allogny (Cher), Gien (Loiret), bois de bouleaux au pied du Puy-de-Dôme (Auvergne), 20 mars, 15 avril, R. partout. — Chenille sur le bouleau en juin, juillet.

XI. — SATURNIDAE (Bdv.)

GEN. 114. — SATURNIA (Schrk.)

950. — PYRI (Schiff. S. V.) — Nohant (Indre), C. 25 avril, 10 mai, 20 mai, jardins, vergers, Sologne, Saint-Florent (Cher), A C.

Guéret (Creuse), Auvergne, C. — Chenille sur l'orme, le poirier, fin juillet. Elle reste parfois deux et trois ans en chrysalide.

952. — PAVONIA (L.) CARPINI (Schiff. S. V.) — Nohant, La Brande, (Indre), C. 25 février, 15 mars, 10 avril, 10 mai, bruyères, lisières de forêts. Sologne, Saint-Florent-sur-Cher, C. Guéret (Creuse), Auvergne, C. Murat (Cantal). — Chenilles sur le prunellier, la ronce, la bruyère, de mai au 20 juillet, vivent en famille jusqu'à la troisième mue. 10 juillet, elles restent deux et trois ans en chrysalide.

GEN. 115. — AGLIA (O.)

956. — TAU (L.) — Forêt de Saint-Chartier (Indre), R. 25 mars, 10 avril. Forêt de Vierzon, d'Allogny, bois de Saint-Florent (Cher), Sologne, forêts de Randan et d'Allagnat (Auvergne). — Chenille sur le hêtre, le chêne, le bouleau, 12 juin, 17 juin, se chrysalide fin juillet.

XII. — DREPANULIDAE (Bdv.)

GEN. 116. — DREPANA (Schrk.)

957. — FALCATARIA (L.) FALCULA (Sch. S. V.) — Crevant, R. (Indre), 12 mai, puis 20 juillet. Saint-Florent, A C. Sologne, bois de bouleaux de Sommerère (Cher), C. 5 mai, Auvergne, R. — Chenille sur le bouleau, le tremble, le saule, juin et septembre (Deux générations.)

958. — CURVATULA (Bork.) — Nohant, Crevant (Indre), R. 15 mai, août. Saint-Florent (Cher), R. Sologne, R. — Chenille sur le bouleau, le chêne, juin et septembre (Deux générations.)

959. — HARPAGULA (Esp.) SICULA. (S. V.) — Forêt d'Allogny (Cher), T R. avril. Guéret (Creuse) (Espèce de Hongrie). — Chenille sur le hêtre, septembre.

960. — LACERTINARIA (L.) LACERTULA (Schiff. S. V.) (Première génération). — Forêt de Bommiers (Indre), R. 25 avril, 16 mai, Saint-Florent, A C. Sologne, bois de bouleaux de Sommerère (Cher). — Chenille sur le bouleau, 1" juin et 20 septembre.

A. AB. SCINCULA (Hb.) — (Deuxième génération), août, Sommerère, Sologne (Cher).

961. — BINARIA (Hufn.) HAMULA (S. V.) — Nohant (Indre), A R. 15 mai, 18 juillet, Sologne, Saint-Florent (Cher), C. forêt de Randan (Puy-de-Dôme), C. — Chenille sur le chêne, en juin et septembre (Deux générations.)

A. VAR. UNCINULA (Bork.) — Nohant, T R. 4 août (Variété méridionale). — Chenille sur l'aubépine en juin.

962. — CULTRARIA (F.) UNGUICULA (Hb.) — Saint-Florent, forêt d'Allogny (Cher), R. 15 mai, 25 juillet, Mont-Dore (Auvergne), R. Vichy (Allier). — Chenille sur le hêtre en juin, puis septembre (Deux générations.)

Gen. 117. — Cilix (Leach.)

963. — GLAUCATA (Sc.) SPINULA (Schiff. S. V.) — Nohant (Indre), C. 2 avril, 10 mai, 28 juin, 20 juillet, 15 août, Sologne, Saint-Florent (Cher), C. forêt de Chours (Indre), C. forêt de Randan (Puy-de-Dôme), C. — Che:.... ... le prunellier, l'aubépine en juin, septembre (Deux générations).

XIII. — NOTODONTIDAE (Bdv.)

Gen. 118. — Harpyia (O.)

965. — BICUSPIS (Bork.) — Bois de la Brande d'Ardentes (Indre), T R. avril, juillet. Forêt de hêtres, Chateldon (Puy-de-Dôme), R. — Chenille sur le hêtre, juin, 24 août.

966. — FURCULA (L.) — Nohant (Indre), R. 25 avril, août (Deux générations), Sologne, Saint-Florent (Cher), Puy-Guillaume (Auvergne), R. — Chenille sur les peupliers, saules, bouleaux, trembles, juin, plus commune en septembre, octobre.

967. — BIFIDA (Hb.) — Nohant (Indre), A C. 3 juin, 14 juin, septembre (Deux générations), Saint-Florent (Cher), Auvergne, — Chenille sur les saules, les peupliers. juillet, octobre.

969. — ERMINEA (Esp.) — Nohant (Indre), C. 25 avril, 13 mai, 22 juin, Sologne, R. Saint-Florent (Cher), R. — Chenille sur les peupliers et les trembles, juillet, août, 20 septembre.

970. — VINULA (L.) — Nohant (Indre), C. 15 avril, 20 mai, 14 juin. bois de Bellevue (Indre), Sologne, Saint-Florent (Cher), Guéret (Creuse), bois au pied du Puy-de-Dôme (Auvergne), C. — Chenille sur l'osier, le bouleau, le peuplier, le tremble, 12 juin, 25 juillet, 7 août.

Gen. 119. — Stauropus (Germ.)

971. — FAGI (L.) — Nohant (Indre), les tailles, R. 20 mai, Sologne, Saint-Florent (Cher), R. bois de Chateldon, d'Allagnat (Auvergne), R. — Chenille sur le hêtre, le chêne, le bouleau, le noisetier, août, septembre.

Gen. 120. — Uropus (Bdv.)

972. — ULMI (S. V.) — Ytrac (Cantal), Figeac (Lot), mai, A C. — Chenille sur l'orme en juillet.

Gen. 121. — Hybocampa (L.)

974. — MILHAUSERI (Fab.) — Nohant, les tailles, forêt de Châteauroux (Indre), 10 mai, 22 mai, 5 juin, A R. bois de Saint-Florent (Cher), Sommerère (Sologne), Paslières (Puy-de-Dôme), R. — Chenille sur le chêne, août, 5 septembre : coque dure dans les crevasses de l'écorce, à rechercher tout l'hiver.

Gen. 122. — Notodonta (O.)

975. — TREMULA (Cl.) DICTAEA (L.) — Nohant (Indre), C. 23 avril, 10 mai, 20 août (Deux générations), Sologne, Saint-Florent

(Cher), 'C. Guéret (Creuse), C. Auvergne, C. — Chenille sur
le peuplier, le saule, le bouleau, 10 juin, 25 septembre, se
chrysalide en terre.

976. — DICTAEOIDES (Esp.) — Saint-Florent (Cher), mai, R. Sologne, R. bords de la Dore, Puy-Guillaume (Auvergne), juin
(Espèce méridionale). — Chenille en juin, 10 octobre, sur le
bouleau, le saule, le peuplier, le chêne, se chrysalide en
terre.

977. — ZICZAC (L.) — Nohant, (Indre), C. mai, juin, août, bords
de l'Indre, du Cher à Saint-Florent, Sologne, C. Auvergne, C,
— Chenille sur le peuplier, le bouleau, le chêne, 3 juin,
6 juillet, 15, 25 septembre, se chrysalide entre deux feuilles
(Deux générations).

978. — TRITOPHUS (S. V.) — Nohant (Indre), C. 25 avril, 11 juin,
Sologne, Saint-Florent (Cher), C. Aigueperse, Riom, Puy-
Guillaume (Auvergne). — Chenille sur le peuplier, le bouleau,
8 mai, septembre, se chrysalide entre deux feuilles. (Deux
générations).

979. — TREPIDA (Esp.) TREMULA (S. V.) — Nohant (Indre), A C.
20 mars, 10 mai, 15 juin, Sologne, Saint-Florent (Cher) R.
Chateldon, Thiers (Auvergne), C. — Chenille sur le chêne,
25 juin, juillet, se chrysalide dans une coque brune d'un tissu
très peu serré.

980. — TORVA (Hb.) — Forêts d'Allogny et de Saint-Palais (Cher),
R. mai, août, Sologne, R. — Chenille en juillet, septembre
sur le tremble, le bouleau, se chrysalide sous les feuilles
sèches. (Deux générations).

981. — DROMEDARIUS (L.) — Nohant (Indre), R. 20 avril, 4 août,
Saint-Florent (Cher), R. Sommerère (Sologne), bois de bouleaux
C. — Chenille sur le bouleau, 20 juin, 10 octobre, se crhysalide
dans les feuilles sèches près de terre. (Deux générations).

982. — CHAONIA (S. V.) — Gargilesse (Indre), A R. 5 avril,
Sologne, C. Saint-Florent, bois de Morthomiers (Cher),
C. Thiers (Auvergne). — Chenille sur le chêne du 10 mai au
20 juin, se chrysalide en terre.

983. — QUERNA (S. V.) — Saint-Florent (Cher), bois de chênes,
A R. avril, Royat (Auvergne), C. — Chenille sur le chêne en
septembre, octobre, se chrysalide en terre.

984. — TRIMACULA (Esp.) DODONAEA (Frr.) Saint-Florent (Cher),
forêt de Morthomiers, C. 20 avril, 25 mai, Sologne, Thiers,
Puy-Guillaume (Auvergne), R. — Chenille sur le chêne de
juillet à septembre, se chrysalide en terre.

985. — BICOLORIA (Schiff. S. V.) — Sologne, bois de bouleaux,
Sommerère (Cher), 15 mai, R. (Espèce d'Allemagne). — Chenille sur le bouleau, 10 septembre.

GEN. 123. — LOPHOPTERYX (Stph.)

987. — CARMELITA (Esp.) — Forêt d'Allogny (Cher). Un exem
plaire ♀, en mai.

989. — CAMELINA (L.) — Nohant (Indre), C. 20 mai, 15 juillet,
18 août, Sologne, bois de Saint-Florent (Cher), C. Auvergne,
juin, C. vient à la lumière. — Chenille sur le chêne, le bouleau, le hêtre, le peuplier, 1ᵉʳ juin, 27 juillet, 25 septembre,
10 octobre, se chrysalide en terre.
    A. AB. GIRAFFINA (Hb.) — Nohant (Indre), C. 25 avril,
24 mai, 4 octobre.

990. — CUCULLA (Esp.) CUCULLINA (Hb.) — Nohant (Indre), R.
10 mai. Saint-Florent (Cher), 25 juin, A R. — Chenille sur
l'érable, le chêne, en septembre, se chrysalide en terre.

GEN. 124. — PTEROSTOMA (Germ.)

991. — PALPINA (L.) — Nohant (Indre), C. 20 avril, 16 mai,
22 juin, 25 juillet, Sologne, Saint-Florent (Cher), C. Auvergne,
C. (Deux générations). — Chenille sur les peupliers, les
saules, 15 juin, 10 septembre, 4 octobre, se chrysalide en
terre.

GEN. 125. — DRYNOBIA (Dup.)

993. — VELITARIS (Rott.) — Bois de Morthomiers et de Saint-
Florent (Cher), R. mai, Sologne, A R. Gien (Loiret), R. —
Chenille sur le chêne, juillet, septembre..

994. — MELAGONA (Bork.) — Forêt d'Allogny (Cher), T R. mai. —
Chenille sur le hêtre en septembre.

GEN. 126. — GLUPHISIA (Bdv.)

995. — CRENATA (Esp.). — Forêts de Saint-Palais et d'Henrichemont (Cher), R. mai. — Chenille sur le tremble, les
peupliers, en octobre, se chrysalide entre les mousses sur
la terre.

GEN. 127. — PTILOPHORA (Stph.)

996. — PLUMIGERA (Esp.) — Nohant, Champeaux (Indre), A C.
24, 25 novembre, bois de Saint-Florent (Cher), forêt de Randan
(Puy-de-Dôme). — Chenille sur l'érable, le bouleau, en mai,
se chrysalide dans les mousses.

GEN. 128. — CNETHOCAMPA (Stph.)

998. — PROCESSIONEA (L.) — Nohant, Gargilesse, forêts de Saint-
Chartier, de Chanteloup (Indre), C. Sologne, Saint-Florent
(Cher), Guéret (Creuse), Auvergne, C. — Chenille en société
sur le chêne, en juin, se chrysalide en commun au pied de
l'arbre sous une toile commune où restent les poils de la
chenille, qui causent de vives démangeaisons si on y
touche.

999. — PITYOCAMPA (S. V.) — Bois de pins, juillet. Saint-Nectaire, Mont-Cornador (Auvergne), pentes au sud, C. (Espèce

méridionale). — Chenilles en société dans une poche de soie suspendue aux branches du pin maritime. Elles hivernent et se chrysalident en terre vers le 15 mars.

GEN. 129. — PHALERA (Hb.)

1002. — BUCEPHALA (L.) — Nohant (Indre), C. 20, 27 avril, 20 mai, 10 juin, 20 juillet, forêt de Vierzon, Saint-Florent (Cher), Sologne, Guéret (Creuse), Auvergne, C. partout. — Chenille sur le bouleau, le peuplier, le chêne, le hêtre, du 15 juillet au 10 octobre, passe l'hiver en chrysalide.

1003. — BUCEPHALOIDES (O.) — Saint-Florent (Cher), juin, R. (Espèce méridionale), Nohant (Indre), R. — Chenille sur le chêne, septembre, passe l'hiver en chrysalide.

GEN. 130. — PYGAERA (O.)

1006. — ANASTOMOSIS (L.) — Nohant (Indre), R. 20 avril. 15 juillet Mehun-sur-Yèvre (Cher), Sologne, R. — Chenille sur le saule, le peuplier, en juin, septembre, vit et se transforme entre deux feuilles réunies par de la soie.

1007. — CURTULA (L.) — Nohant, C. 5 mai, 15 août, bords de l'Indre, Saint-Florent, rives du Cher, C. Auvergne, C. — Chenille sur les peupliers, les saules, juin, octobre, vit et se chrysalide entre deux feuilles liées par de la soie.

1009. — ANACHORETA (Fab.) — Nohant (Indre), A R. 28 avril, 25 juillet, Sologne, R. Saint-Florent (Cher), R. Thiers (Auvergne). — Chenille sur les peupliers, les saules en juin et septembre, vit et se transforme entre deux feuilles liées.

1010. — PIGRA (Hufn.) RECLUSA (Fab.) — Forêt d'Allogny (Cher), Sologne, C. 10, 15, 20 mai, 15 août. — Chenille sur le tremble le saule marceau, juin, septembre, vit et se chrysalide entre deux feuilles liées.

XIV. — CYMATOPHORIDAE (H. S.)

GEN 131 — GONOPHORA (Brd.)

1011. — DERASA (L.) — Nohant (Indre), R. 16 juin, 22 juillet (à la miellée). — Chenille sur le framboisier, 1er au 15 septembre.

GEN 132. — THYATIRA (O.)

1012. — BATIS (L.) — Nohant (Indre), C. 10 au 21 mai, juin, 8 juillet, 10 août, 15 septembre (miellée), Saint-Florent, Sologne (Cher), R. Chateldon (Auvergne), R. — Chenille sur le framboisier, 15 juin, 25 septembre.

GEN 133. — CYMATOPHORA (Tr.)

1014. — OCTOGESIMA (Hb.) OCULARIS (Gn.) — Nohant (Indre), A R. 14 juin, 16 août, Saint-Florent (Cher), Sologne, C. Auvergne,

C. — Chenille sur le peuplier entre deux feuilles, 10 juillet, 25 septembre (Deux générations).

1015 — OR (S. V.) — Gargilesse (Indre), A R. 25 juillet, Sologne, Saint-Florent (Cher), 28 avril, bords de la Dore, Auvergne, R. — Chenille sur le saule, le peuplier, le tremble, entre deux feuilles accolées, septembre, octobre.

1017. — DUPLARIS (L.) BIPUNCTA (Bork.) — Nohant, bords de l'Indre, R. 25 avril, 28 août, Saint-Florent (Cher), R. — Chenille sur le peuplier, juin, octobre.

1018. — FLUCTUOSA (Hb.) — Sommerère, Sologne du Cher, bois de bouleaux, juin, R. — Chenille sur le bouleau, septembre.

GEN. 134. — ASPHALIA (Hb.)

1020. — RUFICOLLIS (Fab.) — Sommerère, Sologne du Cher, forêt d'Allogny (Cher), mai, R. — Chenille sur le chêne en septembre.

1021. — DILUTA (S. V.) Saint-Florent, forêts d'Allogny et de Saint-Palais (Cher), R. octobre, Chateldon (Auvergne), C. — Chenille sur le chêne en juin.

1022. — FLAVICORNIS (L.) — Nohant (Indre), C. 20 mars, 18 avril, 20 août (Deux générations), Sologne, Saint-Florent (Cher), C. Guéret (Creuse), Royat (Auvergne), C. — Chenille sur le chêne, le peuplier, le bouleau, entre deux feuilles, mai, juin, septembre et octobre, C.

1023. — RIDENS (F.) — Nohant (Indre), C. 8, 20 avril, 20 août, Sologne, forêt de Saint-Florent (Cher), C. forêt de Randan (Auvergne), C. — Chenille sur le chêne, en juin et octobre (Deux générations).

C. NOCTUAE

I. — BOMBYCOIDES (Bdv.)

GEN. 135. — DILOBA (Stph.)

1024. — CAERULEOCEPHALA (L.) — Nohant (Indre), C. 10, 15, 20 octobre, 15, 20 novembre, vergers, Sologne, A C. Saint-Florent (Cher), C. Auvergne, C. — Chenille sur l'aubépine, le prunellier, les arbres fruitiers, avril, mai.

GEN. 137. — ARSILONCHE (Ld.)

1028. — ALBOVENOSA (Gotze.) VENOSA (Bork.) — Bourges, Saint-Florent (Cher), T R. juin. — Chenille en août, septembre, sur les graminées.

Gen. 141. — Demas (Stph.)

1033. — CORYLI (L.) — Nohant (Indre), 15 avril, 22 juillet, bois de bouleaux de Sommerère (Sologne), C. Saint-Florent (Cher), R. forêt de Randan, Mont-Dore (Auvergne), C. — Chenille en juin, septembre, sur le hêtre, le bouleau et le noisetier, parfois sur le chêne.

Gen. 142 — Acronycta (O.)

1035. — LEPORINA (L.) — Nohant (Indre), R. 8, 10 juillet, Guéret (Creuse), R. Sommerère, Sologne du Cher, A C. Auvergne, R. — Chenille sur le bouleau, plus rare sur le chêne, 25 septembre.

    A. Var. bradyporina (Tr.) — Sologne du Cher, R. (avec le type).

1036. — ACERIS (L.) — Nohant (Indre), juin, C. à la miellée, Saint-Florent (Cher), Royat, Randan (Auvergne), Sologne, C. partout. — Chenille sur l'érable, en juillet, août.

    A. Ab. candelisequa (Esp.) — Nohant (Indre), R. juin.

1037. — MÉGACEPHALA (Fab.) — Nohant (Indre), 3, 10, 30 juin, C. à la miellée, Saint-Florent (Cher), Sologne, Limagne d'Auvergne. — Chenille sur le peuplier, septembre, novembre, sur le tremble, le bouleau.

1038. — ALNI (L.) — Nohant, bords de l'Indre, Urciers (Indre). R. 8 mai, 2 juin, Saint-Florent (Cher), R. Auvergne, R. — Chenille sur l'aune et sur le saule, 5 juillet, 25 août.

1039. — STRIGOSA (Fab.) — Nohant (Indre), 23 mai, 25 juin, 20 juillet, 10 septembre, A C. à la miellée, Saint-Florent (Cher), R. Royat (Auvergne), R. 12 juillet. — Chenille sur le charme, 10, 20 juillet.

1042. — TRIDENS (S. V.) Nohant (Indre), 30 juin, 16, 20 juillet, vergers, C. à la miellée, Sologne, Saint-Florent (Cher), Auvergne, A R. — Chenille sur le poirier, l'aubépine, rosier, prunellier, en septembre.

1043. — PSI (L.) — Nohant (Indre), 21 avril, 22 juin, 8 août, C. à la miellée, Saint-Florent, Sologne (Cher), Guéret (Creuse), Auvergne, C. partout. — Chenille sur les arbres fruitiers, l'orme, le bouleau, 20 juillet, 15 septembre.

    A. Var. guénée. — Nohant (Indre), 30 juin, 5 août, R. à la miellée.

1044. — CUSPIS (Hb.) — Nohant (Indre), R. juin, — Chenille sur l'aune en septembre.

1047. — AURICOMA (Fab.) — Nohant (Indre), 3 avril, 17 juillet, C. à la miellée (Deux générations), Sologne, Saint-Florent (Cher), C. Mont-Dore, Chaudefour (Auvergne), R. — Chenille sur le prunellier, le noisetier, le saule marceau, 10 juin, 20 juillet, 10 septembre.

    A. Ab. pepli (Hb.) — Nohant, R. 2 août.

1051. — EUPHORBIAE (Fab.) — Nohant (Indre), A R. avril, Sologne, A [R. août, Saint-Florent (Cher), R. Thiers (Auvergne), R. mai. — Chenille en juillet sur les euphorbes.

A. Var. montivaga (Gn.) — Nohant, R. mai.

1052. — EUPHRASIAE (Brahm.) — Nohant, brandes d'Ardentes et plaines d'Ambrault, Gargilesse (Indre), C. 15 mai, 24 août (Deux générations), Sologne, C. bois de Saint-Florent (Cher), C. Auvergne. — Chenille sur le plantain, l'euphraise, l'oseille sauvage, le prunellier, 20 juillet, 15 septembre.

A. Ab. esulae (Hb.) — Nohant (Indre), R. août.

1053. — RUMICIS (L.) — Nohant (Indre), 18 avril, 20 mai, 16 juin, 26 juillet, C. à la miellée, Sologne, Saint-Florent (Cher), Auvergne, C. — Chenille sur les plantes herbacées, juillet, août, septembre.

A. Ab. bercei (Faune française, vol. IV, p. 10), R. Nohant, 25 juillet.

1055. — LIGUSTRI (Fab.), — Nohant (Indre), 25 avril, 5 juillet, 20 juillet, C. à la miellée, Sologne, Saint-Florent (Cher), C. — Chenille sur le frêne, le troène, 12 juin, 25 juillet, 10 août.

Gen. 143. — Bryophila (Tr.)

1061. — RAPTRICULA (Hb.) — Nohant (Indre), R. vient au réflecteur et à la miellée, 22 juillet, Sologne, R. Auvergne. — Chenille en avril sur les lichens des murailles et des rochers.

B. Ab. deceptricula (Hb.) — Gargilesse (Indre), R. 30 juillet, Sologne, Gien, Saint-Florent (Cher), R. — Chenille en mai sur les lichens des murailles et des rochers.

1063. — STRIGULA (Bork.) RECEPTRICULA (Hb.) — Forêts d'Allogny et de Saint-Palais (Cher), juillet, R. Sologne. R. (Espèce méridionale). — Chenille en mai sur les lichens des arbres.

1065. — RAVULA (Hb.) — Nohant (Indre), 10 juillet, R. à la miellée. — Chenille en mai sur les lichens des pierres.

A. Var. ereptricula (Tr.) — Nohant, R. à la miellée, 15 juillet (Variété de Hongrie).

1066. — ALGAE (Fab.) — Nohant (Indre), 15 juin, 20 juillet, 10 août, C. à la miellée, Sologne, Saint-Florent (Cher), Thiers (Auvergne), R. 10 septembre. — Chenille en mai sur les lichens des ormes.

A. Ab. degener (Esp.) strigula (Dup.) — Nohant, 20 juin, 25, 28 juillet, C. à la miellée. — Chenille en mai sur les lichens des pommiers.

B. Ab. mendacula (Hb.) — Nohant, A R. 26 juillet (miellée).

C. Ab. calligrapha (Bork.) — Nohant, R. 20 juillet (miellée).

1068. — MURALIS (Forst.) GLANDIFERA (Hb.) — Nohant (Indre), 15 juillet, 3, 30 août, C. à la miellée, forêts, vergers, murailles. Saint-Florent, Sologne, Royat (Auvergne), C. partout, 10 septembre. — Chenille sur les *placodium*, les lichens, la nuit. Se tient cachée le jour, mai, juin.

A. VAR. PAR (Hb.) — Nohant, R. 20 août, Saint-Florent (Cher), R.

4070. — PERLA (Fab.) — Nohant (Indre), 25 juillet, 15, 30 août, forêts, vergers, C. à la miellée, Sologne, Saint-Florent (Cher), Guéret (Creuse), Auvergne, C. partout. — Chenille sur les *placodium* des arbres fruitiers et forestiers, mai, juin, se cache le jour.

GEN. 145. — NOMA (Hb.)

1073. — ORION (Esp.) — Nohant, les tailles, forêt de Châteauroux (Indre), C. 25 avril, 15 mai, forêts de la Sologne et du Cher, C. Auvergne, C. — Chenille sur le chêne, juin, juillet, août, fait une coque ovoïde, en septembre, comme les Bombyx.

GEN. 146. — DIPHTERA (O.)

1074. — LUDIFICA (L.) — Gargilesse (Indre), bois de chênes, 25 septembre, est devenu très rare depuis la coupe des taillis. — Chenille sur le chêne en juin, juillet, sur les écorces.

NOCTUIDAE (Bdv.)

GEN. 148. — AGROTIS (O.)

1076. — STRIGULA (Thnb.) PORPHYREA (Hb.) — Nohant, 28 juin, 15, 22, 24, 26, 29 juillet, 8 août, C. à la miellée, La Brande, Planet (Indre), Sologne, Saint-Florent, Allogny (Cher), C. Royat (Auvergne), 12 juillet. — Chenille sur les bruyères, 15 février, mars et avril, se chrysalide en mai.

1077. — MOLOTHINA (Esp.) ERICAE (Bdv.) — Gargilesse, Nohant (Indre), 25 juin, R. à la miellée, Sologne du Cher, Gien, R.

1078. — POLYGONA (Fab.) — Guéret (Creuse), R. juillet, Thiers (Auvergne), Murat (Cantal), C. — Chenille sur le genêt, avril, mai.

1079. — SIGNUM (Fab.) SIGMA (Hb.) — Nohant (Indre), juin, A C. à la miellée. — Chenille en avril sur le *Viburum lantana*.

1081. — JANTHINA (Esp.) — Nohant (Indre), 9 juin, 20 juillet 15 août, 10 septembre, C. à la miellée, bois, taillis, Sologne, Saint-Florent (Cher), C. Royat, Auvergne. — Chenille en février, mars, sur le lierre terrestre, les oseilles.

1082. — LINOGRISEA (S. V.) — Nohant (Indre), juillet, A. R. à la miellée, bois, jardins, Saint-Florent, Sologne (Cher), Thiers (Auvergne), Royat, 20 juillet, R. — Chenille en mars dans les feuilles sèches, là où croissent le lierre terrestre et les violettes.

1083. — FIMBRIA (L.) — Nohant (Indre). 10, 15 juin, 10 août, C. à la miellée, Sologne, Saint-Florent (Cher), C. Auvergne, bois, prairies. — Chenille sur la primevère en avril, monte la nuit sur les arbres, pour manger la miellée.

A. VAR. SOLANI (Fab.) — Nohant, C. 15 juillet, à la miellée,

B. Var. (Guenée). — Nohant, A R. 25 juillet, 5 août, à la miellée.

1084. — INTERJECTA (Hb.) — Nohant (Indre), 15 juin, 20 juillet, C. à la miellée, Saint-Florent, Sologne (Cher), C. — Chenille en avril sur les plantes herbacées.

1087. — PUNICEA (Hb.) — Nohant (Indre), 20 juillet, R. à la miellée. — Chenille en avril sur les plantes herbacées.

1088. — AUGUR (Fab.) — Henrichemont, Sologne du Cher, R. juillet. — Chenille en avril sur les taraxacum.

1090. — ERYTHRINA (Rbr.) — Nohant (Indre), R. 10 juin, déclosion. — Chenille sur la bruyère, février, mars.

1091. — OBSCURA (Brahm.) RAVIDA (Hb.) — Nohant, Planet (Indre), C. 15 juin, Sologne, Saint-Florent (Cher), Aigueperse (Auvergne), C. Murat (Cantal), se cache le jour dans l'intérieur des maisons. — Chenille en mars sous les plantes basses dans les feuilles sèches.

1092. — PRONUBA (L.) — Nohant (Indre), du 1ᵉʳ au 15 juin, tout juillet, 15 août jusqu'au 28 septembre, T C. à la miellée, Sologne, C. Saint-Florent (Cher), Guéret (Creuse), Auvergne, C. — Chenille en mars sur toutes les plantes herbacées.

A. Ab. innuba (Tr.) — Nohant, C. juillet (miellée).

B. Ab. hoegei (H. S.) — Nohant, C. juin, juillet (miellée).

1093. — ORBONA (Hufn.) SUBSEQUA (Hb.) — Nohant (Indre), 15 juin, C. à la miellée, Sologne, R. Saint-Florent (Cher), C, Mont-Dore (Auvergne), juillet, R. — Chenille en avril sur les plantes herbacées.

1094. — COMES (Hb.) ORBONA (Fab.) — Nohant (Indre), 16 juin, 26 juillet, 15 août, C. à la miellée, Sologne, C. Saint-Florent (Cher), Guéret (Creuse), Auvergne. — Chenille en avril sur les plantes herbacées et potagères, les arbres fruitiers.

A. Ab. adsequa (Tr.) — Nohant, C. 15 juillet (miellée).

B. Ab. prosequa (Tr.) — Nohant, R. 28 juin (miellée).

1095. — CASTANEA (Esp.) NEGLECTA (Hb.) — Nohant, La Brande, (Indre), A C. à la miellée, 15 septembre, Saint-Florent, C. juillet, Sologne, 20 septembre, Clermont (Auvergne). — Chenille en avril, mai, sur les genêts.

1101. — AGATHINA (Dup.) — Nohant (Indre), 15 juin, 15 septembre. R. déclosion, Saint-Florent (Cher), Sologne, R. — Chenille sur la bruyère, elle éclot en octobre, hiverne sous les mousses, se remontre en février : ne la prendre que fin avril, difficile à élever.

1103. — TRIANGULUM (Hufn.) — Nohant (Indre), du 1ᵉʳ au 15 juin, buissons, bois, C. déclosion et à la miellée, Sologne, Saint-Florent (Cher), Clermont (Auvergne), juillet. — Chenille en avril, mai, sur les plantes herbacées.

1104. — BAJA (Fab.) — Nohant (Indre), 20, 25, 30 juillet, 15 août, C. à la miellée, Sologne, Saint-Florent (Cher), Royat (Auvergne), R. Chenille en avril sur les plantes herbacées.

1106. — SPECIOSA (Hb.) — Bois de sapins, Mont-Dore (Auvergne), juillet, R. (espèce alpine).

1107. — CANDELARUM (Stgr.) CANDELISEQUA (Hb.) — R. Guéret (Creuse), en juillet. — Chenille sur les plantains en avril.

1114. — C. NIGRUM (L.) — Nohant (Indre), 20 mai, 2, 15 juin, 20 juillet, 15 août, 15 septembre, C. à la miellée. Sologne, Saint-Florent, Auvergne. — Chenille polyphage en avril, mai sur les plantes herbacées.

A. VAR. NUN ATRUM (Esp.) — Nohant, un exemplaire. 5 août à la miellée.

1115. — DITRAPEZIUM (Bork.) TRISTIGMA (Tr.) — Saint-Florent (Cher), R. juillet, miellée, Aurillac (Cantal). — Chenille en mars sur le plantain.

1120. — STIGMATICA (Hb.) RHOMBOIDEA (Tr.) — Nohant (Indre), 15 juin. 5 août, 1ᵉʳ septembre, A R. à la miellée. Sologne, Saint-Florent (Cher), R. Châteldon (Auvergne), R. — Chenille polyphage en avril sur les plantes herbacées.

1122. — XANTHOGRAPHA (Fab.) — Nohant (Indre), T C. à la miellée, 18 août au 10 septembre. Sologne, Saint-Floren (Cher), Guéret (Creuse), Auvergne. — Chenille en avril sur les graminées.

A. ABER. OU VAR. COHAESA (H. S.) — Nohant avec le type. 3 septembre, R.

1124. — UMBROSA (Hb.) — Nohant (Indre), 10, 14 août, A R. à la miellée. — Chenille en mars sur les plantes herbacées.

1125. — RUBI (View. Verz.) BELLA (Bork.) — Nohant (Indre) 1ᵉʳ au 20 juin, 20 août, A C. à la miellée. Royat, Mont-Dor (Auvergne), R. — Chenille en mars, avril dans les feuilles sèches des bois humides, vit de plantes herbacées.

1127. — DAHLII (Hb.) — Nohant (Indre), juillet, R. à la miellée. — Chenille en mars sur les plantains.

1128. — BRUNNEA (Fab.) — Nohant (Indre), 10 juin, A R. à la miellée. Saint-Florent (Cher), R. Thiers, (Auvergne), R. — Chenille sur la primevère, le chèvrefeuille, la ronce, les plantains, en avril, mai.

1130. — FESTIVA (Hb.) — Nohant (Indre), 15, 24 juin, R. à la miellée. Saint-Florent (Cher), R. Auvergne. — Chenille en mars, avril sur les plantes herbacées.

1132. — DEPUNCTA (L.) — Nohant (Indre), juillet, R. à la miellée. Châteldon (Auvergne), août, septembre, R. — Chenille en avril sur les plantes herbacées.

1133. — GLAREOSA (Esp.) HEBRAICA (Hb.) — Nohant (Indre), C. à la miellée, 15, 25 septembre, 8 octobre sur le lierre en fleurs, hiverne et reparaît en février. Sologne, Saint-Florent (Cher), Riom (Auvergne). — Chenille au 25 avril, mai sur les plantes herbacées, les genêts.

1134. — MARGARITACEA (Vill.) GLAREOSA (Tr.) — Gargilesse (Indre), juillet, R. (espèce méridionale). — Chenille en avril sur les plantes herbacées.

1135. — ELEGANS (Ev.) GRAMMIPTERA (Rbr.) — Nohant (Indre),
19 juin au réflecteur, 2 juillet sur les oignons en fleurs. R. à la
miellée, Saint-Florent (Cher), R. (espèce alpine).

1137. — MULTANGULA (Hb.) — Nohant (Indre), 20 juillet, R. à la
miellée. Boussac (Creuse), R. juillet. Saint-Florent (Cher), R.
Thiers (Auvergne), A C. (espèce alpine). — Chenille en avril
sur les gaillets.

1141. — RECTANGULA (F.) — Le type est de Hongrie.
   A. Var. anderegghi (Bd.) — Nohant (Indre), 14 juillet 1868
à la miellée, trois exemplaires, accidentellement, je ne l'ai
jamais revue depuis.

1142. — CUPREA (Hb.) — Saint-Florent (Cher), 25 juillet, R. (espèce
alpine).

1148. — PLECTA (L.) — Nohant (Indre), 1ᵉʳ, 23 mai, 15 juin, 25 juillet, 15 août, C. à la miellée. Saint-Florent (Cher), Auvergne,
10 septembre. — Chenille en septembre sur les plantes herbacées, renouées.

1149. — LEUCOGASTER (Frey.) — Nohant (Indre), 25 juillet, deux
exemplaires pris à la miellée, terrains sablonneux et forêt de
Vierzon (Cher), R. (espèce méridionale). — Chenille sur le
Lotus angustissimus en novembre, hiverne et se chrysalide
en mars.

1153. — FLAMMATRA (Fab.) — Riom (Auvergne), juillet, R. Aurilo
lac (Cantal) (Espèce méridionale).

1157. — SIMULANS (Hufn.) PYROPHILA (Fab.) — Nohant, Planet
(Indre), 5, 10, 20 juin, C. à la miellée. Saint-Florent (Cher),
Sologne. Mont-Dore, 25 juin, Royat, Clermont (Auvergne).
— Chenille en mars dans les feuilles sèches au pied des plantes
herbacées.

1158. — LUCERNEA (L.) CATALEUCA (Bdv.) — Mont-Dore (Auvergne), 25 juin, Guéret (Creuse), juillet, R. (espèce alpine).

1159. — NYCHTHEMERA (Bdv.) — Mont-Dore (Auvergne), 25 juin,
Murat (Cantal), Guéret (Creuse), juin, R. Lozère. Cette espèce
ne me semble qu'une variété de *Lucernea*. — Chenille sur la
Festuca ovina en novembre, hiverne, se chrysalide en mars,
avril. La chercher sous les pierres.

1164. — LUCIPETA (Fab.) — Bois de Morthomiers. Saint-Florent
(Cher), R. juillet, (espèce méridionale). — Chenille en avril
dans les racines et les touffes de graminées

1167. — PUTRIS (L.) — Nohant (Indre), R. juin. Clermont-Ferrand
(Auvergne), juin, septembre. — Chenille dans les racines du
chiendent *(Triticum repens)* en avril.

1168. — SIGNIFERA (Fab.) — Mont-Dore (Auvergne), R. 20 juillet,
(espèce alpine). — Chenille en avril sur le raifort sauvage
(Cochlearia armoriçia).

1173. — FORCIPULA (Hb.) — Mont-Dore (Auvergne), R. 15 juillet,
(espèce alpine).

1177. — FIMBRIOLA (Esp.) — Guéret (Creuse), 25 juin, Murat
(Cantal) (Espèce de la Hongrie). Chenille en avril sur les
plantes herbacées.

1179. — LATENS (Hb.) LATITANS (Guénée). — Clermond-Ferrant
       (Auvergne), juillet, La Baraque, A C. Guéret (Creuse), Murat
       (Cantal), 26 juin. — Chenille en mai sur les graminées.

1180. — GRISESCENS (Tr.) CORROSA (H. S.) — Guéret (Creuse),
       juillet, Auvergne, A C. (Espèce alpine). — Chenille en mai
       sur les graminées.

1181. — BIRIVIA (Hb.) — Murat (Cantal), T R. juillet.

1182. — DECORA (Hb.) — Mont-Dore (Auvergne), 10 août, R. (Espèce
       alpine).

1183. — SIMPLONIA (H. G.) — Sologne du Cher, R. juin (Espèce des
       Alpes et des Pyrénées).

1185. — COS (Hb.) — Ambert (Puy-de-Dôme), 25 août, R. (Espèce
       méridionale).

1189. — CINEREA (Hb.) — Saint-Florent (Cher), juin, R. Mont-Dore
       (Auvergne), 25 juin, juillet, R. — Chenille sous les feuilles
       sèches, mars, avril, vit de plantes herbacées, endroits
       arides.

1190. — PUTA (Hb.) — Nohant (Indre), C. à la miellée, 23 mai,
       25 juillet, 4, 5, 15 août, 15 octobre, Sologne, R. Clermont,
       Thiers (Auvergne). — Chenille sur les plantes herbacées en
       avril.
       A. AB. LIGNOSA (God.) — Avec le type, aussi commune.

1191. — EXCLAMATIONIS (L.) — Nohant (Indre), T C. à la miellée.
       28 mai, 8 juin, 25 juillet, Sologne, Saint-Florent (Cher),
       Guéret (Creuse), Auvergne, C. — Chenille en février, mars,
       sur les primevères, les violettes et autres plantes herbacées
       et potagères.
       VAR A BANDES RÉUNIES. — Nohant, juillet.

1206. — RECUSSA (Hb.) — Nohant (Indre), 15 juillet, à la miellée
       une ♀ (Espèce alpine), accidentellement. (Trois exemplaires).

1208. — NIGRICANS (L.) FUMOSA (Hb.) — Nohant (Indre), A R.
       20 juillet, sur les oignons en fleurs, R. à la miellée, Saint-
       Florent (Cher), R. Mont-Dore (Auvergne), sur les gentianes
       en fleurs. — Chenille en février, mars, dans les feuilles sèches
       et sous les plantes herbacées.
       A. AB. RUBRICANS (Esp.) — Nohant (Indre), 25 juillet, R. à
       la miellée, Sologne, Saint-Florent (Cher), R.

1213. — TRITICI (L.) — Nohant (Indre), C. à la miellée du 20 au
       30 juillet, 4 août, Sologne, Saint-Florent (Cher), C. Aigueperse
       (Auvergne). — Chenille en mars, avril dans les touffes de
       graminées.
       A. VAR. ERUTA (Hb.) — Nohant, A C. à la miellée, 25 juillet
       (Variété du Valais et de la Hongrie).
       C. VAR. AQUILINA (Hb.) — Nohant, T C. à la miellée et sur
       les oignons en fleurs, du 10 au 25 juillet, Sologne, Saint-
       Florent (Cher), Royat (Auvergne). — Chenille en mars, avril,
       dans les touffes de graminées.
       AB. UNICOLOR (Hb.) — Nohant, R. juillet, Saint-Florent
       (Cher).

1215. — VITTA (Hb.) — Nohant (Indre), A C. à la miellée, 1er au 10 juillet, Sologne du Cher, Aigueperse (Puy-de-Dôme). — Chenille en mars, avril, sur les chicoracées.

1220. — OBELISCA (Hb.) — Nohant (Indre), T C. à la miellée et sur les oignons en fleurs, août, Sologne, Saint-Florent (Cher), Royat (Puy-de-Dôme). — Chenille en mars, avril, dans les touffes des graminées.

A AB. RURIS (Hb.) — Nohant, A C. à la miellée, du 1er au 15 septembre, Sologne, Saint-Florent (Cher), A R. Riom (Auvergne). (Variété méridionale).

B. VAR. VILLIERSII (Gn.) — Nohant (Indre), A C. à la miellée, 15 septembre, 15 octobre, ne paraît qu'après *Ruris* et *Obélisca*, Saint-Florent (Cher), R. Elle me semble constituer une espèce distincte.

1221. — HASTIFERA (Donz.) — Nohant (Indre), R. à la miellée, 4 août (Espèce Alpine).

1223. — CONSPICUA (Hb.) AGRICOLA (Bdv.) — Nohant (Indre), septembre, R. à la miellée, Mont-Dore (Auvergne), C. juillet août (Espèce méridionale). — Chenille en mars, dans les touffes des graminées.

1226. — SAUCIA (Hb.) — Nohant (Indre), C. à la miellée, 24 juillet, 18 août, 5 septembre, Saint-Floreut (Cher), C. Auvergne, A R. — Chenille en avril, mai, sur les oseilles, les laiterons *(Sonchus arvensis)*.

1227. — TRUX (Hb.) — Gargilesse (Indre), 24 août, d'éclosion, A R. Thiers, bords de la Durole (Auvergne), C. (Espèce méridionale). — Chenille au 15 avril sous les plantes herbacées, terrains granitiques.

1229. — YPSILON (Rott.) SUFFUSA (Hb.) — Nohant (Indre), C. à la miellée, 24 mars, 25 juillet, 15 août, Sologne, Saint-Florent (Cher), Royat, Chateldon (Auvergne), 10 septembre. — Chenille en avril, mai, sur le laiteron des champs, bois et jardins.

1230. — SEGETUM (S. V.) CLAVIS (Rott.) — Nohant (Indre), C. à la miellée, 6, 10 juin, 25 juillet, du 1er au 28 septembre, 8, 15 octobre sur le lierre en fleurs, Sologne, Saint-Florent (Cher), Riom (Auvergne), — Chenille polyphage, au pied des plantes herbacées et potagères.

1232. — CORTICEA (Hb.) — Nohant (Indre), C. à la miellée du 5 au 15 juin, Saint-Florent, Sologne (Cher), Mont-Dore (Auvergne), C. — Chenille en février, mars, dans les feuilles sèches sous les plantes herbacées.

1233. — CRASSA (Hb.) — Nohant (Indre), 1er, 6 août, A R. à la miellée, Saint-Florent, Mehun, Marmagne (Cher), A C. La Barraque (Puy-de-Dôme), juillet. — Chenille en avril dans les racines des graminées.

1241. — VESTIGIALIS (Rott.) VALLIGERA (Hb.) — Saint-Florent (Cher), 10 août, le jour sur les fleurs de seneçon et les chardons, A R. Sologne, Clermont-Ferrand (Puy-de-Dôme). — Chenille en avril, sur les chardons, lieux incultes, terrains siliceux.

4

1244. — PRAECOX (L.) — Saint-Florent (Cher), R. 25 juin, 10 juillet, le papillon se cache sous les pierres dans les paquets de lichens, bois de sapins du Capucin au Mont-Dore (Auvergne), R. — Chenille sur les plantes herbacées en avril, terrains siliceux.

1245. — PRASINA (Fab.) HERBIDA (Hb.) — Nohant (Indre), R. 20 juin, d'éclosion, Royat, bois de hêtres de Bozat, du Mont-Dore (Auvergne), 15 juillet, A R. — Chenille d'octobre à avril sur les plantes herbacées dans les feuilles sèches des bois humides au pied des chêvrefeuilles.

GEN. 150. — CHARAEAS. (Stph.)

1249. — GRAMINIS (L.) — Plateaux élevés du Mont-Dore, juillet, C. Chaudefour, Puy-de-Sancy (Auvergne), Le Liorant, Murat (Cantal), jusqu'au 10 août. — Chenille dans les racines et les touffes du *Nardus stricta*, avril.

GEN. 151. — NEURONIA. (Hb.)

1250. — POPULARIS (Fab.) LOLII (Esp.) — Nohant, C. au réflecteur, 25 août, au 15 septembre. Sologne, Saint-Florent (Cher), A R. Clermont-Ferrand (Auvergne). — Chenille en avril dans les touffes de graminées à demi-enterrée.

1251. — CESPITIS (Fab.) — Nohant (Indre), A R. d'éclosion, 25 août, Sologne, Saint-Florent (Cher). Royat (Auvergne). — Chenille endophyte, dans les racines des graminées, 7, 28 mai, 10 juillet.

GEN. 152. — MAMESTRA. (Tr.)

1252. — LEUCOPHAEA (View.) — Gargilesse, R. mai, Planet (Indre), 5 Juin, R. Saint-Florent, Sologne (Cher) A C. Thiers, (Auvergne) A C. — Chenille au pied des bruyères, vit de graminées, d'octobre au 15 avril.

1255. — ADVENA (Fab.) — Nohant (Indre), A R. à la miellée, 13, 24 juin, Sologne, Saint-Florent (Cher(, A C. — Chenille sur les *polygonum* et les genêts de septembre à avril.

1256. — TINCTA (Brahm.) — Saint-Florent (Cher), R. à la miellée, 10 juin. — Chenille sur les genêts d'octobre à avril.

1257. — NEBULOSA (Hufn.) — Planet, Nohant (Indre), C. à la miellée, du 5 au 20 juin. Sologne, Saint-Florent (Cher) Auvergne. — Chenille en avril sur les bourgeons, vient boire la miellée sur les arbres.

1258. — CONTIGUA (Vill.) — Nohant (Indre), A R. d'éclosion, mai. Forêts de la Sologne, Saint-Florent (Cher), A R. Royat, forêt de Randan (Auvergne). — Chenille en septembre sur les genêts, les oseilles.

1260. — THALASSINA (Rott.) — Nohant (Indre), R. à la miellée, 5, 15 juin. Sologne, Saint-Florent (Cher), A C. Clermont, Royat (Auvergne). — Chenille en septembre sur les genêts, les oseilles, la patience.

1261. — DISSIMILIS (Knoch), SUASA (Bkh.) — Nohant (Indre), A R. à la miellée, du 24 au 31 juillet. Sologne R., Chateldon (Auvergne) R. — Chenille sur les plantes herbacées en septembre. VAR. ALIENA (Dup.), — Nohant (Indre), R. à la miellée, 28 juillet.

1262. — PISI (L.) — Nohant (Indre), à la miellée, 19, 29 avril, 31 mai. Saint-Florent (Cher), A C. Chateldon (Auvergne) R. — Chenille en septembre sur les genêts.

1263. — BRASSICAE (L.) — Nohant (Indre), T C. à la miellée 9, 28 mai, 6, 30 juin, 10 août. Sologne, St-Florent (Cher), Guéret (Creuse), Auvergne. — Chenille en juin sur les choux dans le cœur.

1265. — PERSICARIAE (L.) — Nohant (Indre), R. à la miellée, 15 juin. Sologne R. Chateldon (Auvergne), R. — Chenille en septembre sur le *Polygonum persicariae* et sur le genêt à balais.

1266. — ALBICOLON (Hb.) — Nohant (Indre), C. à la miellée 10, 15 juin, vient au réflecteur. Sologne, Saint-Florent (Cher), C. Clermont (Puy-de-Dôme), C. — Chenille en avril sur les plantes basses, les graminées au pied des arbres, se cache le jour sous les écorces.

1271. — ALIENA (Hb.) — Nohant (Indre), R. à la miellée, 25 juin, (Espèce d'Allemagne). — Chenille endophyte près les racines dans les touffes de graminées en avril.

1273. — OLERACEA (L.) — Nohant (Indre), C. à la miellée 25 mai, 10 juin, 8 août, 30 novembre. Sologne, Saint-Florent (Cher), Auvergne C. — Chenille en avril, juillet sur les plantes herbacées et potagères.

1274. — GENISTAE (Bkh.) — Nohant (Indre), C. à la miellée, 30 mai, 10 juin. Sologne, Saint-Florent (Cher), Auvergne, C. Chenille sur les genêts, août, septembre.

1275. — GLAUCA (Hb.) — Mont-Dore (Auvergne), 10 juillet, R. (Espèce alpine). — Chenille sur le *Tussilago alba* en août.

1276. — DENTINA (Esp.) — Nohant (Indre), C. à la miellée, 8, 25 juin, 10 août, Sologne, Saint-Florent (Cher), C. Auvergne, C. — Chenille fin avril sur les *taraxacum*.

A. AB. LATENAÏ (Pierret.) — Nohant, bords de l'Indre sur les peupliers et à la miellée, juin, A C. (Variété alpine).

1286. — TRIFOLII (Rott.) CHENOPODII (Fab.) — Nohant (Indre), C. à la miellée, du 20 au 30 juillet. Sologne, Saint-Florent (Cher). Guéret (Creuse), C. Auvergne, C. — Chenille en septembre, octobre, sur les *rumex, polygonum, genista*, (oseilles renouées, genêts).

1290. — RETICULATA (Vill.) SAPONARIAE (Bork.) — Nohant (Indre), C. à la miellée et sur les oignons en fleurs. 25 juin, 5 juillet. Sologne, Saint-Florent (Cher), A C. Clermont (Puy-de-Dôme). — Chenille en août, septembre sur les silènes et autres caryophyllées, mange les capsules.

1291. — CHRYSOZONA (Bork.) DYSODEA (Hb.) — Nohant (Indre), C. dans les potagers, à la miellée, 18 mai, 24 juin, 15 juillet, 1ᵉʳ août. Sologne, R. Saint-Florent (Cher), C. Auvergne C. — Chenille au 15 juillet sur les panicules de la laitue cultivée.

1293. — SERENA (Fab.) — Nohant (Indre), C. à la miellée et au reflecteur, 18 avril, 24 juin au 25 juillet. Saint-Florent (Cher), C. Guéret (Creuse). Auvergne. — Chenille en mai et août sur le *Crepis fetida* (chicorée jaune) et sur les laitues en fleurs. (Deux générations).

    A. Var. leuconota (Ev.) — Nohant (Indre), R. d'éclosion, 1ᵉʳ juin (Variété alpine).

1294. — CAPPA (Hb.) — Murat (Cantal). Un exemplaire, mai (collection Barathier). (Espèce méridionale). — Chenille en juillet sur les *delphinium*.

Gen. 153. — Dianthoecia (Bdv.)

1296. — LUTEAGO (Hb.) — Nohant (Indre) A R. au réflecteur 22 mai, 5 juin, 10 août, d'éclosion, 10, 17 juin. Sologne du Cher, R. — Chenille en juin dans les racines du *Silene inflata*, reste en chrysalide un an.

    A. Var. argillacea (Hb.) — Nohant (Indre) avec le type.

1300. — PROXIMA (Hb.) — Mont-Dore (Auvergne), R. juillet sur les fleurs de gentiane (Espèce alpine).

1304. — CAESIA (Bork.) — Mont-Dore (Auvergne), 15 juillet, R. au réflecteur (Espèce alpine.)

1307. — FILIGRANA (Esp.) Saint-Florent (Cher), R. 10 juin (Espèce de la Hongrie). — Chenille sur les *Silene inflata* et *nutans* dans les capsules en juillet.

    A. Var. xanthocyanea (Hb.) — Saint-Florent-sur-Cher, A C. juin. Thiers (Auvergne). (Variété alpine).

1309. — MAGNOLII (Bdv.) — 25 juin, Murat (Cantal), Lozère R.

1311. — NANA (Rott.) CONSPERSA (Esp.) — Nohant (Indre), A R. à la miellée, 20 mai, 5 juin. Sologne, Saint-Florent (Cher), A C. — Chenille dans les capsules du *Lychnis flos cuculi,* prairies humides, 10 juillet.

1313. — ALBIMACULA (Bork.) — Nohant, Gargilesse (Indre), A C. 15 juin, juillet. Saint-Florent (Cher), A C. Clermont, Royat (Auvergne). — Chenille sur le *Silene nutans*, fin juillet, août.

1314. — COMPTA (Fab.) — Nohant (Indre), A C. 10, 16 juin, 10 juillet, jardins. Sologne, Saint-Florent (Cher), R. Saint-Nectaire (Puy-de-Dôme), Auvergne, C. — Chenille sur les œillets cultivés, vers le 20 août.

1315. — CAPSINCOLA (Hb.) — Nohant (Indre), C. éclosion du 1ᵉʳ juin au 10 juillet et 10 août. Sologne, Saint-Florent (Cher), C. Auvergne C. — Chenille sur le *Lychnis flos cuculi* en juin et dans les capsules du *Silene inflata, Lychnis dioica*, reste en chrysalide un an.

1316. — CUCUBALI (Fuessl. — Nohant (Indre), C. éclosion, 25 avril au 25 mai, 25 juin, 22 juillet, 8 août. Sologne, Saint-Florent

(Cher). Forêt de Randan (Auvergne). — Chenille fin juin sur le *Silene inflata* dans les capsules et au pied de la plante le jour, reste un an en chrysalide.

1317. — CARPOPHAGA (Bork.) — Nohant (Indre), C. éclosions du 25 mai au 10 juin, Sologne, Saint-Florent (Cher), C. — Chenille dans les capsules du *Silene inflata* du 20 juillet au 15 août. Reste un an en chrysalide.

    A. VAR. OCHRACEA (Hw.) — Nohant (Indre), A R. 15 juin; d'éclosion. (Variété d'Angleterre).

1318. — CAPSOPHILA (Dup.) — Chalet-Montjoli, Mont-Dore (Auvergne), R. mai. — Chenille en juillet sur le *Dianthus sylvaticus*.

1324. — IRREGULARIS (Hufn.) ECHII (Bork.) — Gargilesse (Indre), bords de la Creuse, juillet, R. — Chenille sur le *Gypsophila serotina* en juin, reste un an en chrysalide.

GEN. 157. EPISEMA (O.)

1333. — GLAUCINA (Esp.) TRIMACULA (Hb.) — Enval, Riom (Auvergne), R. août.

    C. AB. HISPANA (Bdv.) — Nohant (Indre), T R. septembre sur les buissons de prunellier.

    D. AB. UNICOLOR (Dup.) — Montluçon (Allier), R. Auvergne.

1335. — SCORIACEA (Esp.) — Figeac (Lot), R. septembre, bois de chênes. — Chenille sur le chêne en mai.

GEN. 158. — HELIOPHOBUS (Bdv.)

1337. — HISPIDA (Hub.) — Mauriac (Cantal), 25 août R. — Chenille sur les graminées en octobre.

GEN. 160. — APOROPHYLA (Gn.)

1341. — LUTULENTA (Bork.) Gargilesse, Nohant (Indre), C. à la miellée et sur le lierre en fleurs, 24 septembre au 28 octobre. Sologne, Saint-Florent (Cher). Clermont (Puy-de-Dôme). Chenille en avril sur les genêts.

    B. AB. SEDI (Gn.) — Gargilesse (Indre), septembre, R.

1343. — NIGRA (Hw.) AETHIOPS (O.) — Nohant, La Brande (Indre), C. à la miellée et sur le lierre en fleurs. Eclot du 15 septembre au 10 octobre. Sologne, Saint-Florent (Cher), A R. Clermont (Auvergne). — Chenille sur les oseilles, les plantains, les genêts, en avril.

GEN. 161. — AMMOCONIA (Ld.)

1346. — CAECIMACULA (Fab.) — Saint-Florent (Cher), A R. 20 septembre, 2 octobre. Royat, R. Mont-Dore (Auvergne), Nohant, La Brande (Indre), R. à la miellée. — Chenille en mai sur le genêt, le saule.

1347. — VETULA (Dup.) — La Brande (Indre), R. 15 septembre. (Espèce méridionale).

Gen. 162. — Epunda (Dup.)

1348. — LICHENEA (Hb.) — Nohant (Indre), jardins potagers. R.
Éclosions du 6 au 18 octobre. Aurillac (Cantal), Figeac (Lot),
C. (Espèce méridionale). — Chenille 18 avril sur les *rumex*
et l'oseille cultivée.

Gen. 163. — Polia (Tr.)

1350. — POLYMITA (L.) — Saint-Mamet (Cantal), 15 septembre R.
(Espèce de Hongrie).

1351. — FLAVICINCTA (Fab.) — Nohant (Indre), T C. à la miellée.
Éclosions du 23 septembre au 15 octobre. Gargilesse (Indre),
Sologne, Saint-Florent (Cher), C. Auvergne, C. — Chenille
sur les genêts 20 avril 5 mai.
    A. Var. meridionalis (Bdv.) — Gargilesse, Nohant (Indre),
C. septembre. La Barraque (Puy-de-Dôme). (Variété méridio-
nale).

1352. — RUFICINCTA (H. G.) — Guéret (Creuse), R. Saint-Florent
(Cher), R. septembre. — Chenille sur les genêts, avril.

1353. — DUBIA (Dup.) CAERULESCENS (Bdv.)— Guéret (Creuse), R.
octobre (espèce méridionale). — Chenille en février, mars
dans les terrains pierreux, les décombres, sur les *Centhratus
ruber*, *Atriplex humilis*, *Hyoscyamus niger*.

1354. — XANTHOMISTA (Hb.) NIGROCINCTA (Dup.) — Nohant
(Indre), R. à la miellée, 15 septembre, 3 octobre, Enval (Auvergne), 30 septembre. — Chenille en avril sur les genêts.

1355. — VENUSTA (Bdv.) ARGILLACEAGO (Gn.) Gargilesse T R.
10 septembre (espèce méridionale). — Chenille d'octobre à
mars sur le *Thymus vulgaris* et les genêts. La chercher la
nuit à la lanterne, sur l'ajonc marin *(Ulex europeus)*.

1356. — CANESCENS (Dup.) — Nohant (Indre), C. à la miellée
du 15 septembre au 8 octobre, sur le lierre en fleurs. Sologne,
Saint-Florent (Cher), R. Chateldon (Auvergne), R. (Espèce
méridionale). — Chenille en avril, mai sur les plantes herbacées.

1360. — CHI (L.) — Nohant (Indre), R. à la miellée, 10 juin, 15 septembre. Saint-Florent (Cher), R. Auvergne. — Chenille en avril,
mai sur les genêts et beaucoup de plantes herbacées.

Gén. 165. — Dryobota (Ld.)

1362. — FURVA (Esp.) OCCLUSA (Hb.) — Le Blanc (Indre), R. 10 octobre (Espèce méridionale). — Chenille en mai sur les chênes.
mais principalement le chêne vert.

1363. — ROBORIS (Bdv.) — Nohant (Indre), A C. à la miellée, 1ᵉʳ au
15 octobre. Sologne, Saint-Florent (Cher), C. Enval (Auvergne),
C. Vichy (Allier). — Chenille en mai sur le chêne.

1366. — PROTEA (Bork.) — Nohant (Indre), C. à la miellée et sur le
lierre en fleurs, 25 septembre au 5 octobre. Sologne, Saint-
Florent (Cher), C. Auvergne, C. — Chenille en juin sur le chêne,

Gen. 166. — Dichonia (Hb.)

1367. — CONVERGENS (Fab.) — Nohant (Indre), R. éclot du 15 août au 10 septembre. Royat (Auvergne), A C. Vichy (Allier). — Chenille en mai sur le chêne.

1368. — AERUGINEA (Fab.) — Forêt de Cheurs (Indre), R. octobre (espèce de Hongrie et des Alpes). — Chenille en mai sur le chêne *(Quercus robur)*.

1369. — APRILINA (L.) — Nohant (Indre), A C. à la miellée, 10 au 20 octobre. Sologne, Saint-Florent (Cher), C. forêts. Auvergne C. — Chenille en avril, mai sur le chêne.

Gen. 167. — Chariptera (Gn.)

1370. — VIRIDANA (Walch.) CULTA (Fab.) — Nohant (Indre), T C. à la miellée du 20 juin au 25 juillet. Sologne, Saint-Florent (Cher), R. Enval, Puy-de-Dôme (Auvergne), R. — Chenille en août, septembre sur le prunellier et l'aubépine ainsi que le prunier.

Gen. 168. — Miselia (Stph.)

1371. — BIMACULOSA (L.) — Nohant (Indre), C. à la miellée du 1ᵉʳ au 26 septembre. Saint-Forent (Cher), C. — Chenille en mai sur l'orme.

1372. — OXYACANTHAE (L.) — Nohant (Indre), C. à la miellée et sur le lierre en fleurs, éclosions du 15 septembre au 12 octobre. Sologne, Saint-Florent (Cher), C. Auvergne, C. — Chenille en avril, mai sur l'aubépine, le prunellier, le poirier, le cerisier.

Gen. 169. — Valeria (Germ.)

1373. — JASPIDEA (Will.) — Nohant (Indre), A R. éclosions du 10 au 25 avril. Saint-Florent (Cher), C. Enval (Auvergne), C. Chenille en juin sur le prunellier.

Gen. 171. — Apamea. (Tr.)

1376. — TESTACEA (Hb.) — Nohant (Indre), C. au réflecteur, 20 août au 15 septembre, Sologne, Saint-Florent (Cher), A C. Clermont (Auvergne), A C. — Chenille en mai, juin, dans les racines des graminées.

    A. Var. guenei (Dbld.) — Nohant, R. 24 août. (Variété septentrionale), Sologne, R. 10 septembre.

1377. — NICKERLII (Frey.) — Nohant (Indre), 8 septembre un ♂ au réflecteur (ne me semble être qu'une variété du *Testacea*).

1378. — DUMERILII (Dup.) — Nohant (Indre), A C. au réflecteur, 20 août, 5 septembre. Reuilly (Indre), Saint-Florent (Cher), R. — Chenille en mai, juin dans les racines des graminées.

GEN. 172. — LUPERINA (Bdv.)

1381. — MATURA (Hufn.) CYTHEREA (Fab.) — Nohant (Indre), C.
au réflecteur, du 28 juillet au 28 août. Sologne R. Saint-Florent
(Cher), A R. forêt de Montpensier (Allier), R. (espèce méridionale), Enval, Riom (Auvergne). — Chenille d'octobre à
avril, dans les touffes de graminées.

1383. — VIRENS (L.) Nohant (Indre), R. 25 juillet, 3 août. Sologne
du Cher, R. forêt de Randan (Auvergne) (Espèce alpine). —
Chenille en avril, mai, dans les touffes de graminées et sous
les feuilles de plantains, endroits arides.

GEN. 173. — HADENA (Tr.)

1393. — PORPHYREA (Esp.) SATURA (Hb.) — Nohant (Indre), R. à
la miellée, 25 août, 10 septembre. Saint-Florent (Cher), R.
Clermont (Auvergne), R. — Chenille en avril sur le chèvrefeuille des bois et sur les plantes herbacées, sous les feuilles
sèches.

1397. — ADUSTA (Esp.) — Nohant (Indre), A R. à la miellée,
20 mai, d'éclosion 23 mai. Mont-Dore (Auvergne), 25 juin. —
Chenille d'octobre à mars sur les plantes herbacées dans les
feuilles sèches.

1400. — OCHROLEUCA (Esp.) — Nohant (Indre), A R. 6, 15 juillet,
terrains calcaires du lias. Sologne, R. Blessac (Creuse), A C.
dans la corolle des lys en plein jour. Enval, Riom, Gravenoire, Royat (Auvergne), A C. au réflecteur. — Chenille en
avril, mai sur les graminées et les épis de blé.

1403. — PLATINEA (Tr.) — Gentioux (Creuse), R. juillet, Volvic
(Auvergne), R. (Espèce méridionale).

1416. — FURVA (Hb.) — R. Guéret (Creuse), 25 juillet, R. Nohant
(Indre), 3 septembre. — Chenille en mai, juin, dans les
touffes de graminées.

1417. — ABJECTA (Hb.) — Nohant, R. au réflecteur, 25 juin,
8 août — Chenille en avril sous les pierres, endroits
herbus.

1418. — LATERITIA (Hufn.) — Mont-Dore (Auvergne), 15 juillet, au
réflecteur (Espèce Alpine). — Chenille en mai sur les plantes
herbacées.

1419. — MONOGLYPHA (Hufn.), POLYODON (L.) — Nohant (Indre),
C. à la miellée, 5 juin, 10 juillet, 15 août, Mont-Dore,
15 juillet, Sologne, Saint-Florent (Cher), C. Guéret (Creuse),
Auvergne, C. — Chenille en avril dans les racines des graminées et des plantes herbacées.

1420. — LITHOXYLEA (Fab.) — Nohant (Indre), T C. à la miellée,
du 15 juin au 15 juillet, Sologne, Saint-Florent (Cher), C.
Royat, Mont-Dore (Auvergne). — Chenille en avril dans les
racines des graminées et des plantes herbacées.

1421. — SUBLUSTRIS (Esp.) MUSICALIS (Dup.) — Nohant (Indre),
A R. à la miellée, du 5 au 15 juin.

1423. — SORDIDA (Bork.) ANCEPS (Hb.) — Nohant, C. à la miellée, 27 mai, 5 juin, 25 août, Planet (Indre), 7 juin. Sologne, Saint-Florent (Cher) , C. Guéret (Creuse), Auvergne. — Chenille polyphage vivant de plantes basses, de graines, surtout de graminées, mange les épis de blé et de maïs en octobre dans les granges, dans les gerbes de blé. (Espèce nuisible.)

1425. — BASILINEA (Fab.) — Nohant, C. à la miellée, 1er, 10 juin, Planet, 5 juin (Indre), Sologne, Saint-Florent (Cher), C. Guéret (Creuse), C. Thiers (Auvergne), R. — Chenille en septembre, octobre, dans les gerbes de blé, en grange, se nourrit des grains du blé. (Espèce nuisible.)

1426. — RUREA (Fab.) — Nohant (Indre), A R. à la miellée, 5 au 20 juin. — Chenille en mars, avril sur les oseilles, les primevères.

    A. AB. ALOPECURUS (Esp.) — Nohant (Indre) , R. 22 juin, Royat, Clermont-Ferrand (Auvergne).

1427. — SCOLOPACINA (Esp.) — Forêt d'Allogny (Cher), R. 15 juillet. — Chenille sous les plantes herbacées, dans les feuilles sèches en avril.

1429. — HEPATICA (Hb.) — Nohant (Indre), C. à la miellée, du 1er au 10 juin, Sologne, Saint-Florent (Cher), Aigueperse (Auvergne), R. — Chenille en octobre dans les racines des oseilles, de la patience,

1430. — GEMINA (Hb.) — Nohant (Indre), R. à la miellée, 15 avril, 15 mai, Saint-Florent (Cher), R. Clermont (Auvergne). — Chenille en septembre sur les plantes herbacées.

    A AB. REMISSA (Tr.) — Nohant (Indre), à la miellée, mai.

1431. — UNANIMIS (Tr.) — Nohant (Indre), R. à la miellée, 15 juillet, Mont-Dore (Auvergne), 20 juillet, R. — Chenille en mars, avril sur les plantes herbacées.

1433. — DIDYMA (Esp.) OCULEA (Gn.) — Nohant (Indre), T C. à la miellée, 25 juin, 10 juillet, 15, 20 août (espèce très-variable), Sologne, R. Saint-Florent (Cher), C. Mont-Dore (Auvergne), C. — Chenille en avril dans les touffes de graminées du genre Calamagrostis.

    A AB. NICTITANS (Esp.) — Nohant (Indre), T C. à la miellée avec le type, Royat (Auvergne).

    B. AB. LEUCOSTIGMA (Esp.) — Nohant (Indre), C. à la miellée, 30 août, paraît un peu plus tard que le type.

    C. VAR. MODERATA (Ev.) — Nohant (Indre), trois exemplaires à la miellée, 10 août (Variété de l'Oural).

1437. — OPHIOGRAMMA (Esp.) — Saint-Florent (Cher), R. mai (Espèce de la Hongrie). — Chenille fin mars dans les tiges des graminées (Phalaris arundinacea).

1438. — LITEROSA (Hw.) SUFFURUNCULA (Tr.) — Nohant (Indre), R. à la miellée, 20 juin. — Chenille en avril dans les tiges des graminées.

1440. — STRIGILIS (Cl.) — Nohant (Indre), T C. à la miellée et autour des pommiers, du 25 mai au 25 juin, Saint-Florent (Cher), C. Guéret (Creuse), Mont-Dore (Auvergne). — Chenille en mars, dans les touffes de graminées, au collet des racines.

    A. AB. LATRUNCULA (Hb.) — Nohant (Indre), à la miellée avec le type.

    B. AB. AETHIOPS (Hw.) — Nohant, avec le type, plus rare à la miellée.

1441. — FASCIUNCULA (Hw.) — Nohant (Indre), R. à la miellée, 10 juin, 15 juillet, Mont-Dore (Auvergne), 10 août. — Chenille en mars dans les tiges des graminées près des racines.

1442. — BICOLORIA (Vill.) FURUNCULA (Tr.) — Nohant (Indre). C. à la miellée, 15, 20 juillet, 18 août, Sologne, Saint-Florent (Cher), C. Mont Dore (Auvergne), R. — Chenille dans les tiges basses des graminées, en mars.

    A. AB. FURUNCULA (Hb.) — Nohant (Indre), C. à la miellée, 20 juillet.

    B. AB. RUFUNCULA (Hw.) — Nohant (Indre), A R. à la miellée, 15 juillet (Variété d'Angleterre).

    C. AB. VINCTUNCULA (Hb.) — Nohant (Indre), C. à la miellée, 20 juillet.

GEN. 174. — DYPTERYGIA (Stph.)

1445. — SCABRIUSCULA (L.) PINASTRI (L.) — Planet, Nohant (Indre), C. à la miellée, 5, 14 juin, 15 août, Sologne, C. Saint-Florent (Cher), Royat (Auvergne). — Chenille en avril sur les oseilles (*Rumex acetosella*).

GEN. 176. — RHIZOGRAMMA (Ld.)

1447. — DETERSA (Esp.) PETRORIZA (Bork.) — Nohant (Indre), A R. à la miellée, 25 juin, 15 juillet, Saint-Florent (Cher), R. — Chenille sur l'épine-vinette *(Berberis vulgaris)*, d'octobre à mars et avril.

GEN. 177. — CHLOANTHA (Bdv.)

1448. — HYPERICI (Fab.) — Nohant (Indre), R. au réflecteur, 7 mai, 10 septembre, Sologne, Enval, Riom (Auvergne), R. — Chenille sur le millepertuis *(Hypericum perforatum)*, fin juin, juillet.

1449. — POLYODON (Cl.) PERSPICILLARIS (L.) — Nohant (Indre), A R. au réflecteur et à la miellée, 23, 30 juillet, 8 septembre, Sologne du Cher. — Chenille sur le millepertuis, fin juillet.

1451. — RADIOSA (Esp.) — Guéret (Creuse), R. juin, Vichy (Allier), Royat (Auvergne), R. — Chenille sur le millepertuis en août.

GEN. 178. — ERIOPUS (Tr.)

1452. — PURPUREOFASCIATA (Piller.) PTERIDIS (Fab.) — Forêt de Châteauroux (Indre), T R. juillet, Saint-Florent (Cher), T R. (Espèce méridionale). — Chenille 20 août, sur la fougère *(Pteris aquilina)*, sous les feuilles se chrysalide en terre, reste en chrysalide un an.

1453. — LATREILLEI (Dup.) — Aurillac (Cantal), août, Un exemplaire (Espèce méridionale). — Chenille sur le *Ceterach officinarum*.

GEN. 179. — POLYPHAENIS (Bdv.)

1454. — SERICATA (Esp.) PROSPICUA (Bork.) — Nohant (Indre), C. à la miellée, du 24 juin au 20 juillet, Saint-Florent (Cher), A R. Sologne, R. Auvergne, R. — Chenille en avril sur le chèvrefeuille des bois.

GEN. 180. — TRACHEA (Hb.)

1457. — ATRIPLICIS (L.) — Nohant (Indre), C. à la miellée, du 10 juin |au 25 juillet, Sologne, Saint-Florent (Cher), C. Auvergne, C. — Chenille sur les oseilles en septembre. octobre, bords des ruisseaux et sur les renouées *(Polygonum aviculare et dumetorum)*.

GEN. 182. — TRIGONOPHORA (Hb.)

1459. — FLAMMEA (Esp.) EMPYREA (Hb.) — Nohant (Indre), C. à la miellée, 15 au 30 septembre, Sologne, C. Saint-Florent (Cher), R. Auvergne, A C. — Chenille du 20 avril au 20 mai sur le genêt à balais et le prunellier,

1460. — IODEA (Gn.) — Nohant (Indre), C. à la miellée et sur le lierre en fleurs, du 15 septembre au 10 octobre. Saint-Florent (Cher), R. Auvergne, R. — Chenille 20 avril sur le genêt à balais et le prunellier.

GEN. 183. — EUPLEXIA (Stph.)

1461. — LUCIPARA (L.) — Nohant (Indre), A C. à la miellée, 16 mai, 14 juin, 2 août. Saint-Florent, Allogny (Cher), R. Royat (Auvergne). — Chenille en septembre sur la ronce, les oseilles, la viperine buglosse et différentes plantes herbacées

GEN. 184. — HABRYNTIS (Ld.)

1462. — SCITA (Hb.) — Mont-Dore (Auvergne), bois de sapins, T R. juillet. — Chenille sur le sapin, mai juin.

GEN. 185. — BROTOLOMIA (Ld.)

1463. — METICULOSA (L.) — Nohant (Indre), T C. à la miellée, 10, 25 mai, 5, 25 juillet, 15 août, 15, 25 septembre, 10 octobre. — Sologne, Saint-Florent (Cher), Guéret (Creuse), Auvergne, C. — Chenille sur la ronce, le framboisier et les plantes herbacées du 15 janvier au 15 août.

GEN. 186. — MANIA (Tr.)

1464. — MAURA (L.) — Nohant (Indre), C. à la miellée, 10 juin au 20 juillet, 15 août. Sologne, Saint-Florent (Cher), Guéret (Creuse), Auvergne, C. — Chenille en avril, mai sur le prunellier. En captivité elle s'élève bien avec de l'oseille et de la laitue.

Gen. 187. — Naenia (Stph.)

1465. — TYPICA. (L.) — Nohant (Indre), R. à la miellée, 25, 30 juin. Saint-Florent (Cher), A R. Auvergne, C. — Chenille en avril sur le prunellier.

Gen. 190. — Helotropha (Ld.)

1468. — LEUCOSTIGMA (Hb.) — Saint-Florent (Cher), R. juillet. Nohant (Indre), R. — Chenille dans les tiges de l'*Iris pseudo acorus* et *acoriformis*, étangs, fossés en mai.

    A. Ab. FIBROSA (Hb.) — Saint-Florent (Cher), R. juillet.

Gen. 191. — Hydroecia (Gn.)

1469. — NICTITANS (Bork.) — Nohant (Indre), R. 25 juillet (ne vient pas à la miellée), Saint-Florent, Henrichemont, Sologne (Cher), R. — Chenille en mars, cachée en terre, vivant des racines des graminées.

    A. Ab. ERYTHROSTIGMA (Hw.) — Nohant (Indre), R. juillet, Saint-Florent (Cher).

1470. — MICACEA (Esp.) — Nohant, bords de l'Indre, C. s'obtient d'éclosion, du 25 juillet au 10 août. Au réflecteur 15 novembre. Sologne, Saint-Florent (Cher). R. — Chenille dans les tiges et dans les racines du *Rumex pratensis*, 25 mai au 15 juin.

1475. — LEUCOGRAPHA (Bork.) LUNATA (Frey.) — Pâturages et bois de Marmagne, Sainte-Thorette (Cher), C. dans ces localités du 8 septembre au 15 octobre, s'obtient d'éclosion. (Espèce de la Russie méridionale). — Chenille dans les racines du *Peucedanum officinale* en juin, se chrysalide dans les racines en juillet, août.

    A. Var. BORELII (Pierret.) — Mêmes localités, s'obtient des mêmes chenilles en les privant de nourriture. Avortement du type.

Gen 192. — Gortyna (O.)

1476. — OCHRACEA (Hb.) FLAVAGO (Esp.) — Nohant (Indre), C. d'éclosion, 15 septembre. Saint-Florent (Cher), A C. — Chenille dans les tiges basses de l'Yèble, 15 juin au 15 juillet, se chrysalide dans la tige, 20 juillet.

Gen. 193. — Nonagria (O.)

1477. — NEXA (Hb.) — Marais de Bourges (Cher), Mézières-en-Brenne (Indre), 28 juillet. S'obtient d'éclosion, ne vient pas à la miellée. — Chenille dans les tiges du *Phragmites communis* (jonc à balais) 20 juin.

1478. — CANNAE (O.) — Nohant, Etangs-Brisses (Indre), C. 25 juillet, 5 août, Sologne, C. Saint-Florent, Bourges (Cher), R. s'obtient d'éclosion, ne vient pas à la miellée. — Chenille au 10 juillet dans les tiges du *Typha latifolia*.

1479. — SPARGANII (Esp.) — Canal du Berry à Mehun-sur-Yèvre, marais de Bourges (Cher), A C. 25 juillet, 10 août d'éclosion, ne vient pas à la miellée. — Chenille dans les tiges du *Typha latifolia* et du *Sparganium simplex* vers le 1.ᵉʳ juillet.

1480. — ARUNDINIS (Fab.) TYPHAE (Esp.) — Nohant, Etangs-Brisses (Indre), A C. éclosions du 7 août au 7 septembre. Ne vient pas à la miellée. Marais de Bourges (Cher), C. Guéret (Creuse). — Chenille dans les tiges basses du *Typha latifolia* fin juin, se chrysalyde au 20 juillet.

A. Aʙ. ꜰʀᴀᴛᴇʀɴᴀ (Tr.) — Marais de Bourges, C. avec le type.

1481. — GEMINIPUNCTA (Hatch.) PALUDICOLA (Hb.) — Nohant, Etangs-Brisses (Indre), A C. 25 juillet, s'obtient d'éclosion, ne vient pas à la miellée. Canal du Berry, Marmagne (Cher). — Chenille dans les tiges du *Phragmites communis* (roseau à balais) 25 juin.

A. Aʙ. ɢᴜᴛᴛᴀɴs (Hb.) — Marais de Bourges avec le type R.

1482. — NEURICA (Hb.) — Canal du Berry à Mehun-sur-Yèvre, R. (Cher). 30 juillet, 10 août. (Espèce d'Allemagne). — Chenille dans les tiges du *Scirpus lacustris* 20 juin.

Gᴇɴ. 195. — Sᴇɴᴛᴀ. (Stph.)

1487. — MARITIMA (Ld.) ULVAE (Hb.) — R. marais de Bourges, canal du Berry (Cher), juillet, août. — Chenille dans les roseaux en mai, juin.

Gᴇɴ. 197. — Tᴀᴘɪɴᴏsᴛᴏʟᴀ (Ld.)

1489. — MUSCULOSA (Hb.) — Nohant (Indre), A C. se prend au réflecteur, ne vient pas à la miellée, 20 juin, 6 juillet. (Espèce de Hongrie). — Chenille en février dans les racines des graminées.

1490. — FULVA (Hb.) — Nohant (Indre), A R. se prend au réflecteur, ne vient pas à la miellée. 25 août, 10 septembre, Auvergne, R. — Chenille dans les racines des graminées en mars.

Gᴇɴ, 199. — Cᴀʟᴀᴍɪᴀ (Hb.)

1497. — LUTOSA (Hb.) — R. Les Etangs-Brisses (Indre), 15 août. — Chenille dans les tiges du roseau à balais, dans le bas, près de la racine et dans la racine en juin.

Gᴇɴ. 202 — Lᴇᴜᴄᴀɴɪᴀ (O.)

1501. — IMPUDENS (Hb.) PUDORINA (Bork.) — Nohant (Indre), R. à la miellée, 20 juin, 2 juillet, Saint-Florent (Cher), C. — Chenille dans les touffes de brômes d'octobre à mars. Se chrysalyde vers le 10 avril.

1502. — IMPURA (Hb.) — Nohant (Indre), A R. à la miellée, vient au réflecteur 10, 20 août, Sologne (Cher), Clermont-Ferrand (Auvergne). — Chenille dans les touffes de graminées en avril, prés marécageux.

1503. — PALLENS (L.) — Nohant (Indre), T C. à la miellée et au réflecteur du 10 au 20 juin et du 20 au 30 août. Sologne, Saint-Florent (Cher), A C. Guéret (Creuse), Auvergne. — Chenille sur les graminées en mars, puis en août (Deux générations).

        A. Ab. ECTYPA (Hb.) — Nohant 25 au 30 août, aussi C. que le type. (Deuxième génération). Sologne du Cher.

1505. — OBSOLETA (Hb.) — Marais de Bourges, C. 10 au 20 juin. — Chenille d'octobre à mars dans les feuilles sèches du *Phragmites communis*, se chrysalide en avril.

1506. — STRAMINEA (Tr.) — Canal du Berry à Mehun-sur-Yèvre, R. 10 juillet. — Chenille en mars, avril dans les touffes de graminées, bords des eaux.

1517. — COMMA (L.) — Nohant (Indre), R. au réflecteur, 8 juin, 25 juin. Sologne, Saint-Florent (Cher), R. Mont-Dore (Auvergne). — Chenille sur les│oseilles et la fétuque en mars avril

1522. — CONIGERA (F.) — Nohant (Indre) , A C. à la miellée, 1ʳ au 25 juin. Sologne, R. Saint-Florent (Cher). T R. Mont-Dore (Auvergne). — Chenille en février, mars dans les touffes de chiendent.

1525. — VITELLINA (Hb.) — Nohant (Indre), C. à la miellée, 20 août au 15 septembre. Sologne, C. Clermont, Mont-Dore (Auvergne). — Chenille en mars, avril dans les touffes de graminées.

1530. — L. ALBUM (L.) — Nohant (Indre), C. à la miellée et au réflecteur du 10 au 30 juin, 25 août au 25 septembre. Saint-Florent (Cher), C. Auvergne, C. — Chenille au 20 avril et au 15 juillet au pied des oseilles et des graminées, prairies humides. (Deux générations).

1531. — CONGRUA (Hb.) — Canal du Berry à Marmagne (Cher), R. mai (Espèce méridionale). — Chenille d'octobre à mars, dans les touffes de graminées sèches.

1532. — ALBIPUNCTA (Fab.) — Nohant (Indre), T C. à la miellée, 20 mai, 15 juin, 24 juillet, 20 août, 1ᵉʳ septembre. Sologne, A C. Saint-Florent (Cher), C. Auvergne, C. — Chenille en avril sur le plantain, la chercher au pied dans les feuilles sèches.

1533. — LITHARGYREA (Esp.) — Nohant (Indre), C. A la miellée, 10 juin, 15 juillet, 25 juillet, 15 septembre. Sologne, Auvergne, C. — Chenille d'octobre au 10 avril sur les brômes.

        A. VAR. ARGYRITIS (Rbr.) — Nohant (Indre), A R. à la miellée, 22 juillet. Clermont-Ferrand (Auvergne) (Variété méridionale).

1535. — TURCA (L.) — Saint-Florent (Cher), A R. 25 juin, 5 juillet. Sologne, Puy-Guillaume (Auvergne), R. — Chenille en mars, avril sur les graminées vit de préférence sur la *Luzula vernalis*.

GEN. 203. — MITHYMNA (Gn.)

1536. — IMBECILLA (Fab. — Mont-Dore Chaudefour, Puy-de-Sancy. (Auvergne), 18 juillet, C. (Espèce alpine). — Chenille en mai sous les plantes herbacées et les graminées.

Gen. 204. — Grammesia (Stph.)

1538. — TRIGRAMMICA (Hufn.) TRILINEA (Bork.) — Nohant (Indre), C. à la miellée, du 20 mai au 10 juin. Sologne, Saint-Florent (Cher) Clermont (Auvergne). C. — Chenille en juillet, août, septembre, sur les plantains. Se chrysalide en octobre. A. Ab. bilinea (Hb.) — Mêmes localités, même époque, R.

Gen. 206. — Stilbia. (Stph.)

1541. — ANOMALA (Hw.) STAGNICOLA (Tr.) — Saint-Florent (Cher), R. 15 août, 10 septembre, Thiers (Auvergne), A C. — Chenille d'octobre à mars sur les graminées dans les bois.

Gen. 208. — Caradrina. (O.)

1544. — EXIGUA (Hb.) Saint-Florent (Cher), juillet, R. — Chenille en septembre sur les liserons, la renouée, [au bord des eaux.

1545. — MORPHEUS. (Hufn.) — Nohant (Indre), A R. à la miellée, 25 juin, 15 juillet — Chenille sur les plantes herbacées de septembre à avril.

1549. — QUADRIPUNCTATA (Fab.) CUBICULARIS (Bork) — Nohant (Indre), T C. à la miellée, 10 juin, 25 juillet, 1ᵉʳ septembre. Sologne, Saint-Florent (Cher), C. Auvergne, C. — Chenille sur les plantes herbacées de septembre à avril.

1556. — KADENII (Frey.) — Guéret (Creuse), R. juillet, Clermont-Ferrand (Auvergne), août, (espèce de la Hongrie). — Chenille d'octobre à avril sur les plantes herbacées.

1558. — TERREA. (Frey.) Le type est de la Russie méridionale. Var. B. ustirena (Bdv.) Aurillac (Cantal). Un exemplaire, août.

1559 — GERMAINII (Dup.) — Nohant (Indre), T R. à la miellée, 25 juin. (Espèce méridionale).

1560. — PULMONARIS (Esp.) Pentes de Chaudefour (Puy-de-Dôme), Mont-Dore, 20 juillet. — Chenille sur la *Pulmonaria azurea*, en mai.

1562. — RESPERSA (Hb.) — Nohant (Indre), R. à la miellée, 20 juin, 4 juillet, 1ᵉʳ septembre. Royat (Auvergne), 15 juillet. — Chenille d'octobre au 10 avril sur les graminées près des racines.

1564. — ALSINES (Brahm.) — Nohant (Indre), C. à la miellée, du 20 juin au 15 juillet, Saint-Florent (Cher), Clermont-Ferrand (Auvergne). — Chenille d'octobre à mars sur les oseilles, les plantains, le mouron.

1566. — SUPERSTES. (Tr.) BLANDA (Hb.) — [Nohant, Gargilesse (Indre), C. à la miellée,, 20 juin, 25 juillet. — Chenille d'octobre à mars sur les plantains, les oseilles, mourons.

1567. — AMBIGUA (Fab.) PLANTAGINIS (Hb.) — Nohant (Indre) C. à la miellée, 10, 20 juin, 15 septembre. Sologne, Saint-Florent

(Cher), C. Auvergne, C. — Chenille d'octobre à mars sur le mouron, les plantains.

1568. — TARAXACI (Hb.) — Nohant (Indre), A R. à la miellée, 15 juin, 15 août, 10 septembre, Thiers (Auvergne). — Chenille d'octobre à mars sur les plantains, oseilles, mourons.

1573. — PALUSTRIS (Hb.) — Saint-Florent (Cher), R. 20 mai, (espèce d'Allemagne). — Chenille sur les plantains en septembre.

1577. — ARCUOSA (Hb.) — Forêts de Saint-Palais et d'Allogny (Cher), R. juin, clairières humides sur les graminées.

Gen. 209. — Acosmetia (Slph.)

1578. — CALIGINOSA (Hb.) — Nohant, forêt de Saint-Chartier, Gargilesse (Indre), C. sur les bruyères, 15 juin, 10 juillet, Saint-Florent-sur-Cher, A C.

Gen. 210. — Rusina (Bdv.)

1579. — TENEBROSA (Hb.) — Nohant (Indre), T C. au réflecteur 1er au 20 juin. Sologne, Saint-Florent (Cher), C. Auvergne, A R. — Chenille en janvier, février, mars sur les violettes dans les feuilles sèches, allées des bois.

Gen. 211. — Amphipyra (O.)

1583. — TRAGOPOGONIS (L.) — Nohant (Indre), C. à la miellée, du 10 au 30 juillet, 15 août, 15 septembre, Saint-Florent-sur-Cher, Guéret (Creuse) Auvergne, C. — Chenille, fin avril sur les plantes herbacées.

1585. — LIVIDA (Fab.) — Nohant (Indre), A C. à la miellée, mais tard dans la nuit. 20, 25 juillet, 1er au 10 septembre, 10, 25 octobre. Sologne, R. Saint-Florent (Cher), R. Auvergne, A C. — Chenille en avril sur le *Taraxacum.*

1586. — PYRAMIDEA (L.) — Nohant (Indre), C. à la miellée, du 15 juillet au 15 août. Sologne, C. Saint-Florent (Cher), C. Auvergne, C. — Chenille sur le rosier, le chêne, le saule, l'orme, le troène, 25 avril, 10 mai.

1590. — CINNAMOMEA (Goeze) — Saint-Florent (Cher), A C. 25 juillet, 10 août, 20 septembre, hiverne et reparaît en mars. Clermont-Ferrand, Thiers (Auvergne). — Chenille en mai sur le peuplier.

Gen. 212. — Perigrapha (Ld.)

1591. — CINCTA (Fab.) I. CINCTUM (Hb.) Sancerre (Cher), avril T R. (espèce de Hongrie). — Chenille sur le genêt en octobre.

Gen. 213. — Taeniocampa (Gn.)

1593. — GOTHICA (L.) — Nohant (Indre), C. à la miellée, 6 mars au 15 avril, 1er au 20 septembre. Sologne, Saint-Florent (Cher) Auvergne, C. — Chenille en mai, puis en octobre sur les genêts, les oseilles, la luzerne, le chêne, (Deux générations).

1596. — MINIOSA (F.) — Nohant (Indre), C. à la miellée. Eclosions 24 mars au 8 avril. Sologne, Saint-Florent (Cher), C. forêt de Randan, (Auvergne). — Chenille sur le chêne de mai à juillet.

1597. — PULVERULENTA (Esp.) CRUDA (Tr.) — Nohant (Indre), C. à la meillée, 16 mars au 10 avril. Sologne, Saint-Florent (Cher), forêt de Randan, C. (Auvergne). — Chenille sur le chêne de juin à septembre.

1598. — POPULETI (Tr.) — Nohant (Indre), A R. à la meillée, avril, Bourges (Cher), Sologne, R. (Les exemplaires d'éclosion ont un reflet bleu outremer). — Chenille sur les peupliers, les trembles, mai à septembre, chercher la chrysalide au pied de l'arbre en février.

1599. — STABILIS (S. V.) — Nohant (Indre), à la miellée, 16, 22 mars, 4 avril, éclot dès le 20 février. Sologne, Saint-Florent (Cher), C. Auvergne, C. — Chenille sur le chêne et sur l'orme de juin à septembre.

    A VAR. JUNCTUS (Haw.) — Nohant, C. à la miellée, 16 mars, 4 avril, Saint-Florent (Cher), C.

1600. — GRACILIS (Fab.) — Nohant (Indre), A R. à la miellée, 18 mars, 4 avril, Saint-Florent (Cher), A R. Sologne. — Chenille de juin à septembre sur le chêne.

    AB. PALLIDA (Steph.) — Nohant, R. à la miellée, 25 mars.

1601. — INCERTA (Hufn.) INSTABILIS (Esp.) — Nohant (Indre), C. à la miellée, 10, 16, 25 mars, 2, 5 avril, 2 novembre, éclot dès le 20 février, Saint-Florent (Cher), R. Guéret (Creuse). Auvergne C. — Chenille sur le chêne, de juin à septembre.

    A. AB. FUSCATA (Hw.) — Nohant (Indre), C. à la miellée, 25 mars, 5 avril.

    B. AB. NEBULOSUS (Hw.) — Nohant (Indre), A R. à la miellée, 1er, 5 avril.

1602. — OPIMA (Hb.) — Chateaubrun (Indre), T R. 10 avril. Mont-Dore (Auvergne), (espèce de Hongrie). — Chenille de juin à septembre sur le saule marceau et sur le hêtre.

1603. — MUNDA. (Esp.) — Nohant (Indre), T C. à la miellée, 16 mars au 4 avril. Sologne C. Saint-Florent (Cher), C. — Chenille de juin à septembre sur le chêne et le prunellier.

    A. AB. IMMACULATA (Stgr.) — Nohant (Indre), aussi C. que le type, même époque.

GEN. 214. — PANOLIS (Hb.)

1604. — PINIPERDA (Panz.) — Nohant, bois de Rongères (Indre). C. éclosion du 17 février au 24 mars, Royat (Puy-de-Dôme), 1er mai. Sologne, C. Saint-Florent (Cher), 25 avril, Paslières (Auvergne), — Chenille de mai au 10 juin sur les pins sylvestre et maritime, et sur les cèdres dans les parcs, reste 8 mois en chrysalide.

    A. AB. (Guenée) VERDATRE. — Avec le type A R. parmi les dernières éclosions, 30 mars.

Gen. 215. — Pachnobia (Gn.)

1605. — LEUCOGRAPHA (Hb.) — Saint-Florent (Cher), R. 20 mars, 5 avril.

1607. — RUBRICOSA (Fab.) — Nohant (Indre), A R. à la miellée, 25 mars, 5 avril. Sologne, Saint-Florent (Cher). R. — Chenilles sur diverses plantes herbacées de juin à septembre. A. Ab. rufa (Hw.) — Nohant (Indre), A R. à la miellée, avec le type.

Gen. 216. — Mesogona (Bdv.)

1610. — ACETOSELLAE (Hb.) — Saint-Florent (Cher), T C. 25 août, 10 septembre, (Espèce méridionale). — Chenille en mai sous les plantes herbacées.

Gen. 217. — Hiptelia (Gn.)

1611. — OCHREAGO (Fab.) — Mont-Dore (Auvergne) C. 25 juillet, 10 août, (Espèce alpine). — Chenille sur les saules *(Salix repens* et *Phyllicifolia)*, mai.

Gen. 218. — Dicycla (Gn.)

1613. — OO (L.) — Nohant (Indre), A R. 15, 20 juin. Sologne, R. Saint-Florent (Cher), R. Murat (Cantal). — Chenille en mai sur le chêne dans les feuilles réunies en paquet, se chrysalide en terre.

Gen. 219. — Calymnia (Hb.)

1614. — PYRALINA (View.) — Nohant (Indre), A C. à la miellée, 10 au 25 juillet, Saint-Florent (Cher), A R. Thiers, Puy-de-Dôme (Auvergne), R. — Chenille en mai sur l'orme et l'aubépine dans les feuilles réunies en paquet, se chrysalide entre les feuilles.

1615. — DIFFINIS (L.) — Nohant (Indre), C. à la miellée, 20, 30 juillet. Sologne, Saint-Florent (Cher), Guéret (Creuse), C. Auvergne, C. — Chenille en mai, sur l'orme, feuilles réunis en paquet.

1616. — AFFINIS (L.) — Nohant (Indre), T C. à la miellée, 25 juin, 25 juillet. Sologne, Saint-Florent (Cher), Auvergne C. — Chenille en avril, mai sur l'orme, feuilles réunies en paquet.

617. — TRAPEZINA (L.) — Nohant (Indre), C. à la miellée, 25, 30 juin. Sologne, Saint-Florent (Cher), Auvergne, C. — Chenille en mai sur le chêne, mange les autres chenilles en captivité et même celles de sa propre espèce.

Gen. 220. — Cosmia (O.)

619. — PALEACEA (Esp.) FULVAGO (Hb.) — Saint-Florent (Cher), A R. 25 juillet. — Chenille sur le bouleau, en mai.

GEN. 221. — DYSCHORISTA (Ld.)

1623. — SUSPECTA (Hb.) — Saint-Florent (Cher)', 10 août, R. (Espèce d'Angleterre et d'Allemagne), — Chenille sur le chêne en mai.
A. VAR. INERS (Tr.) CONGENER (H. G.) — Saint-Florent (Cher), R. avec le type.

1624. — FISSIPUNCTA (Hw.) YPSILON (Bork.) — Nohant (Indre), C. à la miellée, 5 juin, 10 août. Sologne, C. Saint-Florent (Cher), C. Aigueperse, C. (Auvergne). — Chenille sur les saules et les peupliers, 10 mai sous les mousses et dans les fissures des écorses.

GEN. 222. — PLASTENIS (Bdv.)

1625. — RETUSA (L.) — Nohant (Indre), A C. à la miellée, 20, 30 juillet. Sologne, R. Saint-Florent (Cher), A C. — Chenille sur les saules et les peupliers en mai.

1626. — SUBTUSA (Fab.) — Nohant (Indre) C. à la miellée, 10 au 20 juin. Sologne, Saint-Florent (Cher), C. Auvergne C. Chenille sur les peupliers, les saules, 20 avril, 15 mai.

GEN. 223. — CIRROEDIA (Gn.)

1627. — AMBUSTA (Fab.) — Nohant (Indre), A C. à la miellée, 25 août, 10, 15 septembre, Saint-Florent, (Cher), A R. — Chenille en mai sur le prunellier.

1628. — XERAMPELINA (Hb.) — Nohant (Indre), A R. à la miellée, 10 au 25 septembre. Sologne, R. Saint-Florent (Cher), R. 10 octobre. — Chenille en avril sur les samares des frênes, le jour dans les mousses au pied de l'arbre.
A. AB. UNICOLOR (Stgr.) — Saint-Florent (Cher), 15 octobre, un exemplaire.

GEN. 224. — CLEOCERIS (Bdv.)

1630. — VIMINALIS (Fab.) — Saint-Florent (Cher), 10 juillet, R. Royat, Mont-Dore (Auvergne), Nohant (Indre), 16 juin. — Chenille en avril sur le saule, l'osier dans les feuilles réunies en paquet.

GEN. 225. — ANCHOCELIS (Gn.)

1631. — LUNOSA (Hw.) — Nohant (Indre), C. à la miellée et sur le lierre en fleurs, 25 septembre au 10 octobre, Saint-Florent (Cher), C. Puy-Guillaume, (Auvergne), R. — Chenille en avril sur les graminées, se cache le jour sous les mousses et les pierres.
A. AB. NEURODES (H. S.) — Nohant (Indre), C. à la miellée, avec le type.

GEN. 226. — ORTHOSIA (O.)

1632. — RUTICILLA (Esp.) — Le Blanc (Indre), La Rochelle (Charente-Inférieure), 10 octobre R. (espèce Méridionale). — Chenille en mai sur le chêne vert *(Quercus ilex)*.

1633. — LOTA (Cl.) — Nohant (Indre), C. à la miellée et sur le lierre en fleurs, 8 au 22 octobre. Sologne, Saint-Florent (Cher), C. Royat, Chateldon (Auvergne), C. — Chenille en juin sur les saules, les peupliers, le jour dans les fentes de l'écorce.

1634 — MACILENTA (Hb.) — Nohant (Indre), A C. à la miellée et sur le lierre en fleurs, 8 octobre au 10 novembre. Saint-Florent (Cher), R. Chateldon (Auvergne), A C. — Chenille en avril sur le hêtre, le saule, le peuplier, le jour dans les mousses au pied de ces arbres.

1635. — CIRCELLARIS (Hufn.) FERRUGINEA (Esp.) — Nohant (Indre), T C. à la miellée et sur le lierre en fleurs, 4, 20 août, 10, 28 septembre, 2, 22 octobre. Saint-Florent (Cher), C. Auvergne C. — Chenille en avril sur les bourgeons des peupliers , des saules , sur les rumex et autres plantes herbacées, en mai.

1636. — HELVOLA (L.) RUFINA (L.) — Nohant (Indre), C. à la miellée, 15 septembre, 25 octobre. hiverne et reparaît en février, mars. Sologne, Saint-Florent (Cher), C. Auvergne. — Chenille en mai sur le chêne.

1637. — PISTACINA (Fab.) — Nohant (Indre), C. à la miellée et sur le lierre en fleurs, 28 septembre au 25 octobre. Sologne, Saint-Florent (Cher), C. Auvergne. — Chenille en avril sur l'orme et sur différentes plantes herbacées en mai.

A. Ab. canaria (Esp.) — Nohant (Indre), A C. à la miellée, 1" au 15 novembre.

B. Ab. serina (Esp.) — Nohant (Indre), C. à la miellée, 10 octobre, 20 novembre.

C. Ab. rubetra (Esp.) — Nohant (Indre), C. à la miellée, 20 octobre, 5 novembre.

1638. — HAEMATIDEA (Dup.) — Loches (Indre-et-Loire). Octobre (renseignement douteux).

1640. — NITIDA (Fab.) — Nohant (Indre), R. à la miellée, 1", 5 octobre. — Chenille en avril sur les plantes herbacées, la primevère.

1641. — HUMILIS (Fab.) — Nohant (Indre), A R. à la miellée, 25, 30 octobre. — Chenille en avril sur les plantes herbacées et sur les graminées, le chiendent.

1642. — LAEVIS (Hb.) — Saint-Florent (Cher), R. 4 septembre. — Chenille en mai sur le chêne.

1644. — LITURA (L.) — Saint-Florent (Cher), 10 septembre, R. Riom, Enval (Auvergne). — Chenille en avril, mai sur les genêts. Le jour au pied dans les mousses et les herbes.

Gen. 227. — Xanthia (Tr.)

1647. — CITRAGO (L.) — Nohant (Indre), C. à la miellée, éclosions, 10 au 18 septembre, 5 octobre. Saint-Florent (Cher), R. Châteldon (Auvergne), R. — Chenille en mai sur le tilleul.

1649. — AURAGO (Fab.) — Nohant (Indre), R. à la miellée, 1ᵉʳ, 10 octobre, Guéret (Creuse), R. Saint-Florent (Cher), R. Chateldon Mont-Dore bois de hêtres, Auvergne, C. — Chenille en mai sur le hêtre dans les feuilles réunies en paquet.

1650. — FLAVAGO (Fab.) SILAGO (Hb.) — Nohant (Indre), A R. à la miellée et sur le lierre en fleurs. 18, 25 octobre. Sologne, Saint-Florent (Cher), R. Chateldon (Auvergne), R. — Chenille dans les châtons du saule marceau, en avril, en mai sur les feuilles.

1651. — FULVAGO (L.) CERAGO (Fab) — Nohant (Indre), C. à la miellée, 20 septembre, 5 octobre. Sologne, R. Saint-Florent (Cher), R. — Chenille en avril dans les châtons des saules et sur les feuilles.

A. AB. FLAVESCENS (Esp.) — Nohant (Indre), R. à la miellée, 15 octobre. Clermont, Thiers (Auvergne).

1653. — GILVAGO (Esp.) — Nohant (Indre), C. à la miellée, 24 octobre, 5 novembre, Sologne, Saint-Florent (Cher), R. Guéret (Creuse), C. Auvergne, C. — Chenille en avril dans les samares des ormes, puis sur les plantes herbacées.

A. AB. PALLEAGO (Hb.) — Nohant (Indre), C. à la miellée avec le type (Variété méridionale.)

1654. — OCELLARIS (Bork.) — Nohant (Indre), A R. à la miellée, 20, 25 octobre. — Chenille dans les bourgeons des peupliers en avril.

GEN. 228. — HOPORINA (Bdv.)

1656. — CROCEAGO (Fab.) — Nohant (Indre), C. à la miellée, 12 octobre au 8 novembre, hiverne et reparaît en février. Sologne, Saint-Florent (Cher), C. Thiers, (Auvergne). — Chenille en mai sur le chêne.

GEN. 229. — ORRHODIA (Hb.)

1658. — ERYTHROCEPHALA (Fab.) — Nohant (Indre), A R. à la miellée et sur le lierre en fleurs, 25 septembre, 8 octobre. Saint-Florent (Cher), A R. Thiers (Auvergne). R. — Chenille en mai sur les plantes herbacées sous les mousses, les feuilles sèches.

A. AB. GLABRA (Hb.) — Nohant (Indre), A C. sur le lierre en fleurs, 15 octobre, 4 novembre, hiverne et reparaît au 25 mars, Thiers (Auvergne), R.

1660. — VAU PUNCTATUM (Esp.) SILENE (Hb.) — Nohant (Indre), C. à la miellée, 5 octobre, 15 novembre, 7 décembre, hiverne, reparaît en février jusqu'au 30 mars pour pondre. Sologne, Saint-Florent (Cher), C. Auvergne, C. — Chenille fin avril, mai sur l'aubépine, le prunellier, le groseiller.

1661. — GALLICA (Ld.) — Nohant (Indre). Un exemplaire ♀ à la miellée, 2 avril. (Cette espèce ne me paraît être qu'une variété de Silene.

1665. — VACCINII (L.) — Nohant (Indre), C. à la miellée et sur le lierre en fleurs. Eclosions 22 octobre, 10 novembre, 15 janvier, hiverne et reparait en mars. Sologne, Saint-Florent (Cher), Guéret (Creuse), Auvergne, C. — Chenille en mai, juin, sur le chêne.

A. AB. SPADICEA (Hb.) — Nohant, C. avec le type.

B. AB. MIXTA (Stgr.) — Nohant, C. avec le type.

1666. — LIGULA (Esp.) — Nohant (Indre), C. à la miellée, 20 octobre, 10 novembre, Auvergne, A C. Saint-Florent (Cher), hiverne et reparaît en février, mars. — Chenille en mai sur le prunellier.

A. AB. POLITA (Hb.) — Nohant (Indre), C. avec le type.

B. AB. SUBSPADICEA (Stgr.) — Nohant (Indre), C. avec le type.

1668. — RUBIGINEA (Fab.) — Nohant (Indre), C. à la miellée et sur le lierre en fleurs, 8, 22 octobre au 10 novembre, hiverne et reparaît en mars, avril. Saint-Florent (Cher), A R. Thiers (Auvergne), A C. — Chenille en mai sur les chicoracées, les plantains et le genêt à balais.

GEN. 230. — SCOPELOSOMA (Curt.)

1670. — SATELLITIA (L.) — Nohant (Indre), à la miellée, 20 septembre, 20 octobre, 10 novembre, hiverne et reparaît en février jusqu'au 25 mars. Sologne, Saint-Florent (Cher). C. Auvergne, C. — Chenille en mai sur l'orme, le chêne. En captivité elle mange les autres chenilles et même celles de son espèce.

GEN. 231. — SCOLIOPTERYX (Germ.)

1671. — LIBATRIX (L.) — Ars, Rongères, Nohant (Indre), C. à la miellée, 14 juin, 10 juillet, 20 août, 20 septembre, hiverne et reparaît en mars. Sologne, Saint-Florent (Cher), Guéret (Creuse), Auvergne, C.—Chenille sur les saules de mai à juillet.

GEN. 232. — XYLINA (O.)

1672. — SEMIBRUNNEA (Hw.) OCULATA (Germ.) — Nohant (Indre), C. à la miellée, 10 septembre, 24 octobre, 10 novembre, sur le lierre en fleurs, hiverne jusqu'au 15 mars. Saint-Florent (Cher), C. Puy-Guillaume (Auvergne). — Chenille en mai sur le frêne.

1673. — SOCIA (Rott.) PETRIFICATA (Fab.) — Sologne, R. 20 octobre, hiverne, reparaît en mars. Guéret (Creuse), Puy-Guillaume (Auvergne), R. — Chenille en mai sur le chêne, l'orme.

1674. — FURCIFERA (Hufn.) CONFORMIS (Fab.) — Mehun-sur-Yèvre, canal du Berry (Cher), Sologne, R. Auvergne, R. 15 octobre, hiverne et reparaît en mars. — Chenille sur le peuplier, le bouleau, le chêne en juin.

1675. — INGRICA (H. S.) CINEROSA (Gn.) — Murat (Cantal), 15 octobre, un exemplaire (Variété alpine de l'espèce précédente).

1677. — ORNITHOPUS (Rott.) RHIZOLITHA (Fab.) — Nohant (Indre), C. à la miellée, 25 septembre, 5, 10 octobre, hiverne et reparaît du 15 mars au 10 avril. Saint-Florent. (Cher), Sologne, C., Auvergne, C. — Chenille en mai sur le chêne.

Gen. 233. — Calocampa (Stph.)

1680. — VETUSTA (Hb.) — Planet, Cluis, Nohant (Indre), C. à la miellée, 8 octobre, 10 novembre, hiverne et reparaît en mars. Saint-Florent (Cher), R. Auvergne, R. — Chenille sur les *Carex*, bords des étangs, 25 juin, 15 juillet.

1681. — EXOLETA (L.) — Nohant (Indre), C. à la miellée, 10 octobre, 15 novembre, hiverne et reparaît en mars. Sologne, Saint-Florent (Cher), R. Thiers (Auvergne), R. — Chenille sur le genêt à balais, les oseilles et l'*Ononis spinosa*, juin, 10 juillet. Une partie des chrysalides éclot en octobre, l'autre en mars.

1682. — SOLIDAGINIS (Hb.) — Saint-Michel-de-Vaisse (Creuse), 15 août, septembre (Espèce alpine et septentrionale). — Chenille au 15 mai, 10 juin, sur les *Vaccinium myrtillus* et *vitis idaea*.

Gen. 234. — Xylomiges (Gn.)

1683. — CONSPICILLARIS (L.) — Nohant (Indre), A R. à la miellée, 3, 10, 15 avril, Saint-Florent (Cher), C. Châteldon (Auvergne). — Chenille au 20 juin sur les genêts et les légumineuses.

A. Ab. melaleuca (View.) — Nohant (Indre), plus C. que le type, avril, miellée, Saint-Florent-sur-Cher, R.

Gen. 236. — Asteroscopus (Bdv.)

1685. — NUBECULOSA (Esp.) — Forêt d'Allogny, bois de bouleaux (Cher), avril, R. (Espèce septentrionale). — Chenille sur le bouleau, juin, passe l'hiver en chrysalide, vit aussi sur le cerisier et le poirier.

1687. — SPHINX (Hufn.) CASSINEA (Hb.) — Nohant (Indre), 20 octobre, 25 novembre, C. au réflecteur. Sologne, C. Saint-Florent (Cher), Guéret (Creuse), Thiers (Auvergne), C.

Gen. 238. — Xylocampa (Gn.)

1689. — AREOLA (Esp.) LITHORIZA (Bork.) — Nohant (Indre), C. à la miellée, 15 mars, 18 avril, Saint-Florent (Cher), C. Guéret (Creuse), Auvergne, R. vient au réflecteur. — Chenille en juin, sur le chèvrefeuille des bois et des jardins.

Gen. 239. — Lithocampa (Gn.)

1690. — RAMOSA (Esp.) — Gargilesse (Indre). mai, T R. au réflecteur, (espèce méridionale). — Chenille sur le chèvrefeuille, juin.

Gen. 240. — Epimecia (Gn.)

1692. — USTULA (Frey.) — Murat (Cantal), juillet, R.

Gen. 241. — Calophasia (Stph.)

1693. — CASTA (Bork.) OPALINA (Esp.) — Gargilesse (Indre), R. 25 mai (espèce méridionale). — Chenille sur la linaire *(Linaria vulgaris),* 25 juillet.

1694. — PLATYPTERA (Esp.) — Nohant (Indre), A C. 25, 28 juillet au réflecteur, Saint-Florent, R. Sologne, C. — Chenille sur la *Linaria vulgaris* et l'*Antirrhinum majus,* 10 juillet, septembre.

1700, — LUNULA (Hufn.) LINARIAE (Fab.) — Nohant, Gargilesse (Indre), C. 10, 20 juin. Saint-Florent (Cher), C. Sologne, C· (Auverge), C. Royat (Puy-de-Dôme), 24 août, C. — Chenille sur la linaire vulgaire, 25 juillet, 15 septembre.

Gen. 242. — Cleophana (Bdv.)

1701. — ANTIRRHINI (Hb.) — Royat (Auvergne), 25 juin, Aurillac (Cantal), Lozère — Chenille sur la *Scabiosa leucantha,* en juillet.

1704. — ANARRHINI (Dup.) — Saint-Florent (Cher), juin T R. (espèce méridionale.) — Chenille sur la *Scabiosa columbaria,* en juillet.

Gen. 243. — Cucullia (Schrk.)

1711. — VERBASCI (L.) — Nohant (Indre), C. Eclosions du 28 avril au 20 mai. Sologne, C. Saint-Florent (Cher), C. Auvergne, C. — Chenille du 1ᵉʳ juin au 30 août sur les feuilles du *Verbascum thapsus* (bouillon blanc), mange les feuilles de préférence aux fleurs.

1713. — SCROPHULARIAE (S. V.) — Nohant (Indre), C. Eclosions du 1ᵉʳ au 25 mai. Saint-Florent (Cher), C. (Auvergne), C. — Chenille de juin à septembre sur la *Scrophularia aquatica* dont elle mange les fruits.

1714. — LYCHNITIDIS (Rbr.) — Gargilesse, Nohant (Indre), C. Eclosions du 25 mai au 30 juin. Sologne, Thiers (Auvergne.) — Chenille du 25 juillet au 15 septembre, sur les *Verbascum pulvinatum* et *lychnitis* dans les endroits arides, pierreux. Elle mange les fleurs et les fruits.

A. Var. rivulorum (Gn.) — Nohant (Indre), avec le type, C. 25 juin.

1715. — THAPSIPHAGA (Tr.) — Nohant, Gargilesse (Indre), C. Eclosions du 20 mai au 30 juin. — Chenille en juin, juillet sur le *Verbascum lychnitis* dont elle mange les feuilles et les fleurs.

1717. — BLATTARIAE (Esp.) — Nohant (Indre), A R. 1ᵉʳ au 20 mai. Sologne, Saint-Florent (Cher), R. Bords de l'Allier (Auvergne). —Chenille de juillet à septembre sur la *Scrophularia canina* dont elle mange les fleurs et les fruits.

1718. — ASTERIS (S. V.) — Nohant (Indre), C. Eclosions du 1ᵉʳ au 15 juin. Sologne, Saint-Florent (Cher), R. Mont-Dore (Auvergne), R. — Chenille, juillet, août, sur la Reine-Marguerite des jardins et sur la verge d'or *(Solidago virga aurea)*.

1726. — UMBRATICA (L.) — Nohant, C. La Brande (Indre). Eclosions du 10 au 25 mai, 30 juillet. Sologne, Saint-Florent (Cher), C. Guéret (Creuse), Auvergne. — Chenille 20 juin, 15 juillet sur les laiterons *(Sonchus arvensis* et *oleraceus)* en plein soleil le long des tiges, une partie des chrysalides passe l'hiver.

1727. — LACTUCAE (Esp.) — Nohant (Indre), C. Eclosions du 2 au 22 mai, 13 juillet, 10 août. Sologne C. Saint-Florent (Cher). A R. Auvergne, C. — Chenille du 10 juillet au 15 septembre sur les laiterons, une partie des chrysalides, éclot un mois après, en août, l'autre passe l'hiver et éclot en mai.

1728. — LUCIFUGA (Hb.) — Mont-Dore, Chaudefour (Auvergne), C. juillet (espèce alpine). — Chenille en août sur la *Prenanthes purpurea*.

1731. — CHAMOMILLAE (S. V.) — Gargilesse, Nohant (Indre), 18 avril au réflecteur, 15 juillet, A C. Saint-Florent (Cher), R. Sologne, R. — Chenille en juillet, août sur les fleurs de la matricaire *(Matricaria chamomilla)* et de la camomille *(Anthemis cotula)*.

1736. — TANACETI (S. V.) — Nohant, A R. Gargilesse (Indre), C. Eclosions du 15 juillet au 10 août. Sologne. Clermont-Ferrand (Auvergne), C. — Chenille 10 juillet, août, septembre sur l'*Achillea millefolium*, la tanaisie *(Tanacetum vulgare)* reste un an en chrysalide.

1741. — GNAPHALII (Hb.) — Saint-Florent (Cher), 25 mai, 15 juin, R. — Chenille du 10 juillet au 15 août sur la verge d'or.

1746. — ARTEMISIAE (Hufn.) ABROTANI (Fab.) — Saint-Florent (Cher), R. 25 avril (espèce d'Allemagne). — Chenille en août sur les armoises et la camomille dont elle ne mange que les fleurs.

1747. — ABSYNTHII (L.) — Saint-Florent (Cher), R. 20 juin. — Chenille sur l'*Artemisia vulgaris* dont elle mange les fleurs en août.

GEN. 244. — EURHIPIA (Bdv.)

1755. — ADULATRIX (Hb.) — Chaudesaigues (Cantal), juillet, août. (renseignement douteux). — Chenille en juin, septembre, deux ou trois générations.

GEN. 246. — TELESILLA (H. S.)

1757. — AMETHYSTINA (Hb.) — Pâturages de Marmagne (Cher), 20 juin (espèce de Hongrie) deux exemplaires. — Chenille en août sur les *Peucedanum alsaticum, oreoselinum* et *officinale*.

GEN. 247. — PLUSIA (O.)

1759. — TRIPLASIA (L.) — Nohant (Indre), C. à la miellée, 15 mai, 15 juin, 15 août. Sologne, Saint-Florent (Cher), C. forêt de Randan (Auvergne). — Chenille en juillet, octobre sur la grande ortie *(Urtica dioica)*.

1760. — ASCLEPIADIS (S. V.) — Nohant (Indre), 15 mai, 15 juin, R. à la miellée. — Chenille sur l'*Asclepias vincetoxicum*, juillet, se cache le jour assez loin de la plante rongée. La chercher sous les pierres, les broussailles.

1761. — TRIPARTITA (Hufn.) URTICAE (Hb.) — Nohant (Indre), C. à la miellée, 25 avril, 15 mai, 15 juin, 20 juillet, 15 août. Saint-Florent (Cher), C. Guéret (Creuse), Auvergne. — Chenille en juillet, octobre sur les orties.

1764. — MONETA (Fab.) — Mont-Dore (Auvergne), R. juilllet, (Espèce alpine et méridionale). — Chenille sur l'aconit napel et tueloup en août.

1765. — CONSONA (Fab.) — Saint-Florent (Cher). Un exemplaire en juin.

1770. — ILLUSTRIS (Fab.) — Mont-Dore (Auvergne), juillet, R. (Espèce alpine) (Collection Tourangin). — Chenille en juin sur l'aconit tue-loup.

1771. — MODESTA (Hb.) — Saint-Florent (Cher), juillet R. Nohant (Indre), T R. — Chenille, 20 mai sur la *Pulmonaria angustifolia*.

1773. — CHRYSITIS (L.) — Nohant (Indre), C. à la miellée et au réflecteur, 15 mai, 10 juin, 20 juillet, 15 août. Bourges, Saint-Florent, Sologne (Cher), C. Guéret (Creuse), Auvergne R. — Chenille sur la grande ortie en juin, septembre. Vieux murs, à l'ombre.

1775. — CHRYSON (Esp.) ORICHALCEA (Hb.) — Mont-Dore, Roche, Vendex (Auvergne) bord des ruisseaux, août, R. (Collection Tourangin). — Chenille en juin sur l'*Eupatorium cannabinum*.

1776. — BRACTEA (Fab.) — Auvergne (Collection Tourangin), août. Un exemplaire.

1779. — FESTUCAE (L.) — Mareuil (Cher), Guéret (Creuse), A C. Bords de l'Allier (Auvergne), 30 juin, 25 juillet, C. — Chenille en mai, juin sur les carex et la fétuque. Bords des ruisseaux.

1785. — GUTTA (Gn.) — Nohant (Indre), A R. à la miellée, 25 août, 5 septembre, 5 octobre, C. sur les fleurs d'héliotropes au coucher du soleil. Saint-Florent (Cher), R. Thiers (Auvergne), A C. — Chenille sur les orties en mai.

1787. — CHALCITIS (Esp.) — Saint-Florent (Cher), 10 juillet, R. (Espèce méridionale). — Chenille sur les plantes herbacées, l'ortie, la parietaire en juin.

1788. — JOTA (L.) — Ruisseau d'achères, forêt de Saint-Palais (Cher), juillet, Royat (Auvergne), 25 juin, Mont-Dore, Chaudefour, juillet, R. — Chenille sur les chèvrefeuilles, 25 mars, 25 avril, bois humides.

1789. — PULCHRINA (Hw.) V. AUREUM (Gn.) — Forêt de Saint-Palais (Cher), T R. juin, juillet. Mont-Dore (Auvergne), 15 juillet, A C. au réflecteur dans la montagne. — Chenille sur les chèvrefeuilles, fin mars, 10 avril, bois humides.

1791. — GAMMA (L.) — Nohant (Indre), T. C. à la miellée. Eclosions.

22 janvier, 15 février, 12 mai, 10 juin, 20 juillet. Sologne. Saint-Florent (Cher), Guéret (Creuse), Auvergne. C. partout. — Chenille sur les plantes herbacées et potagères, orties, avril, août.

1794. — NI (Hb.) — Saint-Florent (Cher), R. juin, vole en plein soleil sur les fleurs de Sainfoin (Espèce méridionale). — Chenille sur les plantes herbacées, avril.

1796. — INTERROGATIONIS (L.) — Guéret (Creuse), juillet, R. (Espèce alpine). — Chenille en mai sur la petite ortie *(Urtica urens)*.

Gen. 248. — Anophia (Gn.)

1803. — LEUCOMELAS (L.) RAMBURII (Rbr.) — Figeac (Lot), R. juillet. (Espèce méridionale). — Chenille sur le grand liseron (*Convolvulus sepium*).

Gen. 249. — Aedia (Hb.)

1804. — FUNESTA (Esp.) ALCHYMISTA (Esp.) — Nohant, R. à la miellée, Gargilesse (Indre), R. juillet, Saint-Florent (Cher), coteaux arides et pierreux. — Chenille sur le (*Convolvulus sepium*), mai.

Gen. 250. — Anarta (Tr.)

1805. — MYRTILLI (L.) — Nohant, forêt de Saint-Chartier, Rongères (Indre), C. 17 mai, 10 juin, 10 août, le jour sur les bruyères. Sologne, Saint-Florent (Cher), Royat, forêt de Randan (Auvergne) C. partout. — Chenille sur la bruyère (*Erica vulgaris*), en septembre, octobre, se chrysalide au 20 novembre.

Gen. 251. — Heliaca (H. S.)

1817. — TENEBRATA (Sc.) ARBUTI (Fab.) — Nohant, forêt de Saint-Chartier (Indre), C. le jour sur les bruyères, 10 mai, 10 août. Sologne, Saint-Florent (Cher), C. Guéret (Creuse), Auvergne C. — Chenille en juin, septembre sur les caryophyllées.

Gen. 253. — Omia (Gn.)

1821. — CYMBALARIAE (Hb.) — Saint-Florent (Cher), T R. juin, vole en plein soleil dans les bois — Chenille sur *l'Heliantemum vulgare,* juillet.

Gen. 255. — Heliothis (Tr.)

1828. — CARDUI (Hb.) — Guéret (Creuse) R. juillet, Nohant (Indre), R. 25 mai dans les luzernes. — Chenille en septembre sur l'Epervière (*Picris hieracioides*) champs pierreux, incultes.

1832. — ONONIDIS (Fab.) — Limagne d'Auvergne, mai, R. — Chenille sur l'*Ononis spinosa* en juillet.

1833. — DIPSACEA (L.) — Nohant (Indre), C. le jour sur les luzernes en fleurs. Sologne, Saint - Florent (Cher), Guéret (Creuse), Riom, Puy-Guillaume (Auvergne), 5 juin, 15 juillet, 10 août. — Chenille en avril et septembre, sur les trèfles, luzernes, plantains, dont elle mange les fleurs et les graines.

1835. — SCUTOSA (S.V.) — Gargilesse (Indre). R. 15 juillet, (Espèce méridionale) — Chenille sur l'armoise (*Artemisia campestris*), 10 septembre.

1836. PELTIGERA (S. V.) — Saint-Florent. C. dans la vallée du Cher, 20 juillet, 10 août, Thiers (Auvergne), R. — Chenille polyphage et carnassière (mange les autres chenilles dans les boîtes) vit surtout sur le *Senecio viscosus*, mai.

1838. — ARMIGERA (Hb.) — Nohant (Indre), C. à la miellée, 15 septembre au 10 octobre et sur le lierre en fleurs. Sologne, Saint-Florent (Cher), Clermont (Auvergne). — Chenille polyphage et carnassière, vit de préférence sur le plantain, le maïs, le réséda jaune, avril , mai.

Gen. 257. — Chariclea (Stph.)

1842. — DELPHINII (L.) — Nohant, A C. dans les champs de blé, les Chottes (Indre). Eclosions, 10 mai, 15 juin. Sologne, R. Saint-Florent (Cher), Limagne d'Auvergne, C. — Chenille du 10 au 30 juillet sur le pied d'alouette des champs (*Delphinium consolida* et *ajacis*), chenille carnassière.

1846. — UMBRA (Hufn.) MARGINATA (Fab.) — Nohant (Indre), C. à la miellée et le jour sur les fleurs de luzerne, juin 25 juillet. Sologne, Saint-Florent (Cher), Limagne d'Auvergne, C. — Chenille en août, septembre sur la bugrane *(Ononis spinosa* et *repens).*

Gen. 260. — Acontia (O.)

1852. — LUCIDA (Hufn.) SOLARIS (Esp.) — Nohant (Indre), C. au réflecteur et le jour sur les chardons en fleurs, 15 mai, 25 juillet. Sologne, Saint-Florent (Cher), Guéret (Creuse), Auvergne, C. — Chenille en juin, septembre sur les liserons.
A. Var. Albicollis. — Nohant, Gargilesse (Indre), R. au réflecteur et le jour sur les chardons en fleurs, 6 août, (Variété méridionale.)

1853. — LUCTUOSA (Esp.) — Nohant (Indre), C. au réflecteur et le jour sur les fleurs, mai. 20 au 30 juillet, 10 août. Sologne, Saint-Florent (Cher), Creuse, Auvergne, C. partout. — Chenille sur les mauves en juin et septembre.

Gen. 262. — Thalpochares (Ld.)

1859. — JUCUNDA (Hb.) — Figeac (Lot . Ytrac (Cantal), juin, juillet.

1860. — VÉLOX (Hb.) — Saint-Mamet, Aurillac)Cantal), juillet, août, A C.

1862. — LACERNARIA (Hb. GLAREA (Tr.) — Figeac (Lot), Ytrac (Cantal), juillet, C.

1864. — RESPERSA (Hb.) AMOENA (Dup.) — Royat, (Auvergne), 10 août, R. (Espèce méridionale).

1874. — POLYGRAMMA (Dup.) — Royat, bruyères arides, 10, 14 juillet, R. (Auvergne), vole en plein soleil. (Espèce méridionale).

1880. — PURPURINA (Hb.) — Nohant (Indre), A R. au réflecteur et le jour sur les chardons en fleurs, 2 au 10 août, 3 et 8 septembre. — Chenille sur les chardons, (*Cirsium lanceolatum* et *arvense*). Elle vit d'abord au milieu des jeunes pousses réunies par des fils, puis elle s'enfonce dans la tige, mai.

1882. — OSTRINA (Hb.) — Bois de Morthomiers (Cher), T R. juillet. — Chenille sur la *Carlina vulgaris,* mai.

1883. — PARVA (Hb.) — La Châtre (Indre), 20 août, un exemplaire pris à la lampe, par Antoine Gabillaud, (Espèce méridionale). Nohant (Indre), un autre sujet pris au réflecteur, 15 juin — Chenille dans l'involucre de l'année, (*Inula helenium*), en septembre.

1885. — PAULA (Hb.) — Saint-Florent (Cher)), R. juillet, forêt d'Allogny (Espèce méridionale). — Chenille sur le *Gnaphalium dioicum,* septembre.

1888. — CANDIDANA (Fab.) — Saint-Florent (Cher), juillet, T R. (Espèce méridionale).

1890. — PURA (Hb.) — Royat (Puy-de-Dôme), 15 juillet, R.

GEN. 263. — ERASTRIA (O.)

1893. — ARGENTULA (Hb.) — Guéret (Creuse), C. juillet. Saint-Florent (Cher), R. — Chenille en septembre sur les graminées.

1894. — UNCULA (Cl.) UNCA (S. V.) — Bourges, Saint-Florent (Cher), A C. juin. — Chenille en août, septembre sur les carex, près marécageux,

1896. — PUSILLA (View.) CANDIDULA (Bork.) — Nohant (Indre), R. au réflecteur, 15 juillet.

1897. — VENUSTULA (Hb.) — Nohant (Indre), C. au réflecteur, du 25 mai au 30 juin. La Brande, bois des Paquelets (Indre), C.

1900. — DECEPTORIA (Sc.) ATRATULA (Bork.) — Nohant, C. au réflecteur, les tailles, forêt de Châteauroux (Indre), C. 10 juin. Saint-Florent (Cher), A C. forêt de Randan (Auvergne), A C. — Chenille en août, sur la ronce, l'églantier.

1901. — FASCIANA (L.) FUSCULA (Bork.) — Nohant (Indre), C. à la miellée, 15, 25 mai, 15 juillet. Sologne, C. Saint-Florent (Cher), C. — Chenille en septembre sur la ronce.

A. VAR, GUÉNÉII (Fallou), — Nohant, à la miellée, 15 juillet, 3 exemplaires,

GEN. 264. — PHOTHEDES (Ld.)

1903. — CAPTIUNCULA (Tr.) — Mont-Dore, juillet, versant sud du Puy de Sancy, R.

GEN. 265. — PROTHYMIA (Hb.)

1904. — VIRIDARIA (Cl.) AENEA (Hb.) — Nohant, La Brande, Rongères, Saint-Chartier (Indre), C. 25 mai, 10 juin, 15 septembre. Sologne, C. Saint-Florent (Cher), Royat, Thiers, (Auvergne), C.

GEN. 267. — AGROPHILA (Bdv.)

1910. — TRABEALIS (Sc.) SULPHURALIS (L.) — Nohant (Indre), C. au réflecteur et le jour sur les trèfles en fleur, 25 juin au 30 juillet. Sologne, C. Saint-Florent (Cher), C. Creuse, C. Auvergne C. — Chenille en septembre sur les liserons (*Convolvulus arvensis* et *sepium*.

GEN. 268. — HAEMEROSIA (Bdv.)

1911. — RENALIS (Hb.) — Aurillac, Saint-Mamet (Cantal), avril, mai, juillet, A R. — Chenille sur les laitues, au milieu des fleurs en septembre et juin.

GEN. 271. — METOPTRIA (Gn.)

1916. — MONOGRAMMA (Hb.) — Aurillac, Ytrac (Cantal), Figeac (Lot), R. plus commun dans la Lozère, juin, juillet, en plein soleil dans les gorges, les ravins (Espèce méridionale).

GEN. 272. — EUCLIDIA (O.)

1917. — MI (Cl.) — Nohant, La Brande (Indre), C. en plein jour sur les fleurs de bruyères, 25 mai, 15 juin. Sologne, C. Saint-Florent (Cher), C. Creuse, Auvergne, C. — Chenille en août sur les légumineuses, trèfle et lotiers.

1918. — GLYPHICA. (L.) — Nohant (Indre), T C. le jour sur les fleurs de luzerne, 15 mai, 20 juillet. Sologne, Saint-Florent (Cher), Guéret, (Creuse), Auvergne, C. partout. — Chenille sur les légumineuses, luzernes, trèfles, *l'Ononis spinosa*, juin, septembre, 2 générations.

GEN. 281. — GRAMMODES (Gn.)

1941. — BIFASCIATA (Petag.) GEOMETRICA (Rossi.) — Gargilesse (Indre), 20 juillet, un exemplaire pris sur les bords de la Gargilesse (Espèce méridionale.) — Chenille sur les renouées *Polygonum persicaria*, mai.

1942. — ALGIRA (L.) — Gargilesse (Indre), A C. au réflecteur. Eclosions, 25 juin, 20 juillet, 1er août. Saint-Florent (Cher), R. (Espèce méridionale). Aurillac, Ytrac (Cantal), C. 23 août — Chenille sur le genêt à balais, en avril, mai.

Gen. 282. — Pseudophia (Gn.)

1945. — LUNARIS (S. V.) — Nohant, forêt de Saint - Chartier, Gargilesse (Indre), C. 15, 25 mai, 5 juin. Sologne, forêt d'Allogny Cher), A C. Clermont-Ferrand, Thiers, Auvergne A C. — Chenille sur le chêne, 1er au 20 juillet, 15 août.

1947. — TIRRHAEA (Cr.) — Un exemplaire pris dans un jardin au bas de la ville de Murat (Cantal), en juillet par M. Seguy (espèce Africaine), collection Seguy, à Murat, catalogue du canton de Murat (Seguy), (renseignement douteux), — Chenille sur le grenadier, les lentisques en septembre.

Gen. 283. — Catephia (O).

1948. — ALCHIMISTA (S.V.) — Nohant (Indre), R. à la miellée, 20 juillet. Sologne, R. Saint-Florent (Cher), A C. 25 mai, Thiers, Paslières (Auvergne), R. — Chenille, août, septembre sur le chêne.

Gen. 284. — Catocala (Schrk.)

1949. — FRAXINI (L.) — Nohant (Indre), C à la miellée, 10, 16, 28 août. Sologne, Saint-Florent (Cher), C. Aigueperse (Auvergne), A C. — Chenille, 15 juin, 1er juillet sur les saules et les peupliers, (P. tremula et alba.)

1951. — ELOCATA (Esp.) — Nohant (Indre), C. à la miellée, 3, 15 août, 10 septembre, Sologne, Saint-Florent (Cher), C. Auvergne, C. — Chenille sur les peupliers, 20 juin, 10 juillet.

1954. — NUPTA (L.) — Nohant (Indre), C. à la miellée, 20 juillet, 25 août, 20 septembre. Sologne, Saint-Florent (Cher), C. Auvergne, C. — Chenille sur les peupliers 20 mai, 15 juin.

1955. — DILECTA (Hb.) — Bois de Vijon (Indre), A C. 20 juillet, 20 août. Bois de Saint-Florent (Cher), R. (Espèce méridionale) — Chenille sur le chêne en mai.

1957. — SPONSA (L.) — Nohant, les Tailles (Indre), 15 juillet au 5 août, forêts de la Sologne et du Cher, C. — Chenille au 15 juin sur le chêne.

1958. — PROMISSA (Esp.) — Nohant, les Tailles, forêt de Chœurs (Indre), 15 août, bois de Saint-Florent, (Cher), A C. 5, 15 juillet, forêt de Randan, (Anvergne). — Chenille en mai sur le chêne.

1959. — CONJUNCTA (Esp.) — Bois de chênes, à Vijon (Indre), A C. 3 août, (Espèce méridionale). — Chenille en mai sur le chêne.

1962. — OPTATA (God.) — Nohant (Indre), A R. à la miellée, 5, 10, 18 septembre. Saint-Florent, C. dans la vallée du Cher, dès le 20 août, Sologne, R. — Chenille 15 juin, 25 juillet sur les saules (Salix capraea et viminalis) se cache le jour sous les pierres ou dans les fentes des écorces.

1963. — ELECTA (Bork.) — Saint-Florent (Cher), 25 août, 15 septembre, A R. Sologne, rives de l'Allier (Auvergne), R. —

Chenille sur les saules (*Salix alba, capraea, viminalis*), 15 juin, 15 juillet.

1964. — PUERPERA (Giorna.) PELLEX (Hb.) — Bords de l'Allier (Auvergne), 25 juillet, R. (Espèce méridionale.) — Chenille sur les saules (*Salix incana* et *helix*), bords des rivières, se cache le jour sous les pierres.

1966. — NYMPHAEA (Esp.) — Saint-Florent (Cher), 20 juillet, R. (Espèce méridionale.) — Chenille en mai sur le chêne.

1970. — PARANYMPHA (L.) — Nohant (Indre), C. à la miellée, 20 juin, 10, 20, 25 juillet, Sologne, R. Saint-Florent (Cher), A R. Auvergne, A C. — Chenille 25 avril au 10 mai sur le prunellier.

1973. — CONVERSA (Esp.) — Forêts de Châteauroux, de Chœurs (Indre), C. bois de Saint-Florent (Cher), C. 10, 15, 25 juillet (Espèce méridionale.) — Chenille en mai sur le chêne.
B. Var. AGAMOS (Hb.) — Forêt de Chœurs (Indre), C. 25 juillet. Aurillac, Ytrac (Cantal), C.

GEN. 285. — SPINTHEROPS (Bdv.)

1982. — CATAPHANES (Hb.) — Clermont - Ferrand, 25 juillet, août (Auvergne) R. (Espèce méridionale). — Chenille sur l'*Ulex europeus* en mai.

1984. — DILUCIDA (Hb.) — Boussac (Creuse), 20 juillet, R. Thiers (Auvergne), C. — Chenille en avril sur les genêts.

GEN. 289. — TOXOCAMPA (Gn.)

1993. — LUSORIA (L.) — Nohant (Indre), R. à la miellée, 10 juillet (Espèce de la Hongrie.) — Chenille en mai sur l'*Astragalus glyciphilos*.

1994. — PASTINUM (Tr.) — Nohant (Indre), A R. à la miellée, 25 juin, 10 juillet, 5 août. — Chenille en mai sur la *Vicia cracca* et la *Coronilla varia*.

1996. — VICIAE (Hb.) — Nohant (Indre), C. à la miellée, 15, 30 juillet, 15 août. — Chenille 20 mai, 10 juin sur la *Vicia augustifolia* et *dumctorum*.

1997. — CRACCAE (Fab.) — Nohant (Indre), C. à la miellée, 20 juillet, 20 août. Saint-Florent (Cher), R. Clermont (Auvergne) C. — Chenille en juin, sur la *Vicia cracca* et *multiflora*.

GEN. 290. — AVENTIA (Dup.)

2001. — FLEXULA (S. V.) FLEXULARIA (Hb.) — Nohant (Indre), C. à la miellée, 25 mai, 25 juillet. Sologne, Saint-Florent (Cher), C. — Chenille en juin, août sur les lichens.

GÉN. 291. — BOLETOBIA (Bdv.)

2002. — FULIGINARIA (L.) CARBONARIA (Esp.) — Nohant (Indre), R. juillet, Saint-Florent (Cher), R. Auvergne R. — Chenille en juin dans les bolets secs.

GEN. 292. — HELIA (Gn.)

2003. — CALVARIA (Fab.) CALVARIALIS (Hb.) — Nohant (Indre), A C. à la miellée et au réflecteur, du 25 juin au 25 juillet. Saint-Florent (Cher), R. — Chenille en mai sur le *Rumex acetosellae*.

GEN. 295. — ZANCLOGNATHA (Ld.)

2006. — TARSIPLUMALIS (Hb.) — Nohant (Indre), C. juillet. — Chenille d'octobre à mars dans les feuilles sèches.

2008. — GRISEALIS (Hb.) NEMORALIS (Fab.) — Nohant (Indre), C. juin.

2010. — TARSIPENNALIS (Tr.) — Saint-Florent (Cher), C. juin, forêt de Châteauroux (Indre) (Espèce d'Allemagne et d'Angleterrre).

2012. — TARSICRINALIS (Knoch.) — Saint-Florent (Cher), 15 juillet, C. forêt de Châteauroux (Indre).

2015. — EMORTUALIS (S. V.) — Nohant (Indre), A C. juin, juillet. — Chenille en octobre, novembre, sur les feuilles sèches restées aux chênes.

GEN. 296. — MADOPA (Stph.)

2016. — SALICALIS (S. V.) — Nohant (Indre), C. 5 mai, 1er juin. — Chenille en juillet sur les saules.

GEN. 297. — HERMINIA (Latr.)

2019. — CRIBALIS (Hb.) — Nohant (Indre), A R. à la miellée, juin, marais de Bourges (Cher), C. (Espèce d'Allemagne). — Chenille dans les tiges des joncs et des roseaux.

2022. — CRINALIS (Tr.) — Saint-Florent (Cher), R. juin, juillet, août (Espèce méridionale), dans les bois. — Chenille en hiver jusqu'en avril, plusieurs générations, vit sur plusieurs espèces d'arbustes et d'arbrisseaux.

2023. — TENTACULARIA (L.) TENTACULARIS (Hb.) — Nohant (Indre), clairières des bois, juin T R. Auvergne (Espèce de Hongrie et des Pyrénées).

2025. — DERIVALIS (Hb.) — Nohant, Planet (Indre), C. 25 juin, 15 juillet, dans les fagots secs, sous bois. — Chenille en mars, avril dans les feuilles sèches, bois de chênes.

GEN. 298. — PECHYPOGON (Hb.)

2026. — BARBALIS. (Cl.) — Nohant, Saint-Chartier (Indre), mai, juin, C. — Chenille en février, mars, dans les feuilles sèches restées aux chênes.

GEN. 299. — BOMOLOCHA (Hb.)

2027. — FONTIS (Thub.) CRASSALIS (Fab.) — Nohant (Indre), 15 mai, 10 juin, R. pacages, taillis de chênes (Espèce septentrionale).

Gen. 300. — Hypena (Tr.)

2031. — LIVIDALIS (Hb.) — Figeac (Lot), R. 10 juin, (Espèce méridionale). — Chenille sur la pariétaire (*Parietaria officinalis*), en avril.

2032. — ROSTRALIS (L.) — Nohant (Indre), C. 25 juillet, 20 août. — Chenille en mai sur l'ortie (jamais trouvée sur le houblon), 1re génération.

    A. Ab. radiatalis (Hb.) — Nohant (Indre), C. d'octobre à mars: 2me génération ou variété hivernale.

2033. — PROBOSCIDALIS (L.) — Nohant (Indre), C. 10 au 20 mai, puis août. — Chenille en avril, puis juillet sur les orties.

2038. — OBESALIS (Tr.) CRASSALIS (Hb.) Mont-Dore (Auvergne), mai et août. — Chenille sur l'ortie en avril et en juillet.

2040. — OBSITALIS (Hb.) — Murat (Cantal), 25 juillet, R. bords de l'Alagnon (Espèce méridionale), octobre, 2 générations. — Chenille sur la pariétaire en avril et en août.

Gen. 301. — Hypenodes (Gn.)

2041. — COSTAESTRIGALIS)Stph.) — Nohant, R. juillet, septembre, bords de l'Indre.

2042. — ALBISTRIGATIS (Hw.) — Nohant (Indre), A R. 28 juillet, 8 septembre au réflecteur.

Gen. 304. — Rivula (Gn.)

2045. — SERICEALIS (Sc.) — Nohant (Indre), C. au réflecteur, mai, juin. — Chenille en avril sur les orties et les plantes herbacées.

Gen. 305. — Brephos (O.)

2046. — PARTHENIAS (L.) — La Brande (Indre), R. 20 février, 20 mars. Sologne, Saint-Florent, forêt de Vierzon (Cher), C. Guéret (Creuse), C. — Chenille en juin. juillet sur le bouleau.

2048 — NOTHA (Hb.) — Sologne, Saint-Florent (Cher), C. 20 mars, 10 avril. — Chenille en juin, juillet sur le tremble, le bouleau.

    A. Var. tourangini (M. Sand.) (Voyez Faune Française Berce. T. iv.) — Snint-Florent (Cher), A C. avril sur les grèves du Cher. — Chenille sur le *Salix monandra*. Dédiée à G. Tourangin.

D. GEOMETRAE

GEN. 306. — PSEUDOTERPNA (H.S.)

2051. — PRUINATA (Hufn.) CYTHISARIA (S. V.) — Nohant, La Brande, Gargilesse (Indre), C. 25 mai, 10 juin, 15 août, A R. Sologne, Saint-Florent, (Cher), C. Mont-Dore (Auvergne), C. — Chenille sur le genêt à balais (*Genista scoparia*), en avril et août.

    A. AB. AGRESTARIA (Dup.) — Nohant (Indre), avec le type, 20 août.

2052. — CORONILLARIA (Hb.) — Nohant, La Brande, Gargilesse (Indre), A R. 15 juin, 15 juillet. Sologne du Cher, R. — Chenille sur le genêt à balais, mai

GEN. 307. — GEOMETRA (Bdv.)

2054. — PAPILIONARIA (L.) Gargilesse, Crevant, Vijon (Indre), 15 juin, 20 juillet R. Sologne, T R. Saint-Florent (Cher), R. — Chenille en mai, septembre sur le noisetier, l'aune, le bouleau, le hêtre, 2 générations.

2059. — VERNARIA (Hb.) — Nohant (Indre), A R. 25 mai, 25 juillet. Sologne du Cher, Saint-Florent, R. Aigueperse (Auvergne). — Chenille en juin, puis en septemlre sur la clématite des bois.

GEN. 308. — PHORODESMA (Bdv.)

2061. — PUSTULATA (Hufn.) BAJULARIA (S. V.) — Nohant, forêts de Châteauroux et de Saint-Chartier (Indre), A R. 10 juin. Forêts de la Sologne et du Cher, forêt de Randan (Auvergne), A C. — Chenille vivant dans un fourreau, composé de débris de feuille de chêne, en mai sur le chêne, elle quitte son fourreau pour se chrysalider.

2063. — SMARAGDARIA (Fab.) — Gargilesse (Indre), R. 15, 20 juillet. Gravenoire, 10 juillet, A C. Saint-Nectaire, 22 juillet (Auvergne), Nohant (Indre), 20 juin, 2 septembre, au réflecteur. (Espèce méridionale), 2 générations. — Chenille vivant dans un fourreau composé de débris, 20, 25, 30 avril, à toute sa taille sur la *Scabiosa columbaria*, prés secs, lisières des bois en pente au midi. Elle quitte son fourreau pour se chrysalider, fin avril et août.

GEN. 309. — EUCROSTIS (Hb.)

2069. — HERBARIA (Hb.) — Murat (Cantal), R. 3 juin, 10 septembre. Deux générations (Espèce méridionale). — Chenille sur la *Mentha sylvestris*, août, mai.

2071. — INDIGENATA (Vill.) — Ytrac (Cantal), **T R.** Mai (Espèce méridionale.)

GEN. 310. — NEMORIA (Hb.)

2072. — VIRIDATA (L.) CLORARIA (Hb.) — [Nohant (Indre), 15 mai, 15 juin, 20 septembre, Saint-Florent, R. forêt d'Allogny, C. Sologne (Cher), Mont-Dore (Auvergne), 20 juin, 15 juillet. — Chenille sur l'*Ononis spinosa*, le genêt à balais, 1ʳᵉ génération en juillet, 2ᵐᵉ en octobre, hiverne et se chrysalide en avril.

2073. — PORRINATA (Zeller). — Nohant (Indre), 15 septembre, **T R.**

2075. — PULMENTARIA (Gn.) — Figeac (Lot), 15 juillet, R. Trois générations. — Chenille en avril, juin, septembre sur le *Lotus hispidus* et les ombillifères.

2077. — STRIGATA (Muell.) AESTIVARIA (Hb.) — Nohant (Indre), C. 10 juin, bois jardins, Sologne, Saint-Florent (Cher), C. Auvergne C. — Chenille en mai sur le chêne, le prunellier, l'aubépine.

GEN. 311. — THALERA (Hb.)

2078. — FIMBRIALIS (Sc.) BUPLEURARIA (S. V.) — Nohant (Indre), R. juillet, Sologne, R. Saint-Florent (Cher), A C. dans les bois du calcaire oxfordien, Thiers, Enval (Auvergne), C. — Chenille en mai sur le bouleau, le prunellier, l'aubépine.

GEN. 312. — JODIS (Hb).

2079. — PUTATA (L.) PUTATARIA (Gn.) — Saint-Michel-de-Vaisse (Creuse), 25 mai, (renseignement douteux), Mont-Dore, bois du Capucin, de Bozat, mai, (Espèce alpine). — Chenille sur le myrtille, l'airelle.

2080. — LACTEARIA (L.) AERUGINARIA (Hb.) — Nohant, Planet, forêt de Saint-Chartier (Indre), C. 20 avril, mai, 10 juin, Saint-Florent (Cher), C. Auvergne, C. — Chenille en août, septembre sur le chêne, le bouleau et le pommier.

GEN. 313. — ACIDALIA (Tr.)

2088. — FILACEARIA (H. S.) — Royat, (Puy-de-Dôme), 25 juin, Aurillac (Cantal), R.

2089. — TRILINEATA (Sc.) AUREOLARIA (Fab.) — Nohant (Indre(, R. 25 juin, buissons, haies, Royat, (Auvergne), 12 juillet. — Chenille sur les légumineuses (*Vicia cracca* et *dumetorum*), en avril.

2092. — EXILARIA (Gn.) — Saint-Florent, bois de Morthomiers (Cher), Espèce méridionale, juin, R.

2093. — PEROCHRARIA (Fab.) — Bois de Saint-Florent (Cher), bruyères. A R. 25 juin, 15 juillet, Royat (Auvergne).

2094. — OCHRATA (Sc.) OCHREARIA (S.V.) — Nohant (Indre), 15 juin, bois et prairies, Saint-Florent (Cher), C. Mont-Dore (Auvergne), 10 juillet, C. Aurillac (Cantal), 30 juin. — Chenille août, septembre, hiverne et se chrysalide en mai, vit sur les plantes herbacées.

2096. — MACILENTARIA (H. S.) — SYLVESTRARIA (Gn.) Nohant (Indre), C. 20 juin, 10 juillet, prairies, clairières des bois. Saint-Florent (Cher), Mont-Dore, bois du Capucin (Auvergne). — Chenille sur les plantes herbacées en septembre.

2097. — RUFARIA (Hb.) — Nohant (Indre), C. juin, août, bois et prairies, Saint-Florent-sur-Cher, C. Sologne, C. Mont-Dore (Auvergne). C.

2100. — LITIGIOSARIA (Bdv.) — Nohant (Indre), R. juillet, prairies. Auvergne, R. Cantal, 25 juin, (Espèce méridionale).

2103. — SERICEATA (Hb.) — Royat, Issoire (Auvergne), 20 juillet, R. Murat, (Cantal), 28 juin.

2105. — MONILIATA (Fab.) — Nohant (Indre), R. 10 juillet, Saint-Florent-sur-Cher, R. Royat, Puy-de-Dôme, A R. (Espèce méridionale). — Chenille en août, septembre, octobre sur les légumineuses, la bourrache, hiverne et se chrysalide en mai.

2106. — MURICATA (Hufn.) AURORARIA (Bork.) — Nohant (Indre), A R. 20 juin, bois, Saint-Florent (Cher), A C. — Chenille en juillet sur les plantains surtout le *Plantago major*.

2107. — DIMIDIATA (Hufn.) SCUTULATA (Bork.) — Nohant (Indre), C. 20, 25 juillet, 25 août. — Chenille sur les plantes herbacées en avril.

2113. — OCHROLEUCATA (H. S.) — Nohant (Indre), un exemplaire pris au réflecteur, 30 mai. (Espèce méridionale.)

2116. — CONTIGUARIA (Hb.) — Nohant (Indre), R. 20 juin, 15 juillet, bois. Royat, Thiers, (Auvergne), Murat (Cantal), (Espèce du Nord). — Chenille en août sur le gaillet élevé *(Galium elatum)*, se chrysalide en octobre.

2121. — CAMPARIA (H. S.) — Murat (Cantal), fin juin, Nohant (Indre), un exemplaire, 10 juillet au réflecteur.

2125. — VIRGULARIA (Hb.) INCANARIA (Hb.) — Nohant (Indre), C. 5, 30 mai, 20 juillet, 15 septembre, Saint-Florent (Cher), C. — Chenille polyphage en juin, août, hiverne et se chrysalide en avril. Le papillon s'accouple et se reproduit dans les boîtes d'élevage, la chenille y vit sans aucun soin de mousse et de feuilles sèches.

B. Var. cantenerARIA (Bdv.) — Nohant (Indre), aussi C. que le type, parmi les éclosions de juillet et août. Sologne, C. Auvergne, C. (Variété méridionale), Aurillac (Cantal), 20 août.

2129 — STRAMINATA (Tr.) — Nohant (Indre), C. dans les prés, 25 mai au 15 juin, 20 juillet, Auvergne, C. — Chenille sur les plantes herbacées en septembre, hiverne, vit de feuilles sèches, se chrysalide en avril.

2131. — PALLIDATA (Bork). — Murat (Cantal). 25 juillet, R.

2132. — SUBSERICEATA (Hw.) — Nohant, C. Planet (Indre), 22 mai, 7 juin, bruyères, bois, Sologne, Royat (Auvergne), 4 juillet. — Chenille en août, septembre, hiverne et se chrysalide en avril, vit sur les plantes herbacées.
  VAR. ASBESTARIA (Zeller.) — Nohant, R. 10 juillet. septembre, mêmes localités.

2133. — LAEVIGARIA (Hb.) — Saint-Florent (Cher), Nohant (Indre), 25 juin au 15 juillet, A C. Auvergne — Chenille polyphage sur les plantes herbacées en septembre, hiverne et se chrysalide en avril.

2148. — HERBARIATA (Fab.) MICROSARIA (Bdv.) — Nohant (Indre), R. 25, 30 juin. Saint-Florent (Cher), R. Clermont-Ferrand, C. Royat (Auvergne), 10 juillet. — Chenille en septembre, octobre dans les greniers à foin et dans les plantes desséchées conservées par les herboristes. Elle vit, dit-on, dans les herbiers.

2155. — BISETATA (Hufn.) — Nohant (Indre), C. 25 mai, 15 juin, bois. Sologne, Saint-Florent (Cher), Thiers, (Auvergne), R. — Chenille en septembre sur l'aubépine, hiverne, se chrysalide en avril.
  B. VAR. NOIRE ♀ (Guenée). — 31 juin, Nohant (Indre), un exemplaire.

2156. — TRIGEMINATA (Hw.) REVERSATA (Tr.) — Nohant (Indre), C. 10, 20 juin, bois de chênes.

2158. — POLITATA (Hb.) — Royat (Auvergne), R. 10 juillet, (Espèce méridionale). — Chenille en septembre, hiverne et se chrysalide en avril. Elle vit sur les plantes herbacées.

2159. — FILICATA (Hb.) — Royat (Auvergne), R. 25 juin, juillet, (Espèce méridionale).

2160. — RUSTICATA (Fab.) — Nohant (Indre), C. 15 juin, 1ᵉʳ juillet, Royat, Mont-Dore (Auvergne). — Chenille polyphage en avril.

2162. — HUMILIATA (Hufn.) OSSEATA (Fab.) — Nohant (Indre), C. bois et prairies, 20 juin au 10 juillet. Aurillac (Cantal), 20 août. Sologne, Saint-Florent (Cher), C. Auvergne, C. — Chenille polyphage en août, septembre, hiverne, se chrysalide en avril.

2163. — DILUTARIA (Hb.) INTERJECTARIA (Bdv.) — Nohant (Indre), C. 15 juin, 15 juillet, prairies. — Chenille polyphage, août, septembre, hiverne et se chrysalide en avril.

2164. — HOLOSERICATA (Dup.) — Nohant (Indre), R. juin. Royat (Auvergne), A R. 25 juin. Aurillac (Cantal), 18 août.

2169. — AGROSTEMMATA (Gn.) — Nohant (Indre), R. à la miellée, 16, 28 juillet.

2170. — DEGENERERIA (Hb.) Nohant (Indre), C. mai, juin, 5 août, Sologne, Royat (Auvergne). — Chenille en septembre sur les liserons et plusieurs espèces de plantes herbacées, hiverne, se chrysalide en avril.

A. AB. RUBRARIA (Stgr.) DEGENERARIA (H. S.) aussi C. que le type. — Nohant (Indre).

2171. — INORNATA (Hw.) SUFFUSATA (Tr.) — Nohant (Indre), C. à la miellée, 15, 25 juillet, 10 septembre, bois, prairies.

A. VAR. DEVERSARIA (H. S.) — Nohant (Indre), R. avec le type. Plus C. dans la Creuse. Royat, 10 juillet (Auvergne), (Variété alpine.)

2172. — AVERSATA (L.) — Nohant (Indre), C. 28 juin au 15 juillet, 6 août. Sologne, Saint-Florent (Cher), Thiers (Auvergne), R. — Chenille sur le genêt à balais *(Genista scoparia)*, avril.

A. AB. SPOLIATA (Stgr.) — Nohant, aussi C. que le type, mêmes époques.

2173. — EMARGINATA (L.) — Nohant A C. 20 juin, 1ᵉʳ juillet, sur les bords de l'Indre. Riom, Enval, (Auvergne) R. Aurillac, (Cantal). — Chenille sur le gaillet jaune *(Galium verum)*, mai.

2174. — IMMORATA (L.) — Saint-Florent (Cher), 15 mai, clairières des bois, R. forêt de Randan, Puy de Pariou (Auvergne), juin. — Chenille sur la bruyère *(Erica vulgaris)*, en mars, avril.

1175. — TESSELLARIA (Bdv.) — Saint-Florent, Chapelle-Saint-Ursin, Marmagne (Cher), 25 juin, A R. — Chenille sur les bruyères, mars, avril.

A. AB. (Inédite). — Saint-Florent (Cher), 10 juillet, un exemplaire.

2178. — RUBIGINATA (Hufn.) — Nohant (Indre), C. 10 mai, 25 juillet, prés, haies, paturages, genestières. Sologne, Saint-Florent (Cher), C. Auvergne, C. — Chenille sur les légumineuses, vesces, genêt à balais en avril, juin, septembre.

2179. — TURBIDARIA (H. S.) — Nohant (Indre), 20 mai, au réflecteur, R. Murat (Cantal), 25 juin. (Espèce de la Grèce).

2186. — MARGINEPUNCTATA (Goeze), PROMUTATA (Gn.) — Nohant (Indre), C. 25 juin, 10, 15, juillet, 10 août. Royat, Mont-Dore (Auvergne), C. — Chenille en mai, sur les plantes herbacées, les vesces, les trèfles, les genêts.

2187. — LURIDATA (Z.) FALSARIA (H. S. 463. 419) — Nohant (Indre), un exemplaire, d'éclosion, 10 juin. — Chenille en avril sur le *Silene inflata*. (Espèce de la Grèce et du Tyrol).

2190. — SUBMUTATA (Tr.) — Gravenoire, 25 juin, Thiers (Auvergne), R. (Espèce méridionale), Murat (Cantal). — Chenille en avril sur le thym, le serpolet, vieilles murailles, rochers.

2191. — INCANATA (L.) MUTATA (Tr.) — Nohant, bois de Vavrey (Indre). A C. 10 mai, 1ᵉʳ juin. — Chenille en avril sur le genêt à balais.

2192. — FUMATA (Stph.) COMMUTATA (Frey.) — Mont-Dore, bois du Capucin (Auvergne), juillet, C.

REMUTARIA (Hb.) — Nohant (Indre), C. 10, 25 juin.

Sologne, Mont-Dore, juillet (Auvergne). — **Chenille sur la** *Vicia sepium,* avril, mai.

2196. — PUNCTATA (Tr.) DEPUNCTATA (Gn.) Nohant (Indre), C. bois frais, juillet. — Chenille en septembre sur les légumineuses, hiverne, se chrysalide en avril.

2197. — CARICARIA (Reutti) — Gargilesse (Indre), 1", 15 juin, R. bois de Morthomiers, Saint-Florent (Cher) R. — Chenille polyphage sur les plantes herbacées, les genêts, avril.

2198. — IMMUTATA (L.) — Nohant (Indre), A R. 10 avril, 10 juillet, prés marécageux, Saint-Florent, Marmagne (Cher), Auvergne C. — Chenille en septembre sur les chicoracées, hiverne, se chrysalide fin mars.

2200. — STRIGARIA (Hb.) — La Brande (Indre), R. juin, dans les bois de bouleaux. Sommerère, Sologne, Randanne, Puy-de-Dôme (Auvergne), juillet. — Chenille en septembre sur le bouleau, hiverne se chrysalide en avril, mai.

2201 UMBELLARIA (Hb.) — Mont-Dore (Auvergne), 25 juin, juillet, R. Guéret (Creuse), R. — Chenille sur le *Genista purgans* en mai.

2202. — STRIGILARIA (Hb.) — Nohant (Indre), C. 20, 30 mai. Sologne, bois de Saint-Florent (Cher), C. Mont-Dore (Auvergne), juillet, Murat, (Cantal). — Chenille en septembre sur les légumineuses, hiverne et se chrysalide en avril.

2207. — IMITARIA. (Hb.) — Nohant (Indre), C. 10 mai, 25 juillet au 8 août. Sologne, Saint-Florent (Cher), C. Auvergne R. — Chenille en septembre sur le prunellier, l'aubépine, les gaillets, les bruyères, la ronce, hiverne se chrysalide en avril; 2me génération en juin.

2210. — ORNATA (Sc.) — Nohant (Indre), C. 4, 30 mai, 20 juillet. Saint-Florent (Cher), C. (Auvergne). — Chenille sur le serpolet *(Thymus serpyllum)*, et autres labiées en octobre, hiverne et se chrysalide en mars, 2me génération en juin.

2212. — DECORATA (Bork.) — Saint-Florent (Cher), A C. 25 mai, 25 juillet, coteaux calcaires. Sologne, Gravenoire, Thiers (Auvergne), août, (Espèce méridionale), Murat, Aurillac (Cantal). — Chenille sur le *Clinopodium vulgare*, la melisse, le thym, en septembre; hiverne et se chrysalide en avril, 2^{mr} génération en juin.

Gen. 315. — Zonosoma (Ld.)

2216. — PENDULARIA (Cl.) — Nohant, forêt de Bommiers (Indre), A C. 20 mai, 25 août. Sologne du Cher, C. bois de bouleaux. — Chenille en juin, septembre sur le bouleau.

2217. — ORBICULARIA (Hb.) — Nohant (Indre), A C. 15 mai, 20 juillet. — Chenille en juin, septembre sur l'aune, le saule marceau.

2218. — ANNULATA (Schulze). OMICRONARIA (Hb.) — Nohant (Indre), C. 25 avril, 25 juillet, Sologne. Saint-Florent (Cher), C. — Chenille en juin sur l'erable *(Acer campestris.)*

2219. — ALBIOCELLARIA (Hb.) — Sologne du Cher, T R. Gien (Abicot,) mai. Charente, (Delamain), Nohant (Indre), 20 avril, 25 juillet. — Chenille sur l'érable en septembre et en juin.

2220. — PUPILLARIA (Hb.) GYRARIA (Dup.) — Nohant (Indre), R. 28 juillet. — Chenille en avril sur le chêne.

    A. AB. BADIARIA. — Aurillac (Cantal), juillet, R.

    B. AB. GYRATA (Hb.) — Nohant (Indre), juillet, R.

2221. — PORATA (Fab.) — Nohant, forêt de Chœurs (Indre), C. 10, 25 juillet. Sologne (Cher), 15 mai. — Chenille sur le chêne, le bouleau en juin, septembre.

2222. — PUNCTARIA (L.) — Nohant (Indre), C. 10 mai, 20 au 30 juillet. Sologne C. Saint-Florent (Cher), C. Auvergne, C. — Chenille en juin et septembre sur le chêne.

    A. VAR. SUBPUNCTARIA (Z.) — Nohant (Indre), R. 15, 25 juillet, (Variété méridionale.)

    B. VAR. RUFICILIARIA (H. S.) — Nohant (Indre), R. 25 juillet, (Variété alpine.)

2223. — LINEARIA (Hb.) TRILINEARIA (Bork.) — Nohant (Indre), C. 10 avril, Aigueperse, Riom (Auvergne). — Chenille sur le chêne en juin, puis en septembre, 1re génération.

    A. VAR. STRABONARIA (Z.) — Nohant (Indre), août, C. 2me génération.

GEN. 316. — TIMANDRA (Dup.)

2224. — AMATA (L.) — Nohant (Indre), C. 2, 30 mai, 25 juillet. Sologne, Saint-Florent (Cher), C. Auvergne, C. — Chenille en juin et septembre sur les oseilles et les renouées.

GEN. 318. — PELLONIA (Dup.)

2227. — VIBICARIA (Cl.) — Nohant (Indre), C. 15 juin, 15 juillet. Sologne, Saint-Florent (Cher), C. Auvergne C. — Chenille sur les genêts (Genista scoparia et tinctoria), septembre, hiverne et se chrysalide en mai.

2229. — CALABRARIA (Z.) — Nohant (Indre), A R. 25 juin, 20 juillet, coteaux arides exposés au soleil, genestières. Saint-Florent (Cher), C. Thiers, Gravenoire, (Auvergne), (Espèce méridionale). — Chenille sur les genêts, (Scoparia et tinctoria), août, septembre, hiverne et se chrysalide fin avril.

GEN. 319. — RHYPARIA (Hb.)

2230. — MELANARIA (L.) — Volcan de Gravenoire, bois de pins au Sud, 6 juillet, (Auvergne), un exemplaire. — La chenille doit vivre sur les pins.

GEN. 320. — ABRAXAS (Leach.)

2232. — GROSSULARIATA (L.) — C. Nohant (Indre), 5 juillet, 10 août, vergers. Sologne, Saint-Florent (Cher), C. Auvergne C. Murat (Cantal), — Chenille en mai sur le prunellier et les groseilliers.

Var. ♀ a peine ponctuée de noir. — Nohant, 20 juillet d'éclosion.

Var. ♂ a taches noires enfumées. — Nohant, 22 juillet d'éclosion.

2234. — PANTARIA (L.) — Sologne du Cher, forêt d'Henriche-mont (Cher), 20 juin, R. Gien (Abicot). — Chenille sur le frêne en septembre, hiverne et se chrysalide en mai.

2235. — SYLVATA (Sc.) ULMATA (Fab.) — Forêt d'Allogny (Cher), .R. juillet. (Espèce du nord). — Chenille sur le hêtre en septembre, hiverne et se chrysalide en mai.

2236. — ADUSTATA (S. V.) — Nohant (Indre), C. avril, 20 juillet. 20 août. Sologne, Saint-Florent (Cher), C. Auvergne, C. 8 septembre. — Chenille sur le prunellier en septembre, hiverne et se chrysalide en mai. Elle vit aussi sur le fusain, (Evonymus europeus.)

2237. — MARGINATA (L.) — Nohant (Indre), C. 8 avril, 10 mai, 20 juillet. Sologne, Saint-Florent (Cher), C. Auvergne, C. — Chenille en juin, puis septembre sur les saules et les peupliers.

A. Ab. pollutaria (Hb.) — Nohant, C. 15 avril, 15 mai, 25 juillet, avec le type. Forêt d'Allogny (Cher), T C.

Gen. 322. — Bapta (Stph.)

2242. — PICTARIA (Curt.) — Nohant (Indre), C. sur le saule marceau en fleurs, 15, 26 mars. 15 avril, et au réflecteur. Sologne, R. Saint-Florent (Cher), A C. Auvergne. — Chenille en juin sur les prunelliers.

2243. — BIMACULATA (Fab.) TAMINATA (Hb.) Nohant (Indre), C. 15 mai, 5 juin, Sologne C. Saint-Florent (Cher), C. Auvergne, C.

2244. — TEMERATA (Hb.) — Nohant (Indre), A C. 10 mai, 1" juin, 25 juillet.

Gen. 323. — Stegania (Dup.)

2245. — TRIMACULATA (Vill.) PERMUTATARIA (Hb.) — Nohant (Indre), C. 15 avril, 20 juillet. Sologne du Cher, C. Auvergne. — Chenille sur les peupliers du 25 mai au 25 juin, puis de septembre à octobre, passe l'hiver en chrysalide dans une feuillle pliée.

A. Var. cognataria (Ld.) — Nohant (Indre), C. 20 mai toujours plus tard que le type.

B. Ab. commutaria (Hb.) — Nohant (Indre), R. 15 juillet, d'éclosion.

Gen. 324. — Cabera (Tr.)

2249. — PUSARIA (L.) — Nohant (Indre), C. 20 juin, 10 octobre. Sologne, C. Saint-Florent (Cher), C. Auvergne, C. — Chenille, 15 mai, sur le bouleau, le saule, l'aune, et le *Tamarix anglica*, puis en septembre, deux générations.

2250. — EXANTHEMATA (Sc.) — Nohant (Indre), C. 21 avril, 10, 15 mai, septembre, Saint-Florent (Cher), C. Auvergne C. — Chenille sur les saules, le bouleau en juillet, août. Deux générations

Gén. 325. — Numeria (Dup.)

2252. — PULVERARIA (L.) — Nohant (Indre), A R. 20 avril, août, bois de hêtres au Mont-Dore (Auvergne), Saint-Florent (Cher), C. — Chenille sur les arbres fruitiers et les saules en juin et fin septembre.

2253. — CAPREOLARIA (Fab,) — Mont-Dore, bois du Capucin (Auvergne), C. 15 juillet, 15 août. Le Lioran (Cantal), C. (Espèce alpine). — Chenille sur les sapins, mai,

A. Ab. donzelaria (Dup.). — Mont-Dore (Auvergne), avec type. R.

Gen. 326. — Ellopia (Tr,)

2254. — PROSAPIARIA (L.) FASCIARIA (S. V.) — Nohant (Indre), C. sur les cèdres du parc, du 25 au 30 mai, puis du 17 août au 10 septembre. Forêt d'Allogny, Saint-Florent (Cher), T R. Gravenoire (Auvergne), 15 juillet, R. Le type de l'espèce vit dans la plaine. — Chenille sur les pins, les sapins, les cèdres, juin, juillet, puis d'octobre en avril dans la plaine.

B. Var. prasinaria (Hb.) — Nohant (Indre), T R. 20 mai, sur les cèdres du parc. Le Capucin, Mont-Dore (Auvergne), 15 juillet, C. Je n'ai jamais obtenu cette variété dans les pontes de Prosapiaria, cette variété vit dans la montagne. — Chenille sur les sapins de la montagne.

Gen. 327. — Metrocampa (Latr.)

2256. — MARGARITARIA (L.) — Nohant (Indre), C. 10, 20 juin, 5 août. 10 août, Sologne, C. Saint-Florent (Cher), C. Guéret (Creuse), Royat, Mont-Dore (Auvergne), C. — Chenille sur le hêtre, le chêne, en septembre, elle hiverne et se chrysalide en avril.

A. Var, ♂ alis margine rubra (L). — Nohant, un exemplaires, d'éclosion 8 juin.

2257. — HONORARIA (S. V.) — Nohant, Les Tailles (Indre), C. 25 avril, 10 mai, Sologne, C. forêt d'Allogny , C. Saint-Florent (Cher), C. Chateldon (Auvergne) , C. — Chenille en septembre sur le chêne. Elle se chrysalide au 20 octobre , passe l'hiver en chrysalide.

Gen. 328. — Eugonia (Hb.)

2258. — QUERCINARIA (Hufn). — ANGULARIA (Bork). — Nohant (Indre), A C. 20 août, 15 septembre, bois de Saint-Florent (Cher), C. Forêt de Randan (Auvergne), C. — Chenille en mai, juin, sur le chêne.

A. AB. INFUSCATA (Esp.) — Mêmes localités, même époque.
B. AB. CARPINARIA (Hb.) — Mêmes localités, même époque.

2259. — AUTUMNARIA (Wernb.) ALNIARIA (Esp.) — Nohant, Les Tailles (Indre), A R. 12, 20 août, 8 septembre. Sologne, Saint-Florent (Cher), R. Guéret (Creuse), Auvergne, A C. — Chenille en mai, juin, sur le chêne, l'orme, l'aune.

2260. — ALNIARIA[(L,) TILIARIA (Bork.) — Nohant (Indre), 15 août, 15 septembre, A R. Sologne, Saint-Florent (Cher), A R. Chateldon (Auvergne), R. — Chenille en mai, juin sur le bouleau, le peuplier, l'aune.

2261. — FUSCANTARIA (Hw.) — Nohant (Indre), A R. 8 septembre, 10 octobre. (Espèce du Nord).— Chenille en juin sur le frêne.

2263. — EROSARIA (Bork.) — Nohant (Indre), A R. 25 août, 10 septembre. Sologne, Saint-Florent (Cher), R. Auvergne, C. — Chenille en mai, juin, sur le bouleau, le peuplier, le chêne.
A. AB. TILIARIA (Hb.) — Nohant (Indre), A C. septembre, Sologne, Chateldon (Auvergne), R.

2264. — QUERCARIA (Hb.) — Nohant (Indre), un ♂ d'éclosion, 12 septembre. — Chenille sur le chêne en juin.

GEN. 329. — SELENIA (Hb.)

2265. — BILUNARIA (Esp.) ILLUNARIA (Hb.) — Nohant (Indre), A C. 8 mars, 5 avril, première génération. Sologne, Saint-Florent (Cher), C. Thiers (Auvergne). — Chenille sur le prunellier, l'aubépine, le chêne en septembre, octobre.
A, VAR. JULIARIA (Hw.) — Nohant, C. 10 septembre, deuxième génération. — Chenille en mai, juin, sur le chêne, le prunellier, l'aubépine.

2266. — LUNARIA (S. V.) — Nohant (Indre), A C. 15 avril, 1er mai. Sologne, Saint-Florent (Cher), A C. Première génération. — Chenille en septembre, 15 octobre, sur le prunellier, le bouleau, le chêne.
A. AB. SUBLUNARIA (Stph.) — Nohant (Indre), août, R. Deuxième génération.
B. VAR. DELUNULARIA (Hb.) — Nohant (Indre), 20 août, A C. Deuxième génération. — Chenille en mai, juin sur le prunellier, le bouleau, le chêne.

2267. — TETRALUNARIA (Hufn.) ILLUSTRARIA (Hb.) — Nohant (Indre), A R. mai. Première génération. Sommerère, Sologne, C. Forêt de Montmoreau, A R. Saint-Florent (Cher), R. Bois de la Cheire-d'Allagnat (Auvergne). — Chenille en septembre sur le bouleau, le chêne.
A. VAR. AESTIVA (Stdgr.) — Nohant (Indre), R. 15 juillet, Deuxième génération.

GEN. 330. — PERICALLIA (Stph.)

2268. — SYRINGARIA (L.) — Nohant (Indre), C. 15, 20 juin, 25 août, 15 septembre. Sologne, R. Saint-Florent (Cher), R. Clermont, Thiers (Auvergne), R, — Chenille en avril, puis juillet sur le lilas, le troène,

Gen. 332. — Odontoptera (Stph.)

2270. — BIDENTATA (Cl.) DENTARIA (Hb.) — Nohant, R. Les Tailles (Indre), 20 avril, 5 mai. Bois de Saint-Florent (Cher), R. 5 juin. Chateldon (Auvergne), R. — Chenille en juillet, août, septembre sur le chêne, le hêtre.

Gen. 333. — Himera (Dup.)

2272. — PENNARIA (L.) — Nohant (Indre), 25 octobre au 15 novembre, C. au réflecteur. Sologne, bois, forêts du Cher, C. Forêt de Randan (Auvergne), C. — Chenille sur le chêne, mai.

Gen. 334. — Crocallis (Tr.)

2273. — TUSCIARA (Bork.) EXTIMARIA (Hb.) — Nohant (Indre), R. au réflecteur, 10, 15 novembre. (Espèce méridionale.) — Chenille en mai sur le prunellier.

2274. — ELINGUARIA (L.) — Nohant (Indre), C. 20 août, 10 septembre. Champs de genêts de la Sologne, C. Saint-Florent (Cher), C. Auvergne, C. — Chenille en avril, mai sur le prunellier, l'aubépine, le genêt.

Gen. 335. — Eurymene (Dup.)

2276. — DOLABRARIA (L.) — Nohant (Indre), C. 15 mai, 25 juillet. Sologne, C. Saint-Florent (Cher), C. Forêt de Randan (Auvergne), C. — Chenille en juin, septembre sur le chêne, le tilleul.

Gen. 336. — Angerona (Dup.)

2277. — PRUNARIA (L.) — Nohant (Indre), C. 27 mai au 10 juin. Sologne, C. Saint-Florent (Cher), Guéret (Creuse), Royat, Thiers (Auvergne). — Chenille sort de l'œuf le 17 juin, vit sur le prunier, le prunellier, hiverne, se chrysalide le 3 mai, éclot le 27 mai.

A. AB. SORDIATA (Fuesl.) — Saint-Florent-sur-Cher, 10 juin, R. Royat (Auvergne), R.

Gen. 337. — Urapteryx (Leach.)

2279. — SAMBUCARIA (L.) — Nohant (Indre), C. du 10 au 20 juin, 4 juillet. Sologne, Saint-Florent (Cher), R. Guéret (Creuse), A R. Auvergne, A C. — Chenille sur le prunellier, le sureau, le chèvrefeuille. Elle sort de l'œuf au 15 juillet, hiverne et se chrysalide au 15 mai.

Gen. 338. — Rumia (Dup.)

2280. — LUTEOLA (L.) CRATAEGATA (L.) — Nohant (Indre), C. 20 avril, mai, 5 juin, 4 au 28 août. Sologne, R. Auvergne, C. — Chenille en juin, puis en septembre sur le prunellier, l'aubépine, se chrysalide fin octobre. (Deux générations.)

Gen. 341. — Epione (Dup.)

2284. — APICIARIA (S. V.) — Nohant (Indre), C. 10 juin, 15 juillet.
Saint-Florent, Vallée du Cher, C. Guéret (Creuse). — Chenille
sur les saules, mai, août,

2285. — PARALELLARIA (S V.) — Nohant (Indre), R. 10 juillet. —
Chenille sur le noisetier en septembre, octobre.

2286. — ADVENARIA (Hb.) — Nohant, les tailles (Indre), C.
10 mai, 1ᵉʳ septembre. Sologne, Saint-Florent (Cher, C. Enval,
Riom (Auvergne), A C. — Chenille en juillet sur le prunellier et
le chêne puis en octobre, hiverne, se chrysalide en avril.

Gen. 342. — Hypoplectis (Hb.)

2288. — ADSPERSARIA (Hb.) — Forêt de Vierzon (Cher), mai T R.
— Chenille sur le genêt à balais en septembre.

Gen. 344. — Venilia (Dup.)

2291. — MACULARIA (L.) — Nohant, Vavrey, forêt de Saint-Chartier, de Châteauroux (Indre), C. du 10 au 25 mai. Sologne,
Saint-Florent (Cher), C. Auvergne, C. — Chenille en août,
septembre sur les chicoracées, se chrysalide en terre en
octobre.

Gen. 346. — Macaria (Curt.)

2297. — NOTATA (L.) — Nohant (Indre), C. 10 mai, 1ᵉʳ au 10 août.
Sologne, Saint-Florent (Cher), C. Auvergne, C. — Chenille en
juin, septembre sur le chêne, l'aune, le saule.

2298. — ALTERNARIA (Hb.) — Nohant (Indre), C. 10 mai, 15 juillet.
Sologne, C. Saint-Florent (Cher), C. Auvergne, C. — Chenille
sur le saule, l'osier en juin, septembre ; hiverne, se chrysalide
en avril.

2304. — LITURATA (Cl.) — Nohant (Indre), cèdres du parc, R.
1ᵉʳ juillet. Saint-Florent (Cher), bois de Morthomiers, bouquet
de pins et de sapins, juin, A R. — Chenille en septembre,
octobre sur les pins sylvestre et maritime, sur les cèdres.

Gen. 350. — Hibernia (Latr.)

2311. — RUPICAPRARIA (Hb.) — Nohant (Indre), C. 15, 25 février,
1ᵉʳ mars. Saint-Florent (Cher), C. Auvergne, C. — Chenille en
mai sur le prunellier.

2312. — BAJARIA (S. V.) — Nohant (Indre), 15 février, 1ᵉʳ mars, 15
novembre, C. au réflecteur et à la miellée. Sologne, Saint-
Florent (Cher), C. Auvergne, C. — Chenille sur le prunellier,
le prunier, le poirier, l'aubépine en mai.

2313. — LEUCOPHAEARIA (S. V.) — Les Tailles, Nohant (Indre),
15, 20 février, 1ᵉʳ mars. Sologne, Saint-Florent (Cher), forêt de
Randan, Thiers (Auvergne), C. — Chenille en mai sur le chêne.

A. AB. MARMORINARIA (Esp.) — Nohant, les Tailles, bois de Rongères (Indre), C. 5, 10 mai avec le type, Saint-Florent (Cher), C.

2314. — AURANTIARIA (Esp.) — Nohant, bois de la Brande (Indre), R. vient au réflecteur, 25 novembre. Sologne, Saint-Florent (Cher), R. forêt de Randan (Auvergne). — Chenille en mai sur le chêne.

2315. — MARGINARIA (Bork.) PROGEMMARIA (Hb.) — Nohant (Indre), C. janvier, février, 25 mars. Sologne, Saint-Florent (Cher), C. Auvergne, C. — Chenille sur le chêne en mai.

2317. — DEFOLIARIA (Cl.) — Nohant (Indre), 15, 20 novembre, 10 décembre; vient au réflecteur. Sologne, Saint-Florent (Cher), C. Auvergne, C. — Chenille en mai sur le chêne, le hêtre et les arbres fruitiers.

A. AB. (Dup.) — Nohant, C. avec le type, 25 novembre.

GEN. 351. — ANISOPTERYX (Stph.)

2318. — ACERARIA (S. V.) — Nohant (Indre), C. du 10 au 25 novembre. Sologne, Saint-Florent (Cher), A R. forêt de Randan (Auvergne). — Chenille en mai sur l'érable.

2319. — AESCULARIA (S. V.) — Nohant (Indre), C. 10 au 15 mars. Sologne, C. Saint-Florent (Cher), C. forêt de Randan (Auvergne), C. — Chenille en mai sur le chêne, le hêtre, le prunellier, l'aubépine.

GEN. 352. — PHIGALIA (Dup.)

2320. — PEDARIA (Fab.) — PILOSARIA (Hb.) — Nohant (Indre), A C. 8 janvier, 2 au 15 février. Sologne, Saint-Florent (Cher), A C. Auvergne, R. — Chenille en mai sur le chêne et le prunellier.

GEN. 354. — BISTON (Leach.)

2322. — HISPIDARIA (Fab.) — Nohant (Indre), R. 15 mars, 20 mai. Saint-Florent (Cher), R. 10 mars. — Chenille sur le chêne en mai.

2324. — POMONARIA (Hb.) — Nohant (Indre), R. 28 mars, 10 avril. Sologne, Creuse, R. — Chenille en mai sur le chêne, le noisetier.

2328. — ZONARIA (S. V.) — Forêt d'Allogny (Cher), R. avril. — Chenille en mai sur la millefeuille et la sauge des prés, se chrysalide en terre et éclot en avril de l'année suivante.

2332. — HIRTARIA (Cl.) — Nohant (Indre), C. 18, 28 mars, 5 avril. Sologne, Saint-Florent (Cher), R. Thiers, C. (Auvergne). — Chenille sur l'orme, le chêne, le tilleul, juillet, août, se chrysalide en terre en septembre.

2333. — STRATARIA (Hufn.) — PRODROMARIA (S. V.) — Nohant (Indre), C. 15 mars, 1er avril. Saint-Florent (Cher), A C. Royat, forêt de Randan (Auvergne), C. — Chenille sur le chêne, le tilleul, le bouleau, l'orme, le peuplier, juillet, août, se chrysalide en terre en septembre.

GEN. 355. — AMPHIDASYS (Tr.)

2834. — BÉTULARIA (L.) — Nohant (Indre), C. 25 juin, 10 juillet.
Sologne, Saint-Florent (Cher), C. Auvergne, C. — Chenille sur
le chêne, le bouleau, le prunellier, août, septembre, se
chrysalide en octobre.

GEN. 357. — HEMEROPHILA (Stph.)

2339. — ABRUPTARIA (Thnb.) — PETRIFICATA (Hb.) — Nohant
(Indre), 15 avril, 20 mai, 19 juillet, C. à la miellée, au réflecteur et déclosion, 2 générations. (Espèce méridionale). —
Chenille sur la clématite odorante (*Clematis flammula*),
en juin et septembre.

2341. — NYCHTHEMERARIA (Hb.) — Murat (Cantal), 25 juin, R.

GEN. 358. — NYCHIODES (Ld.)

2343. — LIVIDARIA (Hb.) — Gargilesse (Indre), T R. 20 juillet,
(Epèce alpine), — Chenille en septembre sur le prunellier,
hiverne et reparaît en avril, se chrysalide en mai

GEN. 359. — SYNOPSIA (Hb.)

2345. — SOCIARA (Hb.) — Nohant, La Brande, Gargilesse (Indre),
C. 8, 10, 15 juin, 25 septembre. Sologne, R. Thiers
(Auvergne), (Espèce méridionale.) — Chenille en juillet sur
le genêt à balais puis en octobre, hiverne et reparaît en
avril, se chrysalide du 5 au 8 mai.
  B. VAR. PROPINQUARIA (Gn.) — Nohant, La Brande, Gar-
gilesse (Indre), aussi commune que le type, 10, 20 juin. —
Chenille sur le genêt à balais, avril.

GEN. 360. — BOARMIA (Tr.)

2352. — OCCITANARIA (Dup.) — Figeac (Lot), 25 août, R.

2356. — CINCTARIA (S. V.) — Nohant, C. 25 avril, 25 juillet.
Gargilesse (Indre), Sologne, Saint-Florent (Cher), C. Riom,
Enval (Auvergne). — Chenille sur le genêt à balais, (*Genista scoparia*), juin, puis septembre. La 2me génération
passe l'hiver en chrysalide.
  A. VAR. CONSIMILARIA (Dup.) — Gargilesse (Indre). A R.
20 avril, obtenu d'éclosion.

2357. — GEMMARIA (Brahm.) RHOMBOIDARIA (Hb.) — Nohant
(Indre), C. 25 mai, 15 juin, 20 juillet, 10 août. Sologne,
Saint-Florent (Cher), C. Auvergne C. — Chenille en juin,
juillet sur le chêne, le prunellier, l'aubépine. La 2me génération en septembre, hiverne et se chrysalide en avril.
  A. AB. ABSTERSARIA (Bdv.) — Gargilesse (Indre), R. 10
juin, Royat (Auvergne), 25 juin.

2358. — ILICARIA (H.G.) — Nohant (Indre), C. 25 juillet, 10
août. Saint-Florent (Cher), T R. — Chenille en mai sur
le chêne.

2359. — SECUNDARIA (Esp.) — Mont-Dore (Auvergne), juillet, (Espèce alpine). — Chenille en septembre sur le sapin, le pin sylvestre.

2364. — REPANDATA (L.) — Nohant (Indre), A C. 25 mai. Sologne, Saint-Florent (Cher). A R. Mont-Dore (Auvergne), forêts de sapins. Le Lioran (Cantal), 20 juillet, C. sur les sapins. — Chenille en août sur la ronce, le framboisier, le groseiller, le peuplier et le bouleau. Elle se chrysalide en octobre.

A. AB. CONVERSARIA (Hb.) — Nohant (Indre), A R. 2, 10 juillet. Royat, Mont-Dore (Auvergne), — Chenille en août sur le hêtre.

B. AB. DESTRIGARIA (Hw.) MURARIA (Curt), — Nohant (Indre), A R. 15 juillet, (Variété de l'Angleterre), Mont-Dore (Auvergne).

2366. — ROBORARIA (S. V.) — Nohant, A R. 10, 20 avril sur le tronc des chênes, Les Tailles (Indre), 20 juillet. Sologne, Saint-Florent (Cher), R. — Chenille sur le chêne en mai, puis en septembre, se chrysalide en octobre.

2368. — CONSORTARIA (Fab.) — Nohant (Indre), C. 20, 30 mai, 25 juillet. Sologne, C. Saint-Florent (Cher), C. Auvergne, R. — Chenille sur le chêne en juin, puis en septembre, se chrysalide en octobre.

2369. — ANGULARIA (Thnb.) VIDUARIA (Bork.) — Forêt de Saint-Chartier, Nohant (Indre), R. 20 juin. Sologne, R. — Chenille d'octobre à avril sur les lichens des arbres.

2370. — LICHENARIA (Hufn.) — Nohant (Indre), C. mai, août. Sologne, Saint-Florent (Cher), A C. Thiers (Auvergne), C. — Chenille en juin sur les lichens des arbres, puis en octobre, hiverne et se chrysalide en avril.

2371. — GLABRARIA (Hb.) — Mont-Dore, Forêt de sapins du Capucin et de Bozat, C. 15 juillet (Auvergne), (Espèce alpine). — Chenille en juin sur les lichens (*Usnea barbata*), sur le tronc des sapins.

2372. — SELENARIA (Hb.) — Un exemplaire 10 juin, les brandes d'Ardentes (Indre). (Espèce de Hongrie et de la Russie méridionale). — Chenille sur le bouleau en septembre.

2373. — BIUNDULARIA (Bork.) ABIETARIA (Hw.) — Nohant (Indre), A R. 20 avril, 15 mai, (Espèce de l'Angleterre), n'est peut être qu'une variété de *crepuscularia* ? — Chenille sur le chêne en septembre.

2374. — CREPUSCULARIA (Hb.) — Nohant (Indre), C. 20 mars. 5 avril, 10 août. Saint-Florent (Cher), C. forêt de Randan (Auvergne), C. — Chenille sur le chêne, le prunellier, le peuplier, l'aune, mai, puis septembre, se chrysalide en octobre.

2375. — CONSONARIA (Hb.) — Nohant (Indre), A R. 10 avril, Saint-Florent (Cher), C. — Chenille sur le chêne en août, septembre, se chrysalide fin septembre.

2376. — LURIDATA (Bork.) EXTERSARIA (Hb.) — Nohant, Les

7

Tailles (Indre), C. 20 au 30 mai. — Chenille en septembre sur le chêne.

2377. — PUNCTULARIA (Hb.) — Nohant (Indre), R. 25 mars, 10 avril. Sologne, C. Saint-Florent (Cher), A R. 15 mai, Auvergne, C. — Chenille sur le bouleau en juin et juillet.

GEN. 361. — TEPHRONIA (Hb.)

2380. — CREMIARIA (Frr.) CORTICARIA (Dup.) CINERARIA (Guenée) — Nohant (Indre), A C. 28 juillet. Sologne du Cher, Saint-Florent, (Cher), A C. Auvergne. — Chenille en mai sur les lichens.

GEN. 362. — PACHYCNEMIA (Stph.)

2381. — HIPPOCASTANARIA (Hb.) — Nohant, La Brande, Gargilesse (Indre), C. 15 avril, 20 juillet. Sologne, Saint-Florent (Cher), C. Creuse C. forêt de Randan (Auvergne), C. août. — Chenille en juin sur l'*Erica scoparia* et l'*Erica vagans*, puis en septembre, hiverne et se chrysalide fin mars.

GEN. 363. — GNOPHOS (Tr.)

2384. — FURVATA (Fab.) — Nohant (Indre), A C. 1ᵉʳ, 15 juilllet. Saint-Florent (Cher), A C. Mont-Dore, Thiers (Auvergne), A C. — Chenille sur le genêt à balais, la renouée des oiseaux, sort de l'œuf au 5 août, hiverne et se chrysalide 25 mai.

2387. — OBSCURARIA (Hb.) — Saint-Florent (Cher), C. 25 juin, juillet. Sologne, Mont-Dore, Chaudefour (Auvergne). — Chenille en septembre sur la *Scabiosa columbaria*, hiverne et se chrysalide fin avril.

A. VAR. ARGILLACEARIA. — Saint-Florent (Cher), Planet (Indre), C.

2389. — AMBIGUATA (Dup.) — Le Lioran (Cantal), R. 28 juillet. — Chenille sur le sapin en septembre.

2391. — PULLATA (Tr.) — Saint-Florent (Cher), A R. 15 juillet, 7 août. Mont-Dore (Auvergne), Murat (Cantal), Planet (Indre), 28 juillet. — Chenille polyphage sur les plantes herbacées en août, septembre, hiverne, se chrysalide au 10 mai.

2392. — GLAUCINARIA (Hb.) — Gargilesse, rochers de la Creuse (Indre), 20 juillet, R. Murat (Cantal), 15 août, (Espèce alpine), Mont-Dore (Auvergne), C. — Chenille sur le genêt à balais fin juin.

A. VAR. FALCONARIA (Frr.) — Le Lioran (Cantal), 25 août.

2395. — VARIEGATA (Dup.) — Nohant (Indre), A R. 20 avril, 3, 25 juillet, 2 générations. Royat, 12 juillet, Auvergne, R. (Espèce méridionale). — Chenille sur la clematite odorante en septembre, se chrysalide en octobre, puis en mai et se chrysalide en juin.

2396. — MUCIDARIA (Hb.) — Nohant (Indre), R. 4 mai, 20 juillet, Auvergne, C. — Chenille sur la renouée des oiseaux *(Polygonum aviculare)* et les oseilles, en juin, puis en août. Elle se chrysalide en octobre.

2399. — ASPERARIA (Hb.) Thiers (Auvergne), avril (Catalogue Guillemot) (Espèce méridionale). Je ne l'ai jamais trouvée que dans le midi. — Chenille sur les cistes et les hélianthèmes en décembre.

2400. — TIBIARIA (Rbr.) — Saint-Florent (Cher), 15 septembre. Collection Tourangin, R.

2404. — SEROTINARIA (Hb.) — Murat (Cantal), juillet, août (Lozère), A C.

2407. — DILUCIDARIA (Hb.) — Le Lioran (Cantal), juillet, R.

2408. — OBFUSCARIA (Hb.) — La Bourgade, près le Lioran (Cantal) sur les rochers, 18 août. — Chenille sur le genêt à balais en septembre, hiverne et reparaît en avril, se chrysalide fin mai.

Gen. 365. — Psodos (Tr.)

2417. — ALPINATA (Sc.) HORRIDARIA (S. V.) — Plateaux du Mont-Dore, 5 août, R. (Auvergne) (Espèce des Alpes et des Pyrénées).

2418. — QUADRIFARIA (Sulz.) EQUESTRATA (Bork.) — Mont-Dore, 15 juillet, C. hauteurs de Chaudefour, Puy-de-Sancy (Espèce alpine). — Chenille en août, septembre, sur les *taraxacum*, hiverne, se chrysalide en mai.

Gen. 371. — Fidonia (Tr.)

2428. — CARBONARIA (Cl,) — Saint-Florent-sur-Cher, 20 mai. Trois exemplaires. (Espèce du Nord et de Suisse.)

2429. — FAMULA (Esp.) — CONCORDARIA (Hb.) — Nohant, La Brande, Gargilesse (Indre), C. Gravenoire, Mont-Dore (Auvergne), C. Sologne, Saint-Florent (Cher), C. 20 avril, 10 juillet, 20 août. — Chenille sur le genêt à balais en juin, puis en septembre, se chrysalide fin octobre.

2430. — LIMBARIA (Fab.) — CONSPICUATA (S. V.) — Nohant, Gargilesse, Crevant (Indre), C. 23 avril, 20 août. Sologne (Cher). Mont-Dore (Auvergne), juillet. Le Lioran (Cantal), C. — Chenille sur le genêt à balais en juin, puis en août et septembre, se chrysalide fin octobre.

Gen. 374. — Ematurga (Ld.)

2435. — ATOMARIA (L.) — Nohant, Gargilesse (Indre), T C. 15 avril, 10 juin, 25 juillet. Sologne, Saint-Florent (Cher), C. Auvergne, C. — Chenille sur le genêt à balais, la millefeuille, l'armoise, etc. en juin, août et septembre, se chrysalide en octobre.

GEN. 375. — BUPALUS (Leach.)

2436. — PINIARIA (L.) — Forêt de Saint-Chartier (Indre), 10 mai, A R. Gravenoire, Royat (Auvergne), C. 10 juillet. — Chenille sur les pins, août, septembre.

GEN. 376. — SELIDOSEMA (Hb.)

2437. — ERICETARIA (Vill.) — PLUMARIA (Hb.) — Saint-Florent-sur-Cher, 25 juillet, R. — Chenille en mai sur le genêt à balais.

2439. — TAENIOLARIA (Hb.) — Saint-Florent-sur-Cher, 25 août, R. Sologne, Riom, Clermont, Thiers (Auvergne), C. — Chenille sur le genêt à balais en mai, juin.

GEN. 377. — HALIA (Dup.)

2445. — CONTAMINARIA (Hb.) — Nohant (Indre), A C. 10 juin, 15 août. Saint-Florent, Sologne (Cher), Auvergne, C. — Chenille en mai et en septembre sur le chêne.

2447. — WAVARIA (L.) — Nohant (Indre), C. 4 juin, 25 juin, bois et vergers. Sologne, Saint-Florent (Cher), C. Auvergne, C. — Chenille 25 avril, mai sur les groseillers et le prunellier.

2451. — BRUNNEATA (Thnb.) — PINETARIA (Hb.) — Mont-Dore (Auvergne), août R. (Espèce alpine). — Chenille en mai sur l'airelle (*Vaccinium myrtillus*).

GEN. 378. — DIASTICTIS (Hb.)

2452. — ARTESIARIA (Fab.) — Nohant (Indre), A R. 10 juin. Sologne, Saint-Florent (Cher), C. Auvergne, C. — Chenille en avril, mai sur les saules.

GEN. 379. — PHASIANE (Dup.)

2453. — PETRARIA (Hb.) — Nohant, Planet, La Brande, Vavrey, Rongères, Gargilesse (Indre), C. 25 avril, 10, 25 mai. Sologne (Auvergne), C. — Chenille sur les bruyères en juillet, août.

2454. — PARTITARIA (Hb.) — Saint-Florent (Cher), A R. 25 avril, mai. (Espèce méridionale). — Chenille en septembre sur la germandrée (*Teucrium chamædrys*).

2455. — SCUTULARIA (Dup.) — Figeac (Lot), 20 septembre, R. — Chenille sur le thym, le romarin en avril.

2456. — RIPPERTARIA (Dup.) — Saint-Florent (Cher), T R. juillet. (Espèce méridionale). — Chenille en mai sur le saule (*Salix viminalis*).

2458. — GLAREARIA (Brahm.) — Forêt d'Allogny (Cher), R. mai. — Chenille sur la gesse des prés en septembre.

2460. — CLATHRATA (L.) — Nohant (Indre), C. 15 avril, 5 mai, 28 juillet, 10 août. Sologne, C. Saint-Florent (Cher), C. Limagne-d'Auvergne, C. — Chenille sur la luzerne, le sainfoin, le trèfle, le genêt à balais en juin et en septembre, se chrysalide en octobre.

A. AB. CANCELLARIA (Hb.) — Saint-Florent (Cher), R. 15 août.

GEN. 380. — EUBOLIA (Bdv.)

2461. — ARENACEARIA (Hb.) — Brandes d'Ardentes (Indre), bois de Saint-Florent (Cher), Clairières des forêts, 20 mai. Deux exemplaires ♀. (Espèce de Hongrie.)

2462. — MURINARIA (Fab.) — Nohant (Indre), 20 avril, 5 mai. 1er juin, C. au réflecteur. Saint-Florent (Cher), C. Forêt de Randan (Auvergne). — Chenille sur la vesce, la luzerne, le genêt, en mai et août.

GEN. 382. — SCODIONA (Bdv.)

2473. — EMUCIDARIA (Dup.) — Royat (Auvergne), juillet. — Chenille sur l'armoise en septembre.

2474. — BELGARIA (Hb.) — Mauriac (Cantal), juillet, R.

GEN. 383. — CLEOGENE (Bdv.)

2479. — LUTEARIA (Fab.) TINCTARIA (Hb.) — Blessac (Creuse), capturée par le marquis de la Fitole, juillet, C. Mont-Dore, Chaudefour, Puy-de-Sancy, C. 20 juillet. (Espèce Alpine). — Chenille en septembre sur les oseilles, hiverne et se chrysalide en mai.

2481. — PELETIERARIA (Dup.) — Bois de Saint-Florent (Cher), deux exemplaires, juillet. (Espèce des Pyrénées).

GEN. 384. — SCORIA (Stph.)

2482. — LINEATA (Sc.) DEALBATA (L,) — Nohant (Indre), C. 20 mai au 20 juin. Puy-de-Dôme, Mont-Dore (Auverge), R. — Chenille en août sur les oseilles, hyverne, se chrysalide en avril, file un cocon de soie jaune attaché aux tiges des graminées.

GEN. 385. — ASPILATES (Tr.)

2484. — FORMOSARIA (Ev.) — Gargilesse (Indre), un exemplaire, mai (également trouvée en Touraine), (espèce de l'Oural).

2487. — GILVARIA (Fab.) — Nohant, la Brande, Planet (Indre), C. juillet. Sologne, Saint-Florent (Cher), C. Mont-Dore (Auvergne), 15 août, C. — Chenille en mai sur l'*Achillea millefolium.*

2488. — OCHREARIA (Rossi.) CITRARIA (Hb.) — Nohant, la Brande, Gargilesse (Indre), C. 26 avril au 10 mai, 20 août. Sologne, Saint-Florent (Cher), C. (Auvergne), C. — Chenille en mars, avril sur les vesces, les scabieuses, puis en septembre, se chrysalide en octobre.

2489. — STRIGILLARIA (Hb.) — Nohant (Indre), C. 28 mai, 6 juin, septembre. Sologne, Saint-Florent (Cher), C. Forêt de Randan (Auvergne). — Chenille juillet, octobre sur le genêt à balais, hiverne, se chrysalide en avril.

Gen. 387. — Ligia (Bdv.)

2495. — OPACARIA (Hb.) — Nohant, R. au réflecteur, Gargilesse
(Indre), C. 16 au 28 septembre. Thiers, Puy-Guillaume (Auvergne). (Espèce méridionale). — Chenille sur le *Genista
scoparia*, sort de l'œuf à la fin de septembre, hiverne, se
remontre en avril, se chrysalide dans les premiers jours de
mai

2496. — JOURDANARIA (Vill.) — Figeac (Lot), R. 15 septembre.
(Espèce méridionale). — Chenille sur le thym, l'immortelle
(*Helychrisum)*, septembre à avril.

Gen. 390. — Aplasta (Hb.)

2051. — ONONARIA (Fuessl.) — Nohant (Indre), A C. 28 mai,
30 juillet, Sologne, Saint-Florent (Cher) , A C. forêt de
Randan (Auvergne). — Chenille en avril sur la bugrane
(Ononis spinosa) , et sur le genêt à balais, puis en septembre.

Gen. 392. — Sterrha (Hb.)

2504. — SACRARIA (L.) — Sologne du Cher, T R. août, Puy-
Guillaume (Auvergne), juin, T R. (Espèce méridionale). —
Chenille en avril, mai, sur les *rumex*, les *anthemis*, les *polygonum*.

Gen. 393. — Lythria (Hb.)

2507. — PURPURARIA (L.) CRUENTARIA (Hufn.) — Nohant
(Indre), C. 20 juillet, 2 août (Deuxième génération). Sologne,
Saint-Florent (Cher), R. Volcan de Gravenoire, Auvergne, C.
— Chenille sur les *polygonum*, les *rumex* en mai.
A. Var. rotaria (Fab.)— Nohant (Indre), C. 10 avril, 20 avril,
(Première génération). — Chenille sur les *polygonum*, les
rumex, en septembre, se crysalide en octobre.

2509. — PORPHYRARIA (H. S.) — Nohant (Indre), 28 juillet, un
exemplaire (Espèce cataloguée de la Russie méridionale). Ne
me paraît qu'une aberration de *purpuraria.*

Gen. 394. — Ortholitha (Hb.)

2510. — COARCTATA (F.) — Murat (Cantal), juillet, Deux exemplaires, R. (Espèce méridionale).

2511. — PLUMBARIA (Fab.) PALUMBARIA (Bork.) — Nohant, La
Brande (Indre), C. 1ᵉʳ mai, 15 juillet, Sologne, Saint-Florent
(Cher), C. Mont-Dore, Clermont (Auvergne), juin. — Chenille
sur les genêts, les scabieuses, les bruyères, juin, puis septembre, hiverne et se chrysalide en avril.
A Ab. luridaria (Bork.) — Nohant, La Brande (Indre),
A R. 15 mai.

2512. — CERVINATA (S. V.) — Gargilesse, Nohant (Indre), A R.
20 août, 10 septembre. Sologne, Saint-Florent (Cher), R.

Auvergne R. — Chenille en mai et juin sur les mauves et guimauves.

2513. — LIMITATA (Sc.) MENSURARIA (S. V.) — Nohant (Indre), C. 20 juin, juillet. Sologne, Saint-Florent (Cher), C. Clermont (Auvergne), C. Le Lioran, Murat (Cantal), 25 juillet. 10, 20 août, C.

2514. — MOENIATA (Sc.) — Nohant, La Brande. Planet-(Indre), C. 25 juillet, 10 août. Sologne, Saint-Florent (Cher), Mont-Dore (Auvergne), C. — Chenille en mai sur le genêt à balais.

2516. — PERIBOLATA (Hb.) — Sologne du Cher, T R. août (Espèce méridionale).— Chenille en septembre, octobre, sur les genêts, hiverne et se chrysalide en avril, mai.

2521. — BIPUNCTARIA (S.V.) — Nohant (Indre), 20 juillet, 10 août, C. Sologne, Saint-Florent (Cher), C. Mont-Dore (Auvergne), C. Murat (Cantal), C. 25 juin. — Chenille en mai, juin, sur les trèfles, les genêts et autres légumineuses.

GEN. 395. — MESOTYPE (Hb.)

2522. — VIRGATA (Hufn.) — Planet (Indre), avril, juillet, R. — Chenille sur les gaillets, septembre.

GEN. 396. — MINOA (Bdv.)

2523. — MURINATA (Sc.) EUPHORBIATA (Fab.) — Nohant, La Brande, Gargilesse (Indre), C. 25 avril, 10 mai. Sologne, C. Saint-Florent (Cher), Auvergne. C. — Chenille en juin, septembre, sur l'Euphorbe cyparissias.

A. AB. CINEREARIA (Gn.) Deuxième génération. Nohant (Indre), juillet.

B. VAR. MONOCHROARIA (H. S.) Deuxième génération. Nohant (Indre), août.

GEN. 400. — ODEZIA (Bdv.)

2529. — ATRATA (L.) CHAEROPHYLLATA (L.) Gargilesse (Indre), R. juin, septembre, Blessac (Creuse), C. prairies en pente, Mont-Dore (Auvergne), C. 15 juillet, vole en plein jour. (Espèce alpine.). — Chenille en avril sur l'Anthriscus sylvestris, puis en juillet.

GEN. 402. — LITHOSTEGE (Hb.)

2524. — GRISEATA (S. V.) — Gargilesse (Indre), un exemplaire pris dans les rochers de la Creuse, 24 juin. (Espèce méridionale).

GEN. 403. — ANAITIS (Dup.)

2542. — PRAEFORMATA (Hb.) — Guéret (Creuse), R. 10 juillet. Bois de bouleaux au pied du Puy-de Dôme, Royat, A C. 7 août, Mont-Dore (Auvergne), 12 juillet. (Espèce alpine). Le

Lioran, Murat (Cantal), 20 juillet. — Chenille sur les millepertuis en septembre, hiverne et se chrysalide en mai.

2543. — PLAGIATA (L.) — Nohant (Indre), C. 20 juin, 10 septembre.
Sologne, Saint-Florent (Cher), C. Auvergne, C. — Chenille sur
les millepertuis en avril, mai et août.

Gen. 404. — Chesias (Tr.)

2553. — SPARTIATA (Fuessl.) — Nohant, Rongères, Gargilesse
(Indre), C. 20 juin, 15 octobre, hiverne et reparaît en mars
pour pondre. Sologne, Saint-Florent (Cher), C. Auvergne, C.
— Chenille en avril, mai sur les genêts, puis juillet.

2554. — RUFATA (Fab.) OBLIQUARIA (Bork.) — Nohant, la Brande,
Gargilesse (Indre), C. juin, septembre, hiverne et reparaît en
mars pour pondre. — Chenille en avril, mai sur les genêts
(Genista scoparia), puis en juillet.

Gen. 405. — Lobophara (Curt.)

2556. — POLYCOMMATA (Hb.) — Saint-Florent-sur-Cher, R. 20 mars.
— Chenille en juin sur les chevrefeuilles *(Lonicera xylosteum)*, chrysalide en octobre.

2557. — SABINATA (Hb. 550, 551) — Saint-Florent-sur-Cher, 20 mai,
deux exemplaires. Bois de Morthomiers, bouquet de sapins
(Pinus abies). (Espèce du Valais.)

2558. — SERTATA (Hb. — Nohant (Indre), R. avril. (Espèce alpine).

2559. — CARPINATA (Bork.) LOBULATA (Hb.) — Nohant (Indre),
A R. avril, Saint-Florent-sur-Cher, R. Chateldon (Auvergne).
— Chenille en juin sur les saules, les peupliers, les bouleaux.

2560. — HALTERATA (Hufn) HEXAPTERATA (S. V.) — Nohant
(Indre), A C. avril, Sologne du Cher. — Chenille en juin sur
les saules, les peupliers, les bouleaux.

　　　　A. AB. ZONATA (Thnb) — Nohant (Indre), R. avril. (Variété
cataloguée du Valais).

2561. — SEXALISATA (Hb.) — Nohant (Indre), A R. mai. Sologne-
du-Cher. — Chenille en juillet sur le saule, le peuplier, le
bouleau.

2563. — VIRETATA (Hb.) — Nohant (Indre), A R. juin. — Chenille
en juillet sur les frênes.

Gen. 408. — Cheimatobia (Slph.)

2566. — BRUMATA (L.) — Nohant (Indre), C. à la miellée, 10, 25
novembre, 8 décembre, 10 février. Sologne, Saint-Florent
(Cher), C. Auvergne, C. — Chenille en mai sur les arbres
fruitiers et forestiers.

2567. — BOREATA (Hb.) — Sommerère, Sologne-du-Cher, A R. 20
octobre. — Chenille en mai sur les bouleaux.

Gen. 409. — Triphosa (Slph.)

2568. — SABAUDIATA (Dup.) — Guéret (Creuse), R. septembre. —
Chenille sur le bouleau, l'aune, juillet.

2570. — DUBITATA (L.) Nohant (Indre), C. 6 août, 10 septembre, Sologne du Cher. Mont-Dore (Auvergne), R. hiverne en papillon, pond en avril. — Chenille en mai sur le nerprun, la bourdène, (Rhamnus frangula et catharticus).

A. AB. CINEREATA (Stph.) ♂ — Nohant (Indre), C. avec le type. (Variété de l'Angleterre.)

GEN. 410. — EUCOSMIA (Stph.)

2572. — CERTATA (Hb.) — Nohant (Indre), A R. éclot le 25 avril, puis 10 juillet. Mont-Dore (Auvergne), R. Saint-Florent (Cher), R. — Chenille en juin sur l'épine vinette, se chrysalide en juillet, une partie des chrysalides éclot en juillet, l'autre passe l'hiver pour éclore en avril.

2574. — UNDULATA (L.) — Saint-Florent-sur-Cher R. juin. Auvergne, T R. 15 juillet. — Chenille en septembre sur les saules entre les feuilles repliées.

GEN. 411. — SCOTOSIA (Stph.)

2575. — VETULATA (S. V.) — Nohant (Indre), 20 juin, 20 août, C. Sologne, R. Saint-Florent (Cher), R. — Chenille sur les nerpruns, entre les deux parenchymes de la feuille renflée, 20 avril.

2576. — RHAMNATA (S. V.) — Nohant (Indre), A R. 12 juillet, — Chenille sur les nerpruns dans les feuilles roulées, en mai.

2577. — BADIATA (Hb.) — Nohant (Indre), éclot dès le 25 février, 25 mars, reparaît au 15 juillet, C. Saint-Florent-sur-Cher, A R. Sologne R. Thiers (Auvergne), A R. — Chenille en mai et en septembre sur l'aubépine.

GEN. 412. — LYGRIS (Hb.)

2578. — RETICULATA (Fab.) — Mont-Dore, bois de hêtres au Capucin, à Queureuil (Auvergne), R. 15 juillet. (Espèce alpine). — Chenille sur le hêtre en mai.

2579. — PRUNATA (L.) RIBESIARIA (Bdv.) — Nohant (Indre), C. 15 au 25 juillet. Sologne, Saint-Florent (Cher), C. Auvergne, C. — Chenille en mai sur le groseiller, le prunellier, l'aubépine.

2584. — TESTATA (L.) ACHATINATA (Hb.) — Planet, Nohant (Indre), 8 août, 5 septembre, R. — Chenille sur le bouleau, mai.

2585. — POPULATA (L.) — Saint-Florent (Cher), R. juillet. Mont-Dore (Auvergne), C. 10 août. — Chenille sur le bouleau, mai.

2587. — ASSOCIATA (Bork.) MARMORATA (Hb.) — Nohant, La Brande(Indre),R. 10 juin.—Chenille sur le bouleau, avril, mai.

GEN. 413. — CIDARIA (Tr.)

2588. — DOTATA (L.) PYRALIATA (Fab.) — Nohant (Indre), C. juin. Sologne du Cher. Mont-Dore, Clermont (Auvergne), C. — Chenille sur le peuplier, le bouleau, mai.

2590. — FULVATA (Forst.) — Nohant (Indre), C. 25 juin, 15 juillet. Sologne du Cher. Mont-Dore, Clermont (Auvergne), C. — Chenille en mai sur la ronce, l'églantier.

2591. — OCELLATA (L.) — Nohant (Indre), C. 5 mai, 20 juillet. Sologne, Saint-Florent (Cher), C. Auvergne, C. — Chenille sur le *Galium verum*, en juin, septembre.

2592. — BICOLORATA (Hufn.) RUBIGINATA (Fab.) — Nohant (Indre), A C. 12 mai, 1ᵉʳ juin, 15 août. Sologne, Saint-Florent (Cher), A R. Thiers (Auvergne). — Chenille en mai, juillet sur l'aune, le saule, le bouleau, le prunellier, le pommier.

2593. — VARIATA (S. V.) — Nohant (Indre), A C. 15 avril, septembre. Auvergne C. — Chenille en avril, août sur le sapin, le pin, le cèdre.
  A. VAR. OBELISCATA (Hb.) — Nohant, A C. avec le type, Planet (Indre), C. 7 juin.
  B. AB. STRAGULATA (Hb.) — 15 juillet, 10 août. Forêts de sapins du Mont-Dore (Auvergne), C. (Variété alpine). Nohant (Indre), un exemplaire sur les cèdres du parc, 2 août.

2594. — SIMULATA (Hb.) — Nohant (Indre), R. 15 septembre. (Espèce cataloguée d'Angleterre et des Alpes).

2595. — JUNIPERATA (L.) — Nohant, R. Gargilesse (Indre), C. septembre, 15 octobre. Saint-Florent (Cher), coteaux calcaires couverts de genevriers, C. — Chenille en juin sur le génevrier (*Juniperus communis*).

2596. — CUPRESSATA (H. G.) — Un exemplaire ♂, jardin de Nohant (Indre), 18 mars.

2597. — SITERATA (Hufn.) PSITTACATA (S. V.) — Nohant (Indre), C. 16 mars, puis 25 octobre, 10 novembre. Sologne, R. Saint-Florent (Cher), C. Royat, C. — Chenille sur le chêne, le tilleul, le charme, juin, juillet.

2598. — MIATA (L.) CORACIATA (Hb.) — Nohant (Indre), R. 20 septembre. Sologne-du-Cher, R. Mont-Dore (Auvergne), août. — Chenille sur le hêtre, le charme, juin,

2601. — TRUNCATA (Hufn.) RUSSATA (Bork.) — Nohant (Indre), C. mai, août. Mont-Dore (Auvergne), 15 juillet. — Chenille en avril, juillet sur l'aune, le bouleau, le charme et la cardère (*Dipsacus sylvestris*).
  A. AB. PERFUSCATA (Hw.) Mont-Dore (Auvergne), août.

2603. — FIRMATA (Hb.) — Nohant (Indre), R. Eclosion le 10 septembre. (Espèce d'Allemagne et d'Angleterrre). — Chenille en juillet sur les cèdres.

2607. — APTATA (Hb.) — Bois de sapins du Mont-Dore (Auvergne), C. 1ᵉʳ, 15 juillet.

2608. — OLIVATA (Bork.) — Bois de sapins du Mont-Dore, Royat (Auvergne), 15 juillet, R. (Epèce alpine).

2609. — VIRIDARIA (Fab.) MIATA (Hb.) — Nohant (Indre), C. 5, 15 mai, 8 ... Sologne du Cher, Saint-Florent, C. Bois de hêtres du Mont-Dore (Auvergne), juillet, C. — Chenille en mars et juin sur les gaillets *(Galium verum* et *montanum)*, sur le serpolet et les violettes.

2610. — TURBATA (Hb.) — Forêt de sapins du Lioran (Cantal), un exemplaire, 30 juillet.

2614. — AQUEATA (Hb.) Mont-Dore (Auvergne), août (espèce alpine).

2616. — SALICATA (Hb.) ABLUTARIA (H. S.) Nohant (Indre), C. 20 mars, 25 avril, 25 mai, 30 août, 10 septembre. Mont-Dore (Auvergne), 10 juillet. — Chenille sur les gaillets, 25 juin, 20 septembre, se chrysalide en octobre.

2621. — MULTISTRIGARIA (Hw.) — Saint-Florent (Cher), R. mars. — Chenille sur les gaillets, en mai.

2622. — DIDYMATA (L.) SCABRATA (Hb.) — Mont-Dore (Auvergne), bois du Capucin, 4, 15 août, T C. Le Lorian (Cantal), C. (espèce alpine). — Chenille sur le *Cherophyllum aureum,* en juin.

2624. — VESPERTARIA (Bork.) PARALLELARIA (Gn.) Mont-Dore (Auvergne), septembre, R. bois de hêtres. (Espèce d'Allemagne et de Suisse.)

2627. — FLUCTUATA (L.) — Nohant (Indre), T C. 6 avril, 10 mai, 2 juin, 20 août. Saint-Florent, Sologne (Cher), C. Auvergne, juillet, C. — Chenille en juin, juillet et en septembre sur les crucifères.

VAR. C. (Guenée). — Nohant (Indre), juin, T R.

2629. — MONTANATA (Bork.) — Forêt d'Allogny (Cher), R. 25 juillet. Mont-Dore, Royat (Auvergne), C. 15 juillet. — Chenille en mai sur la *Primula elatior.*

2631. — QUADRIFASCIARIA (Cl.) LIGUSTRATA (Hb.) — Saint-Florent-sur-Cher, R. juin. — Chenille sur les plantains, les pissenlits, en avril.

2632. — FERRUGATA (Cl.) — Nohant (Indre), C. avril, 25 juillet au 10 août. Saint-Florent-sur-Cher, C. Royat (Auvergne), C. — Chenille sur les alsines en mai et en septembre, passe l'hiver en chrysalide.

A. AB. SPADICEARIA (Bork.) — Nohant, C. avec le type.

2633. — UNIDENTARIA (Hw.) — Nohant (Indre), A R. 20 juillet d'éclosion. (Espèce de l'Angleterre). — Chenille sur les caryophyllées et le *Lychnis flos-cuculi,* mai.

2635. — SUFFUMATA (Hb.) — Forêt de sapins du Capucin (Mont-Dore (Auvergne), juillet. (Espèce alpine.) — Chenille en mai, juin sur les *Galium approximatum* et *montanum.*

2636. — POMOERIARIA (Ev.) — Gargilesse (Indre), 28 avril, un exemplaire.

2637. — DESIGNATA (Rott.) PROPUGNATA (Fab.) — Nohant (Indre), R. 10 mai, 25 juillet, 5 août. Mont-Dore (Auvergne), juillet. — Chenille sur l'aune, le bouleau, juin, septembre.

2640. — FLUVIATA (Hb.) ♂. GEMMATA (Hb.) ♀. — Nohant (Indre), 15 juillet, 10 septembre, 4 novembre, C. à la miellée et au réflecteur. — Chenille sur les *Anthemis* et les chrysantêmes, mars, avril.

2641. — VITTATA (Bork.) LIGNATA (Hb.) — Saint-Florent (Cher), R. juin. (Espèce méridionale). — Chenille sur les gaillets, avril.

2642. — DILUTATA (Bork.) — Nohant (Indre), C. 18 octobre, 15 novembre. Saint-Florent-sur-Cher, C. Royat (Auvergne), C. — Chenille en mai, juin sur le chêne, le hêtre, l'orme, le prunellier, l'aubépine.

　　A. AB. OBSCURATA (Dup.) — Nohant, C. avec le type.

　　B. AUTUMNATA (Gn.) — (Espèce distincte). Forêts de Saint-Palais, d'Allogny, Sologne, bois de bouleaux, C. 20 octobre. Riom (Auvergne), R. — Chenille sur le bouleau en mai, juin.

2446. — CAESIATA (Lang.) — Guéret (Creuse), 1ᵉʳ juillet, C. Mont-Dore (Auvergne), bois de hêtres, C. 15 juillet. (Espèce alpine). — Chenille sur le hêtre, en mai.

2647. — FLAVICINCTATA (Hb.) — Planet (Indre), juillet, R. Mont-Dore (Auvergne). (Espèce alpine).

2648. — INFIDARIA (Lah.) — Mont-Dore, juillet, R. (Auvergne.)

2651. — TOPHACEATA (Hb.) — Mont-Dore (Auvergne), 10 juillet, R. (Espèce alpine.) Le Lioran (Cantal), 8 août, R.

2655. — INCULTARIA (H. S.) — Nohant (Indre), R. bois montueux. Mont-Dore, bois de hêtres, 20 juillet. (Espèce alpine). — Chenille en août, septembre sur le hêtre.

2658. — VERBERATA (Sc.) RUPESTRATA. (Hb.) — Puy-de-Sancy (Auvergne), 10 août, C. (Espèce alpine). Le Lioran (Cantal), C. 20 août. — Chenille sur les sapins.

2661. — FRUSTATA (Tr.) — Gravenoire (Auvergne), juillet, R. (Espèce alpine.)

2667. — RIGUATA (Hb.) — Nohant (Indre), R. 25 avril, 20 juillet. Mont-Dore (Auvergne). — Chenille sur les gaillets et l'*Asperula cynanchica* en juin, puis en septembre, se chrysalide vers le 5 octobre.

2670. — ALPICOLARIA (H. S.) — Mont-Dore (Auvergne), juin, bois de sapins, R. (Espèce alpine).

2671. — PICATA (Hb.) — Planet, Nohant (Indre), C. 10 mai, 6 juin, 20 août. Sologne, Saint-Florent (Cher), C. Chateldon, Mont-Dore (Auvergne), C. — Chenille en juin, septembre sur le prunellier.

2675. — PERMIXTARIA (H. S.) — Murat (Cantal), 2 juillet, deux exemplaires. (Espèce méridionale).

2676. — CUCULLATA (Hufn.) SINUATA (Hb.) — Nohant (Indre), R. 24 mai, 2 juin. Sologne, Saint-Florent (Cher), R. — Chenille en août, septembre sur le gaillet jaune *(Galium verum)*, se chrysalide avant l'hiver.

2677. — GALIATIA (Hb.) — Nohant (Indre), 15 avril, 8 mai, 25 juillet. Sologne, Saint-Florent (Cher). Mont-Dore, Thiers (Auvergne). — Chenille en juin sur le gaillet *(Galium verum)*, puis septe.... .

2678. — RIVATA (Hb.) — Nohant (Indre), T. C. 5, 25 mai, 20, 30 juillet. Thiers (Auvergne). — Chenille sur les églantiers, rosiers, ronces et la pimprenelle *(Poterium platylophum)*, en juin et septembre.

2679. — SOCIATA (Bork.) ALCHEMILLATA (Hb.) — Nohant (Indre), A R. juillet. Sologne du Cher. Mont-Dore, Thiers (Auvergne), C.

2680. — UNANGULATA (Hw.) — Nohant (Indre), A C. du 5 au 15 mai, puis du 4 au 10 août. (Espèce de l'Angleterre). Deux générations.

2682. — ALAUDARIA (Frr.) — Nohant (Indre), T R. 26 juillet à la miellée. (Espèce de la Styrie et du Tyrol).

2683. — ALBICILLATA (L.) — Nohant (Indre), A C. 10, 20 mai, 25 juillet. Saint-Florent (Cher), C. Mont-Dore (Auvergne), C. — Chenille en juin et septembre sur la ronce, le framboisier, passe l'hiver en chrysalide.

2684. — PROCELLATA (Fab.) — Nohant (Indre), 10 au 20 août, A R. à la miellée. Saint-Florent, R. 25 mai. Deux générations. — Chenille en septembre sur la clématite *(Clematis vitalba* et *flammula).*

2686. — LUGUBRATA (Staudinger). LUCTUATA (Hb.) — Forêt d'Allogny (Cher), juin, T R. (Espèce de l'Allemagne et de la Suisse).

2688. — HASTATA (L.) — Forêt d'Allogny (Cher), R. 15 mai. Sologne du Cher, A C. — Chenille en août sur le bouleau, dans la feuille pliée en deux.

2689. — TRISTATA (L.) — Boussac (Creuse), bois frais, R. avril, mai, Blessac (Creuse), C. Mont-Dore (Auvergne), 15 juillet, hauteurs de Chaudefour, C. — Chenille sur le gaillet jaune *(Galium verum),* en juin, septembre.

2692. — MOLLUGINATA (Hb.) — Guéret (Creuse), 25 mai, 15 juin. Mont-Dore (Auvergne), 10, 20 juillet, C. (Espèce alpine). — Chenille en août, septembre sur les gaillets (*Galium approximatum* et *montanum*).

2693. — AFFINITATA (Stph.) —Mont-Dore (Auvergne), juin, R. Saint-Florent (Cher), R. (Espèce du nord de l'Angleterre). — Chenille en août dans les capsules du *Silene nutans*, passe l'hiver en chrysalide.

2694. — ALCHEMILLATA (L.) RIVULATA (Hb.) — Saint-Florent (Cher), juin, R. Mont-Dore, 25 juillet, A C. — Chenille en août dans les capsules du *Dianthus superbus,* passe l'hiver en chrysalide.

2695. — HYDRATA (Tr.) — Saint-Florent (Cher), A R. mai. — Chenille fin juillet dans les capsules du *Silene nutans,* passe l'hiver en chrysalide.

2697. — UNIFASCIATA (Hw.) — Saint-Florent (Cher), R. mai. (Espèce méridionale). — Chenille sur l'euphraise, *Odontites divergens*, en septembre.

2698. — MINORATA (Tr.) — Mont-Dore (Auvergne), C. 25 juillet, 10 août. (Espèce alpine).

2699. — ADAEQUATA (Bork.) BLANDIATA (Hb.) — Saint-Florent, Marmagne (Cher), R. 12 mai. Mont-Dore, bois de sapins (Auvergne), 25 juin, C.

2700. — ALBULATA (S. V.) — Saint-Florent (Cher), 25 mai, prairies, R. Nohant (Indre), R. Sologne, R. Mont-Dore (Auvergne), 25 juin.

2702. — CANDIDATA (S. V.) — Nohant, Vavrey (Indre), C. 10 mai, 2 juillet. Sologne, Saint-Florent (Cher), A C. Royat (Auvergne), C. — Chenille sur le chêne et sur le charme en avril et juin.

2705. — TESTACEATA (Don.) SYLVATA (Hb.) — Nohant (Indre), R. 15 juin. — Chenille sur l'aune en septembre.

2707. — DECOLORATA (Hb.) — Nohant (Indre), C. 25 mai, 10 juin. — Chenille en juillet dans les capsules du *Silene nutans*, passe l'hiver en chrysalide.

2709. — LUTEATA (S. V.) — Saint-Florent (Cher). Nohant (Indre), 15 mai, 28 juin, R. — Chenille sur l'aune en septembre.

2710. — OBLITERATA (Hufn.) HEPARATA (Hw.) — Nohant (Indre), A R. 20 mai, 1ᵉʳ juin. Saint-Florent (Cher), C. Chateldon (Auvergne), R. — Chenille en septembre sur l'aune.

2714. — BILINEATA (L.) — Nohant (Indre), T C. juin, juillet, août. Sologne, Saint-Florent (Cher), C. Auvergne, C.

2716. — SORDIDATA (Fab.) ELUTATA (Hb.) — Nohant, les Tailles (Indre), R. juin. Saint-Florent (Cher), R. Bois de hêtres du Mont-Dore (Auvergne), 15 juillet, C. — Chenille en mai sur le bouleau, le hêtre, le chêne, le saule.

2717. — TRIFASCIATA (Bork.) IMPLUVIATA (Hb.) — Saint-Florent (Cher), R. juin. Bois de hêtres et de sapins du Mont-Dore (Auvergne), 20 juillet, 10 août. — Chenille sur le bouleau, le peuplier, le hêtre en mai.

2721. — SILACEATA (Hb.) — Planet (Indre), dans le parc, 8, 10 août, R. Auvergne, Mont-Dore, bois de hêtres, 15 juillet, A R. — Chenille sur le bouleau, le hêtre, en mai.

2722. — CORYLATA (Thnb.) RUPTATA (Hb,) — Nohant (Indre), C. juin. Sologne du Cher, C. Royat, Mont-Dore (Auvergne). — Chenille sur le tilleul en août, se chrysalide en octobre.

2723. — BERBERATA (S. V.) — Nohant (Indre), A C. 10 avril, 15 juillet. Sologne, Saint-Florent (Cher), A C. — Chenille en mai et septembre sur l'épine vinette (*Berberis vulgaris*), se chrysalide fin octobre.

2724. — NIGROFASCIARIA (Goeze.) DERIVATA (Bork.) — Nohant (Indre). A C. 25 mars, 5 avril, 18 avril. Sologne, Saint-Florent (Cher), A R. (Auvergne), A R. vient au réflecteur. — Chenille, juin, juillet, sur le chèvrefeuille, passe l'hiver en chrysalide,

2726. — RUBIDATA (Fab.) — Nohant (Indre), C. 25 avril, 10, 20 mai, 25 juillet, 10 août, Thiers (Auvergne), C. — Chenille en société sur les caillelaits blancs et jaunes, en juin et septembre, se chrysalide fin octobre.

2728. — COMITATA (L.) CHENOPODIATA (L,) — La Châtre (Indre), R. juillet, Sologne du Cher, R. — Chenille en septembre sur les renouées, haies à l'ombre, chemins creux, humides.

2729. — LAPIDATA (Hb.) — Forêt d'Allogny (Cher), R. septembre (Espèce de Russie). — Chenille sur le houx *(Ilex aquifolium)*, en mai.

2730. — POLYGRAMMATA (Bork.) — Saint-Florent (Cher), R. 25 avril, septembre. Nohant, 5 mai, au réflecteur. R.

2731. — AQUATA (Hb.) — Saint-Florent (Cher), C. 10, 20 mai 20 juillet. — Chenille en juin et en septembre sur le genevrier.

2732. — VITALBATA (Hb.) — Nohant (Indre), C. 15, 20 avril, 4, 15 août. Sologne du Cher. — Chenille sur la clématite *(Clematis vitalba)*, mai, septembre, se chrysalide en octobre.

2734. — TERSATA (Hb.) TESTACEATA (Hb.) — Nohant (Indre), C. 28 avril, 10 au 20 mai, puis 25 juillet au 20 août. Sologne du Cher, R. — Chenille sur la clematite *(Clematis vitalba)*, juin, octobre, se chrysalide avant l'hiver.

Gen. 414. — Collix (Gn.)

2740. — SPARSATA (Tr.) — Saint-Florent (Cher), R. mai. — Chenille sur la *Lysimachia vulgaris.*

Gen. 415. — Eupithecia (Curt.)

2742. — OBLONGATA (Thnb.) CENTAUREATA (S. V.) — Nohant (Indre), C. 10 mai, 25 juillet, 7 août. Sologne, C. Auvergne, C. — Chenille polyphage sur les ombellifères, seneçons, caillelaits, scabieuses en juin et septembre.

2744. — BREVICULATA (Donz.) — Nohant (Indre), A C. au réflecteur, juin, 15 juillet. — Chenille sur la clématite en septembre.

2747. — IRRIGUATA (Hb.) — Nohant (Indre), A C. 10 avril, 10 juillet. Saint-Florent (Cher), C. — Chenille sur le chêne et le hêtre, mai, juin.

2749. — INSIGNIATA (Hb.) CONSIGNATA (Bork.) — Saint-Florent (Cher), A R. juillet. Nohant (Indre), 28 avril, C. au réflecteur. — Chenille sur l'aubépine, le pommier, l'amandier en juin.

2751. — VENOSATA (Fab.) — Nohant (Indre), C. éclot du 22 au 30 mai. Saint-Florent (Cher), R. Mont-Dore, Auvergne. — Chenille en juin dans les fleurs et les graines du *Silene inflata* du *Lychnis dioïca.*

2754. — SUBNOTATA (Hb.) — Saint-Florent (Cher), juillet, R. — Chenille en octobre sur les *chenopodium, atriplex,* dans les fleurs et les graines.

2755. — PULCHELLATA (Stph.) — Saint-Florent (Cher), mai, R. Planet (Indre), 5 juin — Chenille dans les fleurs et les graines de la digitale pourprée en septembre.

2756. — LINARIATA (S. V.) — Gargilesse (Indre), Sologne-du-Cher, C. Mont-Dore (Auvergne), juillet. — Chenille dans les capsules de la linaire, septembre octobre.

2759. — PUSILLATA (S. V.) — Bois de Saint-Florent (Cher), C. 20 mai. — Mont-Dore (Auvergne), 15 juillet, C. — Chenille sur le genevrier, le sapin (pinus abies) en juin et septembre.

2759. — ABIETARIA (Goeze.) STROBILATA (Bork.) — Sologne, Saint-Florent, 15 mai, bois de Morthomiers (Cher), R. (Espèce d'Allemagne). — Chenille dans les cônes des pins et des sapins.

2760. — TOGATA (Hb.) — Saint-Florent, R. 20 mai, bois de pins de Morthomiers (Cher). (Espèce d'Allemagne, d'Angleterre). — Chenille dans les cônes des pins.

2761. — DEBILIATA (Hb.) — R. bois du Capucin, Mont-Dore (Auvergne), 5 juillet, (Espèce alpine). — Chenille dans les feuilles de Vaccinium myrtillus.

    A. AB. NIGROPUNCTATA (Wd.) — Saint-Florent sur Cher, 2 exemplaires.

2762. — CORONATA (Hb.) — R. Saint-Florent (Cher), avril. Planet (Indre), 5 juin, Gravenoire (Auvergne), 25 juin. — Chenille en société sur la millefeuille et la clematite.

2763. — RECTANGULATA (L.) — Nohant (Indre), juin, C. au réflecteur. Clermont-Ferrand, (Auvergne), juillet, — Chenille dans les fleurs des pommiers et poiriers en avril, mai.

    A. AB. SUBAERATA (Hb.) — A C. Nohant (Indre), juin, au réflecteur.

    B. AB. CYDONIATA. (Bork.) — R. Saint-Florent (Cher),

2764. — CHLOERATA (Mabille). — Nohant (Indre), juin, A R. au réflecteur. — Chenille dans les fleurs du prunellier en avril, mai.

2765. — SCABIOSATA (Bork). SUBUMBRATA (S. V.) — R. Saint-Florent (Cher), juillet. — Chenille sur les scabieuses, centaurées, verge d'or, en mai.

2767. — MILLEFOLIATA (Roesl.) — Saint-Florent (Cher), juin, R. — Chenille dans les fleurs de l'Achillea millefolium en septembre.

2769. — SUCCENTURIATA (L.) Saint-Florent, R. 20 juillet. — Chenille dans les fleurs de l'Artemisia campestris et vulgaris.

2770. — SUBFULVATA (Hw.) — Saint-Florent (Cher), A R. Nohant (Indre), août, au réflecteur. — Chenille dans les fleurs, les feuilles et les graines de l'Achillea millefolium.

    A. AB. OXYDATA (Tr.) — Nohant (Indre), A R. 20 août, 1ᵉʳ septembre. Sologne, Auvergne, R. juillet.

2772. — SCOPARIATA (Ramb.) — Bois de la Brande d'Ardentes (Indre), R. (Espèce méridionale), avril, juillet. — Chenille dans les fleurs de l'*Erica scoparia* en juin', puis en octobre, novembre.

A. Var. Guinardaria (Bdv.) — Saint-Florent, R. (Variété méridionale).

B. Var. Graslinaria (Mab.) — Nohant (Indre), juillet.

2773. — NANATA (Hb.) — Les Brandes (Indre), C. 20 avril, 4 mai, juin, août. Sologne du Cher. Mont-Dore (Auvergne), 15 juillet. — Chenille dans les fleurs de *Calluna vulgaris* en octobre.

A. ab. Obscurata. — Aussi C. que le type.

2776. — INNOTATA (Hufn.) — Avril, juin, Nohant (Indre), C. Saint-Florent (Cher), Mont-Dore (Auvergne), forêts, C. — Chenille dans les fleurs de l'*Artemisia campestris, camphorata* et *vulgaris*, septembre, octobre.

2782. — IMPURATA (Hb.) MODICATA (Hb.) — A C. Nohant (Indre), juin. Mont-Dore (Auvergne), juillet.

2783. — NEPETATA (Mab.) SEMI-GRAPHARIA (Gn.) — Forêt de Chœurs (Indre), septembre, R. Clairières arides au soleil. — Chenille en octobre, novembre dans les fleurs du *Calamintha nepeta.*

2786. — SCRIPTARIA (H. S.) — Mont-Dore (Auvergne), juillet, R.

2793. — ULTIMARIA (Bdv.) — A R. Nohant (Indre), mai. (Espèce méridionale.) — Chenille sur le *Tamarix gallica,* acclimaté dans les parcs et jardins.

2796. — ISOGRAMMARIA (H. S.) — Nohant (Indre), A C. au réflecteur en juin. — Chenille sur la clématite *(Clematis vitalba).*

2797. — TENUIATA (Hb.) — Nohant (Indre), juin, R. — Chenille sur le saule marceau en avril.

2799. — PLUMBEOLATA (Hw.) — Nohant (Indre), 25, 30 juillet, A C. au réflecteur. Mont-Dore (Auvergne), août. — Chenille dans les fleurs du *Melampyrum pratense,* en août, septembre.

2803. — CAUCHYATA (Dup.) — R. Saint-Florent (Cher), Mont-Dore (Auvergne), juin, juillet. — Chenille dans les fleurs du *Solidago virgaurea,*

2805. — SATYRATA (Hb.) — R. Mont-Dore (Auvergne), Saint-Florent (Cher), juillet. — Chenille en septembre, polyphage, vit dans les fleurs des scabieuses, gentianes, peucedans, centaurées, chrysanthèmes.

2807. — VERATRARIA (H. S.) — R. Mont-Dore (Auvergne), 25 mai, — Chenille en juillet dans les capsules de la Varaire *(Veratrum album).*

2808. — HELVETICARIA (Bdv.) — R. Saint-Florent, Morthomiers (Cher), mai, juin. — Chenille sur le genevrier et la sabine en octobre.

2810. — CASTIGATA (Hb.) — C. Nohant (Indre), mai. — Chenille en société sur l'*Epilobium,* l'*Achillea,* l'*Ononis, le Solidago, Galium, Hypericum Scabiosa,* août, septembre.

2811. — TRISIGNARIA (H. S.) — Murat (Cantal), juillet, R.

2813. — VULGATA (Hw.) AUSTERARIA (H. S.) — C. Nohant

(Indre), 25 juillet. — Chenille en société sur les *Polygonum*, les *Sedum*, *Rubus*, juin.

2814. — CAMPANULATA (H. S.) DENOTATA (Hb.) — Nohant (Indre), mai, R. — Chenille en septembre dans les graines de *Campanula trochelium*.

2815. — ALBIPUNCTATA (Haw.) — R. Nohant (Indre), 15 avril d'éclosion. — Chenille en août, septembre sur l'*Heracleum*, l'eupatoire, dans les fleurs et les graines.

2817. — ASSIMILATA (Gn.) — Nohant (Indre), 20 mai, C. au réflecteur. Mont-Dore, 15 août. — Chenille sur le cassis (*Ribes nigrum*), sous la feuille en septembre, octobre.

2820. — ABSINTHIATA (Cl.) — Nohant (Indre), R. du 25 juin au 15 juillet. Saint-Florent (Cher), Mont-Dore, (Auvergne), 15 août. — Chenille dans les fleurs de l'*Artemisia campestris*, *Achillea*, *Senecio*, *Tanacetum*, *Eupatorium*, *Solidago*, septembre, octobre.

2821. — EXPALLIDATA (Gn.) — Mont-Dore (Auvergne), 20 juillet, R. Nohant (Indre), juin, R. au réflecteur, — Chenille dans les fleurs de la verge d'or en mai.

2822. — PIMPINELLATA (Hb.) DENOTATA (Gn,) — A C. Nohant, La Brande (Indre), juillet, août, Sologne du Cher. — Chenille dans les fleurs du seneçon et du buplèvre, septembre, octobre.

2824. — EUPHRASIATA (H.S.) — Mont-Dore (Auvergne), juillet, R. au réflecteur. — Chenille dans les fleurs de l'*Euphrasia lutea*, mai.

2827. — DISTINCTARIA (H.S.) LIBANOTIDATA (Schl.) — R. Nohant (Indre), juin. Mont-Dore (Auvergne), 15 juillet (Espèce alpine). — Chenille dans les fleurs et les graines du *Peucedanum oreoselinum*, septembre.

2831. — INDIGATA (Hb.) — Nohant (Indre), R. mai et août. Saint-Florent (Cher), — Chenille en juillet sur le genevrier.

2836. — ABBREVIATA (Steph.) — C. forêts, 20 mars . Nohant (Indre). — Chenille dans les jeunes pousses du chêne, 20 avril, mai.

2837. — DODONAEATA (Gn.) — A C. Les Tailles, forêts de Châteauroux (Indre), avril, août. — Chenille sur le chêne en juin.

2838. — EXIGUATA (Hb.) — A C. mai, juin, Nohant (Indre), Sologne du Cher. — Chenille en famille sur les arbrisseaux *Crataegus*, *Salix*, *Ribes*, *Berberis*, *Acer*, *Fraxinus* en septembre.

2840. — LANCEATA (Hb.) — Mont-Dore, bois de sapins, 25 juillet, un exemplaire.

2842. — OXYCEDRATA (Ramb.) — R. 25 avril, Nohant (Indre), juin, octobre. — Chenille sur le genevrier en avril, mai puis octobre, novembre.

2845. — SOBRINATA (Hb.) — R. Saint-Florent (Cher), juillet et août. — Chenille dans les fleurs et les feuilles du genevrier (*Juniperus communis*), avril, mai.

2849. — PUMILATA (Hb.) — Nohant (Indre), C. 20 mars, 25 avril, 1er au 25 juillet. Murat (Cantal), 25 juin. — Chenille polyphage, fleurs de la clématite, bruyères, genêt, mercuriale, euphraise, romarin, etc. en septembre, octobre, novembre, décembre.

A. Var. tempestivata (Z.) — C. 1er au 25 juillet avec le type, Nohant (Indre).

B. Var. b. pauxillaria (B.) — 1er septembre (3me génération) Nohant (Indre), R.

FIN DE LA PREMIÈRE PARTIE.

DEUXIÈME PARTIE

MICROLEPIDOPTERA

—

E. PYRALIDINA

—

I. — PYRALIDIDAE

Gen. 1. — Cledeobia (Dup.)

* 13. — ANGUSTALIS (Schiff. S. V.) — Nohant (Indre), prés et bois secs, 20 juin au 30 juillet, C. Saint-Florent (Cher), C. Royat (Auvergne), C. — Chenille de septembre en avril, mai, sous les mousses, dans les racines des graminées.

Gen. 4. — Aglossa (Latr.)

24. — PINGUINALIS (L.) — Nohant (Indre), C. 8 juin, tout juillet, intérieur des habitations, greniers. Guéret (Creuse). Saint Florent (Cher), Royat (Puy-de-Dôme), 10 juillet, C. partout. — Chenille en avril, mai dans les fentes des parquets, des pavés, au fond des armoires, dans les étables, les cuisines, partout où des substances animales grasses peuvent la nourrir.

26. — CUPREALIS (Hb.) — Nohant (Indre), C. 10 juin, juillet, intérieur des habitations, greniers. Guéret (Creuse), R. Royat (Auvergne). — Chenille en avril, mai, mêmes mœurs que la précédente.

---

* Les numéros des familles, genres et espèces correspondent au Catalogue Staudinger et Wocke 1871, s'y reporter pour la synonimie et la bibliographie.

Gen. 6. — Asopia (Tr.)

29. — RUBIDALIS (S. V.) — R. juillet. Saint-Florent (Cher). Riom, Enval (Puy-de-Dôme), 20 juillet.

32. — GLAUCINALIS (L.) — C. Nohant (Indre), partout dans les bois, juin, 20 juillet, 28 août. — Chenille en mai dans les feuilles pourries.

34. — COSTALIS (F.) FIMBRIALIS (S. V.) — R. Saint-Florent (Cher), 26 juillet. Nohant (Indre), R. à la miellée. Royat, Saint-Nectaire (Auvergne), 12, 22 juillet.

35. — FARINALIS (L.) — Nohant (Indre), C. 25 mai, juin, juillet dans les écuries, les étables, l'intérieur des maisons. Saint-Florent (Cher). Guéret (Creuse), C. partout, 25 août. — Chenille en mars, avril, hiverne dans la paille des greniers.

Gen. 7. — Endotricha (Z.)

40. — FLAMMEALIS (S. V.) — Nohant, les Etangs-Brisses (Indre). C. dans les bois de chênes, clairières, 15, 25 juillet. Royat, Riom (Auvergne), C. Saint-Florent (Cher). Aurillac (Cantal), 20 août. — Chenille sur le liseron *(Ligustrum vulgare).*

Gen. 9. — Scoparia (Hw.)

46. — INCERTALIS (Dup.) — Nohant (Indre), A C. juin, bois de chênes et de pins. Saint-Florent (Cher), 20 mai au 10 juin. — Chenille vivant dans des galeries, sous les mousses des arbres, en mars, avril.

47. — AMBIGUALIS (Tr.) — Nohant (Indre), C. dans les bois, sur les chênes. Saint-Florent (Cher), mai, juin.

   A. Var. incertalis (Gn.) — Nohant (Indre), C. dans les bois de chênes, juin. Saint-Florent (Cher), avec le type.

48. — ZELLERI (Wk.) — Nohant (Indre), R. Royat (Puy-de-Dôme), 10 juillet.

51. — INGRATELLA (Z.) — 25 mai, 15 juin. Mont-Dore (Auvergne), R. 15 juillet.

52. — DUBITALIS (Hb.) — C. Nohant (Indre), bois de chênes, 25 juin, 15 juillet.

60. — VALESIALIS (Dup.) — Gargilesse, Rongères (Indre), 25 avril, 15 mai, quatre exemplaires, deux d'éclosion. — Chenille dans la mousse des rochers, en mars, bords des ruisseaux.

63. — PETROPHILA (Stdfs). — Royat, Gravenoire (Puy-de-Dôme), 15 juillet, A C.

64. — SUDETICA (Z.) — R. Boussac (Creuse), 10 juillet. Mont-Dore, Gravenoire (Auvergne), bois de pins, 20, 25 juillet.

65. — MURANA (Curt.) MURALIS. — A C. Nohant (Indre), 20 mai, 15 juillet sur les pins, les cèdres. Mont-Dore, 20 juillet.

66. — LINEOLA (Curt.) — R. Nohant (Indre), 15 juillet.

67. — RESINEA (Hw.) — A C. Nohant, Planet (Indre), sur les pins,

les cèdres, 10 juin au 15 juillet. Mont-Dore (Auvergne), 15 juillet.

69. — TRUNCICOLELLA (Stt.) MERCURELLA (Z.) — C. Nohant (Indre), mai, 25 juin, 15 août (deux générations) sur l'écorce des pins. — Chenille en février sous la mousse des pins.

70. — CRATAEGELLA (Hb.) — Nohant (Indre), C. dans les bois, 15 juillet. 15 août. — Chenille en mars dans un tube de soie, sous la mousse des arbres.

71. — FREQUENTELLA (Stt.) — Nohant (Indre), A. R. dans les bois 25 juillet.

73. — ANGUSTEA (Stph.) — R. Saint-Florent-sur-Cher, mai. — Chenille en mars dans les mousses des murailles, au Nord.

GEN. 11. — APORODES (Gn.)

76. — FLORALIS (Le type est du Midi).
A. VAR. STIGIALIS (Tr.) SICULALIS (Dup.) — (Variété méridionale), Saint-Florent-sur-Cher, août. Deux exemplaires.

GEN. 12. — HELIOTHELA (Gn.)

78. — ATRALIS (Hb.) — C. Nohant (Indre), sur les orties, mai, vole en plein soleil, endroits pierreux, sables. Royat, Fontanat, Mont-Dore (Auvergne), juillet, C.

GEN. 14. — THRENODES (Gn.)

82. — POLLINALIS (S. V.) — La Brande, Briantes (Indre), C. 20 avril, septembre, prés secs, pelouses arides des terrains siliceux. — Chenille en mars, juillet dans les racines du genêt ailé.

GEN. 16. — HERCYNA (Tr.)

88. — PHRYGIALIS (Hb.) — Puy-de-Sancy, Gorges-d'Enfer, 20 juillet, un exemplaire. (Espèce alpine).

92. — ALPESTRALIS (Fab.) — Mont-Dore (Auvergne), juillet. (Espèce alpine.)

GEN. 17. — ENNYCHIA (Ld.)

93. — ALBOFASCIALIS (Tr.) — A C. Saint-Florent (Cher), juillet, pelouses arides, genestières. (Espèce de Hongrie). — Chenille en avril, dans l'épaisseur des feuilles de l'*Inula montana*.

GEN. 21. — ODONTIA (Dup.)

100. — DENTALIS (S. V.) — A C. Nohant (Indre), Saint-Florent (Cher). pacages, broussailles, 4 août. — Chenille en mai dans les nervures des feuilles basses de la viperine *(Echium vulgare)*. Elle se transforme en filant une coque papiracée entre les feuilles.

GEN. 28. — EURRHYPARA (Hb)

109. — URTICATA (L.) — Nohant (Indre), C. mai, 15 juillet, sur les orties. Creuse. Saint-Florent (Cher). Auvergne, C. — Che-

nille en août, hiverne dans les tiges d'ortie, roule les feuilles dès février.

GEN. 29. — BOTYS (Tr.)

110. — NIGRALIS (Fab.) — Ambert (Puy-de-Dôme), 28 juin, juillet, deux exemplaires. (Espèce alpine).

112. — OCTOMACULATA (F.) — A C. clairières des bois, Nohant (Indre), juillet, Saint-Florent (Cher).

114. — NIGRATA (Sc.) ANGUINALIS (Hb.) — C. Côteaux arides, 30 mai, juillet, Saint-Florent (Cher), Nohant (Indre), Aurillac (Cantal). C. 15 août.

116. — CINGULATA (L.) CINGULALIS (S. V.) — C. mai, juillet, côteaux pierreux, Nohant, Côte-Perdrix (Indre), Saint-Florent (Cher), Aurillac (Cantal), C. — Chenille sous les feuilles de sauge *(Salvia pratensis)*, en avril.

119. — OBFUSCATA (Sc.) PYGMAEALIS (Dup.) — A R. juillet, Nohant (Indre), Saint-Florent (Cher). — Chenille en mai sur l'*Inula montana.*

121. — PORPHYRALIS (S. V.) — A R. 1ᵉʳ août, Saint-Florent (Cher), Nohant (Indre), Royat, 15 juillet (Auvergne).

123. — AURATA (Sc.) PUNICEALIS (S: V.) — C. Nohant (Indre), 10, 25 juillet, Saint-Florent (Cher), Royat (Auvergne). — Chenilles en société sur la menthe aquatique et l'*Origanum vulgare*, en avril.

125. — PURPURALIS (L.) — C. 15 avril, Nohant (Indre), Saint-Florent (Cher), Aurillac (Cantal), C. Royat (Puy-de-Dôme). — Chenille en août sur la *Mentha rotundifolia,* l'*Origanum vulgare.*

    A. VAR. CHERMESINALIS (Gn.) — C. 10 juillet (génération d'été), 10 septembre. Nohant (Indre), Saint-Florent (Cher), Auvergne, Cantal, 10 août.

    B. VAR. OSTRINALIS (Hb.) — C. août. Nohant (Indre), Aurillac (Cantal), C. 20 août.

127. — SANGUINALIS (L.) — R. Saint-Florent. Royat (Auvergne), 15 juillet. Aurillac (Cantal), C. — Chenille en mai sur le thym, le romarin et plusieurs autres plantes ligneuses dont elle mange les fleurs et les graines fraiches.

130. — NEMAUSALIS (Dup.) ARGILLACEALIS (Z.) — R. bois de Saint-Florent (Cher), août. (Espèce méridionale).

134. — CESPITALIS (S. V.) — C. Nohant (Indre), 20 avril, 5 mai, 2 août. Saint-Florent (Cher), Royat (Auvergne), C. juillet.

    A. VAR. INTERMEDIALIS — C. Nohant (Indre), 15 mai, 25 juillet, Saint-Florent (Cher), Aurillac (Cantal), C. 20 août.

138. — AEREALIS (Hb.) — Vallée du Mont-Dore, juillet, août, C. (Auvergne). — Chenille sur le *Gnaphalium supinum*. en septembre.

    B. VAR. OPACALIS (Hb.) — 20 juillet, Mont-Dore (Auvergne), A C.

139. — ALPINALIS (S. V.) — R. Puy-de-Sancy, 15 août (Auvergne).

140. — ULIGINOSALIS (Stph.) — A C, 20 juillet, Mont-Dore (Auvergne).

142. — AUSTRIACALIS (H. S.) DONZELALIS (Gn.) — Mont-Dore (Auvergne). Deux exemplaires. Plateaux de la Cacadogne, 15 juillet.

144. — LUTEALIS (Hb.) — C. Mont-Dore, Chaudefour (Auvergne), juillet.

145. — NEBULALIS (Hb.) — Mont-Dore, Puy-de-Sancy, août, R. (Auvergne).

148. — DECREPITALIS (H. S.) — A C. Mont-Dore, Puy-de-Sancy, (Auvergne), 20 juillet. Le Lioran (Cantal), 10 août.

149. — POLYGONALIS (Hb.) LIMBALIS (S. V.) — R. Saint-Florent (Cher), juillet. — Chenille en mai sur la renouée des oiseaux et sur les genêts.

    A. Var. meridionalis. — Nohant (Indre), R. août.

150. — TRINALIS (S. V.) — Royat (Puy-de-Dôme), 10 juillet, un exemplaire, bruyères arides au Midi.

152. — FLAVALIS (S. V.) — C. Nohant (Indre), coteaux calcaires, juin. Saint-Florent (Cher). Gravenoire (Auvergne).

    A. Var. lutealis (Dup.) — Nohant, juillet.

154. — ASINALIS (Hb.) — C. juin, Nohant (Indre). Saint-Florent (Cher). — Chenille hiverne au milieu des feuilles réunies du gratteron (*Galium aparine*).

155. — HYALINALIS (Hb.) — A C. Nohant (Indre), bois frais sur les ronces en fleurs. Royat, 12 juillet au réflecteur, C. Volcan de Gravenoire (Auvergne).

158. — REPANDALIS (S. V.) — A R. Saint-Florent (Cher), juin, août. Nohant (Indre). — Chenille en juillet, septembre sur les fleurs des *Verbascum*, qu'elle entoure de fils.

164. — NUBILALIS (Hb.) LUPULINALIS (Gn.) — A. C. bruyères près de la forêt d'Allogny (Cher), 15 mai. Nohant (Indre), 6, 10, 17 juillet. — Chenille dans l'intérieur des tiges des graminées.

170. — NUMERALIS (Hb.) — R. Saint-Florent (Cher), mai, puis septembre. (Espèce méridionale.)

173. — FUSCALIS (S. V.) — A C. Nohant (Indre), juin. juillet, août, allées, clairières des bois, pacages (deux générations). — Chenille en septembre dans les fleurs et les capsules des *Lathyrus pratensis* et *rhinanthus*.

174. — TERREALIS (Tr.) — A R. Nohant, bois de La Brande, Planet (Indre), juillet. Saint-Florent (Cher), Gravenoire (Auvergne), 10 juillet (Deux générations). — Chenille en juin et septembre sur les fleurs de l'*Aster acris* et de la verge d'or.

175. — DIFFUSALIS (Gn.) — Murat (Cantal), juin, septembre. — Chenille sur le *Marrubium vulgare* en juillet.

176. — CROCEALIS (Hb.) — A C. Nohant (Indre), mai, juin. — Chenille en avril et septembre dans les tiges du *Conyza squarrosa*.

181. — SAMBUCALIS (S. V.) — Nohant, C. La Châtre (Indre), C. mai, 10 juillet, 17 juillet, Saint-Florent (Cher), R.— Chenille sur le sureau, sous les feuilles qu'elle ronge sans les percer, juin, août.

182. — VERBASCALIS (S. V.) — C. Nohant (Indre), 26 mai, 20 juillet, août.

183. — RUBIGINALIS (Hb.) — C. Nohant (Indre), mai, dans les bois, C. au réflecteur. — Chenille en septembre sous les feuilles à demi plissées du *Betonica officinalis*.

185. — FULVALIS (Hb.) — C. 30 juin, août, Nohant (Indre), pacages, broussailles. Saint-Florent (Cher). — Chenille en mai sur le cornouiller.

187. — FERRUGALIS (Hb.) — Nohant (Indre), C. juin, août, 25 novembre, buissons, pacages. — Chenille en septembre sur les *verbascum*.

189. — PRUNALIS (S. V.) — A C. 10 juillet, Nohant (Indre), buissons, haies, pacages, broussailles. Saint-Florent (Cher). Auvergne, A C. — Chenille en mai sur la ronce et le prunellier.

195. — OLIVALIS (S. V.) — Mont-Dore (Auvergne), 15 juillet, A C. — Chenille en mai sur la *Veronica officinalis*.

196. — ELUTALIS (S. V.) — Mont-Dore (Auvergne), 20 juillet, A R.

197. — INSTITALIS (Hb.) — R. Royat, Gravenoire (Auvergne), 12 juillet. Aurillac (Cantal), 10 juillet. — Chenille sur l'*Eryngium campestre*, feuilles roulées, en avril, mai.

199. — PANDALIS (Hb.) — A C. mai, août, bois, buissons. Saint-Florent (Cher). Nohant (Indre).

201. — RURALIS (Sc.) VERTICALIS (S. V.) — C. juin, juillet sur les orties. Nohant (Indre). Saint-Florent (Cher), C. — Chenille en mai sur l'ortie, feuilles roulées.

Gen. 30. — Eurycreon (Ld.)

202. — NUDALIS (Hb.) — Figeac (Lot), août. (Espèce méridionale).

204. — STICTICALIS (L.) — Nohant (Indre), A. C. prairies artificielles, juillet. Saint-Florent (Cher). — Chenille en octobre dans une toile sur les *Artemisia campestris* et *vulgaris*.

210. — AERUGINALIS (Hb.) — Issoudun, Vatan (Indre), T R. 15 juin. (Espèce de Hongrie). Angoulême (Charente), A C. juin.

217. — PALEALIS (S. V.) — C. Nohant (Indre), prairies artifificielles, buissons, 1er, 15 juillet, Saint-Florent (Cher), R. — Chenille sur la *Sabiosa columbaria* en mai, août.

219. — VERTICALIS (L.) CINCTALIS (Tr.) — C. Nohant (Indre), 15 mai, 20 juillet, prairies artificielles, champs moissonnés, Creuse, Cher. — Chenille sur les orties, avril.

GEN. 31. — NOMOPHILA (Hb.)

222. — NOCTUELLA (S. V.) HYBRIDALIS (Hb.) — C. Nohant (Indre), avril, 15 juin, 10 juillet, septembre, prés, jardins, bois. — Chenille vivant dans les racines des graminées d'octobre à juin.

GEN. 32. — PSAMOTIS (Hb.)

223. — PULVERALIS (L.) — A C. Nohant (Indre), juin, prés humides. — Chenille en août sur le *Lycopus europeus*.

GEN. 33. — PIONEA (Gn.)

224. — FORFICALIS (L.) — T C. Nohant (Indre), mai, juillet, potagers, jardins, Saint-Florent (Cher), C. Boussac (Creuse), C. — Chenille en juin, août sur les choux.

GEN. 34. — OROBENA (Gn.)

228. — AENEALIS (S. V.) — A C. 29 juillet, prés secs. Nohant (Indre).

232. — EXTIMALIS (Sc.) MARGARITALIS (S. V.) — C. Nohant (Indre.) juin, champs et jardins, Saint-Florent (Cher). — Chenille en août sur le *Turritis glabra*, et diverses crucifères, hiverne dans une toile.

233 — STRAMINALIS (Hb.) STRAMENTALIS (Hb.) — A C. 1ᵉʳ août, prairies marécageuses. Nohant (Indre), Saint-Florent (Cher), — Chenille en janvier, février, dans les tiges de graminées.

234 — LIMBATA (L.) LIMBALIS (Gn.) — C. Nohant (Indre), juin, bois et jardins. — Chenille en août sur les genêts et les légumineuses.

236. — POLITALIS (S. V.) — A C. juin, prés et bois, Nohant (Indre).

229. — SOPHIALIS (Fab.) — Forêts de sapins du Lioran (Cantal), juillet, R. (Espèce alpine).

241. — FRUMENTALIS (L.) — R. Bourges, Marmagne (Cher), mai — Chenille sur le pastel *(Isatis tinctoria)*, en juin.

GEN. 37. — PÉRINEPHELE (Hb.

249. — LANCEALIS (S. V.) — A C. Nohant, bords de l'Indre, bois frais, juillet, Saint-Florent (Cher). — Chenille en juin dans feuilles roulées de l'*Eupatorium cannabinum*.

GEN. 39. — MARGARODES (Gn.)

251. — UNIONALIS (Hb.) — R. Aurillac, landes et bois d'Ytrac (Cantal), 25 juillet. — Chenille sur les bruyères en mai.

GEN. 42. — DIASEMIA (Gn.)

257. — LITTERATA (Sc.) LITTERALIS (S. V.) — C. Nohant (Indre),

prairies, jardins. Royat (Auvergne), C. 20 mai, 10 juillet, Saint-Florent (Cher), C. 25 juillet.

258, — RAMBURIALIS (Dup.) — Nohant (Indre), jardin, juin, R. vallée du Cher à Saint-Florent, T R.

Gen. 47. — Stenia (Gn.)

270. — PUNCTALIS (S. V.) — Gravenoire (Auvergne), 10 juillet, R. Nohant (Indre), 22 septembre, R. au réflecteur.

Gen. 52. — Agrotera (Schrk.)

275, — NEMORALIS (Sc.) — A C. bois frais. Saint-Florent (Cher), 20 mai, juin, Nohant (Indre), R. août.

Gen. 56. — Hydrocampa (Gn.)

282. — STAGNATA (Don.) NYMPHAEALIS (Tr.) — A C., mai, 25 juillet, bords des étangs de Planet, les étangs Brisses, Nohant (Indre), Bourges (Cher). — Chenille en avril sur les *Nymphaea alba* et *lutea*, dans un fourreau.

283. — NYMPHAEATA (L.) POTAMOGATA (L.) — C. mai, 10 juillet, bord des fosses, des étangs, dans les fossés. Nohant (Indre), Bourges (Cher), 2 septembre. — Chenille en avril, mai sur le *Potamogeton natans*, dans un fourreau.

Gen 57. — Paraponyx (Hb.)

288. — STRATIOTATA (L.) — A C. juin, prés marécageux, bords des étangs, des fosses. Nohant (Indre), Bourges (Cher). — Chenille dans un fourreau de soie et de débris de feuilles, sur le *Stratiote aloïdes*, *Callitriche verna*, *Ceratophillum emersum*, avril, mai.

Gen. 58. — Cataclysta (Hb)

291. — LEMNATA (L.) LEMNALIS (S. V.) — C. 8 mai, bords des étangs, fossés. 15 août, Nohant (Indre), Bourges (Cher). — Chenille sur la lentille d'eau en avril dans un fourreau de soie et de feuilles de la lentille.

III. CHILONIDAE

Gen. 61. — Schoenobius (Dup.)

299. — GIGANTELLUS (S. V.) — 15 juillet, marais de Bourges (Cher), deux exemplaires. La Brenne (Indre). — Chenille en juin dans les jeunes pousses de l'*Arundo phragmites*, puis dans la tige.

300. — FORFICELLUS (Hb.) — Saint-Florent, A C. juillet, marécages, bords des étangs. Nohant (Indre), 20 juin, C. au réflecteur. — Chenille en mai, juin dans le bas des tiges des carex.

Gen. 62. — Chilo (Zk.)

302. — PHRAGMITELLUS (Hb.) — A C. juillet, marais de Bourges (Cher). — Chenille dans les tiges de l'*Arundo phragmites*, septembre, la chrysalide passe l'hiver.

IV. CRAMBIDAE.

Gen. 64. — Ancylolomia (Hb.)

306. — CONTRITELLA (Z.) — R. Bruyères arides, août. Allogny (Cher).

307. — TENTACULELLA (Hb.) — C. Nohant (Indre), prairies, bois, tout juillet et août, au réflecteur. — Chenille en mars dans les racines des graminées.

   VAR. DISPARELLA (Hb. 357, 358). — Avec le type, mais rare. Nohant (Indre),

Gen. 65. — Crambus (F.)

312. — CARECTELLUS (Z.) — Figeac (Lot), juillet, R. Charente. (H. Delamain). (Espèce de Sicile).

316. — CERUSELLUS (S. V.) — R. juin, coteaux calcaires, endroits herbus, Saint-Florent (Cher).

320. — ULIGINOSELLUS (Z.) — A R., Nohant (Indre), 10 juillet, 15 août.

321. — PASCUELLUS (L.) — C. 10 juin, 15 juillet, prairies. Nohant (Indre).

324. — SILVELLUS (Hb.) ADIPELLUS (Tr.) — C. juin, prés marécageux. Nohant (Indre).

325. — ERICELLUS (Hb) — Enval, Riom (Auvergne), R. juillet sur les bruyères.

327. — ALIENELLUS (Zk.) R. Murat (Cantal), juillet, hauts pâturages. — Chenille en hiver sous la mousse des rochers dans un tube de soie.

331. — PRATELLUS (L.) — Nohant (Indre), C. dans les prairies, 15 juin, 10 juillet.

334. — DUMETELLUS (Hb.) — A C. juillet, prés, pâturages, buissons. Nohant (Indre), Royat (Auvergne), C. 12 juillet.

335. — HORTUELLUS (Hb.) — C. juin, juillet. Clairières des bois, rochers, Gargilesse, Nohant (Indre). — Chenille en janvier dans un tube de soie sous la mousse des rochers.

   A. VAR. CESPITELLUS (Hb.) — C. 25 juin, Nohant (Indre).

336. — CRATERELLUS (Sc.) RORELLA (L.) — C. 25 juin, 10 juillet, pâturages secs, Nohant (Indre).

337. — CHRYSONUCHELLUS (Sc.) — C. 20 mai, juillet, prés secs. Nohant (Indre).

342. — FALSELLUS (S. V.) — C. juin, septembre, jardins, clôtures.

Royat (Auvergne). 10 juillet, C. murailles, forêts. Nohant (Indre), C. au réflecteur. — Chenille en avril, juillet, dans la mousse des toits, des arbres et des rochers.

343. — VERELLUS (Zk.) — A R. 25 juin, Saint-Florent-sur-Cher. Nohant (Indre), 10, 20 juillet, C. au réflecteur.

346. — PAUPERELLUS (Tr.) — Mont-Dore (Auvergne), R. 25 juillet.

347. — CONCHELLUS (S. V.) — R. juillet, bois du Capucin, Mont-Dore (Auvergne). — Chenille ronge la racine des mousses en mars.

348. — PINELLUS (L.) PINETELLA (L.) — 15 juin. 15 juillet, bois et jardins, Nohant (Indre), C. au réflecteur et à la miellée.

349. — MYTILELLUS (Hb.) — Bois de pins de Gravenoire (Auvergne), 10 juillet. A R. au réflecteur.

351. — MYELLUS (Hb.) — Boussac (Creuse). Nohant (Indre), C. au réflecteur, juin. Royat, Gravenoire (Auvergne), C. — Chenille dans les racines des mousses en mars, avril.

355. — MARGARITELLUS (Hb.) — R. juillet, Saint-Florent (Cher). Boussac (Creuse). — Chenille sur les crucifères Sysimbrium et Iberis, septembre.

356. — PYRAMIDELLUS (Tr.) — R. juillet, Mont-Dore Auvergne).

357. — LATISTRIUS (Hw.) — Chateaubrun (Indre). Guéret (Creuse), juillet, R.

360. — FURCATELLUS (Zett.) — R. plateaux de la Cacadogne, Mont-Dore (Auvergne), 20 juillet. (Espèce alpine.)

361. — RADIELLUS (Hb.) — C. 10 juillet au 15 août. Mont-Dore (Auvergne).

362. — FULGIDELLUS (Hb.) — R. août, bruyères, plateau de Randanne (Auvergne).

365. — FASCELINELLUS (Hb.) — R. 15 juin, juillet, 10 août, endroits arides. Nohant (Indre).

373. — PETRIFICELLUS (Dup.) — R. 15 août, versant nord du Puy de Sancy, Cacadogne, forêt du Capucin, Mont-Dore (Auvergne). (Espèce alpine).

374. — COMBINELLUS (S. V.) — A C. 20 juillet. Mont-Dore (Auvergne), 10 août. (Espèce alpine).

377. — CULMELLUS (L.) — Juin. août. Nohant (Indre), C. au réflecteur. Royat, C. 10 juillet.

380. — SAXONELLUS (Zk.) — Gargilesse (Indre), rochers de la Creuse, 20 juin, R.

381. — INQUINATELLUS (S. V.) — 1er au 15 juillet, 15 septembre, bois et bruyères, Nohant (Indre). C. au réflecteur. Le Lioran (Cantal), C. 20 août. — Chenille en mars, juillet dans la Barbula muralis.

382. — GENICULEUS (Hw.) ANGULATELLUS (Dup.) — 15 juillet, 5 août, bois, prés secs, 20 septembre. Nohant (Indre), C. au réflecteur.

389. — CONTAMINELLUS (Hb.) — R. Nohant (Indre), 25 juillet.
Auvergne, 15 août.

390. — POLIELLUS (Tr.) — Saint-Florent (Cher). R. 25 juillet.

391. — DELIELLUS (Hb.) — Plateau au dessus de Volvic (Auvergne),
15 août, R.

392. — TRISTELLUS (S. V.) AQUILELLUS (Tr.) — C. 20 juillet, 15
août, prairies humides, bois frais. Nohant (Indre). Volvic
(Auvergne), C. Le Lioran (Cantal), C. 20 août.

393. — SELASELLUS (Hb.) PRATELLUS (H. S.) — C. 20 juillet, 15
août, prairies marécageuses. Nohant (Indre). Saint-Florent
(Cher). C. Mont-Dore, Volvic (Auvergne), 10 août.

395. — LUTEELLUS (S. V.) — C. 15 juin, 25 juillet, pacages des
terrains siliceux. Nohant (Indre). Saint-Florent (Cher). —
Chenille en avril dans le *Festuca ovina*.

396. — LITHARGYRELLUS (Hb.) — R. Nohant, 10 août, 15
septembre.

398. — PERLELLUS (Sc.) — C. dans la forêt de Cheurs (Indre).
24 juin. Nohant (Indre), 8 juillet, 25 août, A C. au réflecteur.
Saint-Florent (Cher), R.

399. — ROSTELLUS (Lah.) — Puy de Sancy (Auvergne), 18 juillet,
un seul exemplaire. (Espèce alpine).

GEN. 66. — EROMENE (Hb.)

401. — BELLA (Hb.) — 15 au 30 juin, prés, bois. Nohant (Indre),
au réflecteur, C. — Chenille dans les fleurs de Scabieuses, en
août.

V. PHYCIDEAE.

GEN. 67. — DIORYCTRIA (Dup.)

412. — ABIETELLA (S. V.) — R. 15 juillet, bois de pins. Sologne,
Gravenoire (Auvergne). 12 juillet, A C. — Chenille en mai
dans les tumeurs des pins, s'y chrysalide.

GEN. 68. — NEPHOPTERYX (Z.)

418. — SPISSICELLA (F.) ROBORELLA (S. V.) — C. 8 juillet, bois
de Saint-Florent (Cher). Nohant, forêt de Châteauroux (Indre),
28 juillet. — Chenille en mai sur le chêne dans une toile entre
les feuilles.

423. — RHENELLA (Zk.) — Bois de Rongères. Nohant (Indre),
20 juin, 5 juillet, A C. au réflecteur et d'éclosion. — Chenille
en avril sur la bruyère.

423 (bis). — FALLOUELLA (Ragonot). — Nouvelle espèce. Saint-
Florent (Cher), C. la Brande, Nohant (Indre), A C. 20 avril,
28 juillet.

429. — SIMILELLA (Z. K.) — T R. août, bois de Morthomiers (Cher). (Espèce d'Allemagne). — Chenille en juillet, sur le chêne en société.

437. — JANTHINELLA (Hb.) — C. juillet, août, clairières des bois de Saint-Florent (Cher), Auvergne, 10 août.

438. — ARGYRELLA (S. V.) — C. juillet, août, clairières des bois. Nohant (Indre), Saint-Florent (Cher).

Gen. 69. — Etiella (Z.)

440. — ZINCKENELLA (Tr.) ETIELLA (Tr.) — C. dans les années chaudes, 25 juin, 15 juillet. Nohant (Indre), 2 septembre, Saint-Florent (Cher). — Chenille en août, octobre, dans les haricots, les gousses du baguenaudier.

Gen. 70. — Pempelia (Hb.)

441. — SEMIRUBELLA (Sc.) CARNELLA (L.) — Juin, juillet, collines gazonnées au sud. 8 septembre. Nohant (Indre), C. au réflecteur. — Chenille en mai dans une toile sur le sol, mange les racines des graminées.

  A. var. Sanguinella (Hb.) — Aussi commune que le type, 10 juillet.

  B. variété Inédite. — Tenant le milieu entre *Semirubella* et *Euphorbiella*. Nohant (Indre), 20 septembre.

442. — EUPHORBIELLA (Z.) — R. Saint-Florent (Cher), juillet. — Chenille sur l'*Euphorbia characias* sous une toile légère, mars, avril.

447. — FORMOSA (Hw). — Nohant (Indre), 20 juin, 5 juillet, A C. au réflecteur et d'éclosion, bois de chênes. — Chenille en avril sur les bruyères.

451. — FUSCA (Hw.) CARBONARIELLA (F. R.) — R. juin, bruyères de la Sologne du Cher, Saint-Florent (Cher).

453. — PALUMBELLA (S. V.) — C. juin, coteaux arides, Nohant, Gargilesse (Indre), Saint-Florent (Cher). — Chenille en mai dans un tube de soie sous le *Polygala chamœbuxeus*.

454. — ALBARIELLA (Z.) — R. mai, juin, bruyères de la Brande (Indre). (Espèce de Hongrie).

455. — OBDUCTELLA (F. R.) — C. juin, 15 août, Saint-Florent (Cher), les Brandes d'Ardentes (Indre). — Chenille en mai et juillet, dans les feuilles réunies de l'*Origanum vulgare*.

457. — ADORNATELLA (Tr.) — A R. 20 juin, 15 juillet. Saint-Florent (Cher). Royat, Volvic (Auvergne), août.

458. — SUBORNATELLA (Dup.) — A C. 25 juillet, 10 août. Volvic (Auvergne). Saint-Florent (Cher). Nohant (Indre).

460. — ORNATELLA (S. V.) — A C. Volvic (Auvergne), Saint-Florent (Cher). Murat (Cantal). Nohant (Indre), 15 juillet, 9 août, jusqu'en octobre.

GEN. .73. — ASARTA (Z.)

472, — AETHIOPELLA (Dup.) — R.. Puy-de-Sancy (Auvergne), juillet.

GEN. 76. — HYPOCHALCIA (Hb.)

476. — MELANELLA (Tr.) — C. juillet, clairières des bois. Nohant (Indre), Saint-Florent (Cher).

477. — AHENELLA (S. V.) — C. juin, dans les forêts, les bois montueux. Nohant (Indre), Saint-Florent (Cher), Murat (Cantal). — Chenille en mai dans un tube de soie sous les feuilles radicales de l'*Helianthemum vulgare* et de l'*Artemisia campestris*.

478. — RUBIGINELLA (Tr.) — A R. juin, bois secs, Saint-Florent (Cher).

483. — AFFINIELLA (H. S.) — A R. juillet, bois de Saint-Florent (Cher).

486. — LIGNELLA (Hb.) — R. Nohant (Indre), 12 juillet, au réflecteur.

487. — DECORELLA (Hb.) — A R. Saint-Florent-sur-Cher, juillet. Nohant (Indre).

A VAR. GERMARELLA (Zk.) — R. juillet (Auvergne).

GEN. 77. — EUCARPHIA (Hb.)

489. — VINETELLA (Fab.) — Bois de pins à Gravenoire, Royat, 10 juillet, R. (Auvergne). — La chenille vit probablement sur les pins.

494. — ILLIGNELLA (Z.) — R. fin juillet, Saint-Florent (Cher).

500. — CANTENERELLA (Dup.) — Gravenoire (Auvergne), A R. 12 juillet. Nohant (Indre), 15 août, R. au réflecteur.

GEN. 78. EPISCHNIA (Hb.)

503. — PRODROMELLA (Hb.) — A R. juin, juillet, coteaux arides, champs incultes. Nohant (Indre), Saint-Florent (Cher). — Chenille en mai dans les feuilles du *Centaurea jacca*.

510. — SAREPTELLA (H. S.) — A R. Saint-Florent (Cher), 20 juin, septembre. — Chenille en juillet et octobre dans les racines des plantes herbacées.

GEN. 80. — BREPHIA (Hein.)

514. — COMPOSITELLA (Tr.) — C. 25 avril, 10 juillet, champs incultes. Nohant (Indre). Saint-Florent, (Cher). Royat (Auvergne). — Chenille en juin et octobre dans une toile, sous l'*Artemisia campestris*.

GEN. 81. — ACROBASIS (Z.)

515. — OBTUSELLA (Hb.) — C. jardins, vergers, 25 juillet. Nohant (Indre), au réflecteur. Eclosion 1er juillet. — Chenille en mai, feuilles du poirier.

516. — PORPHYRELLA (Dup.) — C. juin, bruyères de Rongères
et d'Ardentes. Nohant (Indre). — Chenille en mars, avril,
sur l'*Erica scoparia*, dans un fourreau.

519. — OBLIQUA (Z.) — 25 juillet. Nohant (Indre), accidentellement, un exemplaire. (Espèce méditerranéenne). —
Chenille sur un cyste, en mai.

525. — CONSOCIELLA (Hb.) — C. juillet, forêts. Nohant (Indre),
Saint-Florent (Cher). — Chenille en mai, dans un tube de
soie, entre les feuilles du chêne.

526. — SODALELLA (Z.) — Nohant (Indre), juillet, un exemplaire,
au réflecteur. (Espèce d'Allemagne).

527. — TUMIDELLA (Zk.) — C. juillet, forêts. Nohant (Indre)·
Saint-Forent (Cher). — Chenille en mai sur le chêne.

528. — RUBROTIBIELLA (F. R.) — A C. juillet, forêts. Nohant
(Indre). Saint-Florent (Cher). — Chenille en juin, vit en société
dans une toile, entre les feuilles du chêne.

Gen. 83. — Myelois (Z.)

532. — ROSELLA (Sc.) PUDORELLA (Hb.) — A C. juillet, clairières
des bois secs, Saint-Florent-sur-Cher. Nohant (Indre), au
réflecteur.

535. — CIRRIGERELLA (Zk.) — Nohant (Indre), 8 juillet, un exemplaire pris au réflecteur. (Espèce d'Allemagne).

544. — CRIBRUM (S. V.) CRIBRELLA (Hb.) — C. 10, 20 juin, 15
juillet, champs incultes. Nohant (Indre). Saint-Florent (Cher).
Saint-Nectaire (Auvergne), C. — Chenille en hiver dans les
tiges des chardons dont elle ronge la moëlle.

549. — CRUDELLA (Z.) — Murat (Cantal), 25 juin, R. — Chenille
sur l'aubépine, dans les fleurs en avril, mai.

555. — DULCELLA (Z.) — Deux exemplaires. Saint-Florent ·sur-
Cher, juillet. Royat (Auvergne), 15 juillet, (espèce de Hongrie).

556. - LEGATELLA (Hb.) — C. 10 juillet. Nohant (Indre). Saint-
Florent (Cher). — Chenille en mai sur le chêne.

558. — SUAVELLA (Zk.) — C. 15 juillet. Nohant (Indre). Saint-
Florent (Cher). — Chenille en mai sur le prunellier dans un
tube de soie.

560. — ADVENELLA (Zk.) — Nohant (Indre), buissons, R. au
réflecteur, 4 juillet. (Espèce d'Allemagne). — Chenille en mai
dans les fleurs de l'aubépine, se chrysalide en terre.

561. — EPELYDELLA (Z.) — 10 juillet, haies, buissons. Nohant
(Indre), C. au réflecteur.

572. — TETRICELLA (Fab.) — Royat (Auvergne), 10 juillet, R.

Gen. 86. — Nyctegretis (Z.)

587. — ACHATINELLA (Hb.) — Royat (Auvergne), 10 juillet, R.

Gen. 87. — Ancylosis (Z.)

591. — CINNAMOMELLA (Dup.) — C. 20 juin, prés secs. Nohant
(Indre). Saint-Florent (Cher). Royat (Auvergne), 10 juillet.

Var. Dilutella (H. S. 60). (Dup. 279-3). — Le Lioran (Cantal), 20 août, C.

Gen. 88. — Alispa (Z.)

596. — ANGUSTELLA (Hb.) — A R. Saint-Florent, 1ᵉʳ juillet. Nohant, (Indre), R. 15 septembre. — Chenille en octobre, fruits de l'*Evonymus europeœ* attachés par des soies. Elle hiverne dans une toile papyracée, se chrysalide en avril.

Gen. 89. — Zophodia (Hb.)

597. — CONVOLUTELLA (Hb.) — A R. 25 avril, 10 mai, vergers. Nohant (Indre), au réflecteur. — Chenille en juin sur les groseillers à maquereau.

Gen. 90. — Euzophera (Z.)

598. — TEREBRELLA (Zk.) — Gravenoire (Auvergne), plantations de pins de la Sologne, Nohant (Indre), 10 juin, d'éclosion, R. — Chenille dans les cônes des pins et des cèdres en mars, avril.

600. — PINGUIS (Hw.) — R. bois de sapins. Mont-Dore (Auvergne), 10 juillet. (Espèce d'Angleterre).

603. — BIGELLA (Z.) — R. bois de Saint-Florent (Cher). Nohant (Indre), juin, au réflecteur.

612. — OBLITELLA (Z.) — R. Nohant (Indre), juin au réflecteur.

Gen. 91. — Homœosoma (Curt.)

616. — NEBULELLA (S. V.) — C. 10 juillet. Nohant (Indre), prés, champs, C. au réflecteur. — Chenille en août dans les têtes du *Carduus nutans*.

617. — NIMBELLA (Z.) — Saint-Florent (Cher), 1ᵉʳ juillet, murailles, parcs, Nohant (Indre), 25 août, C. au réflecteur. — Chenille en septembre dans les fleurs du lierre.

619. — BINAEVELLA (Hb.) — C. 15 juillet, prés, bois, chemins. Nohant (Indre), 20 mai. — Chenille en août dans les têtes et les tiges des chardons.

621. — SINUELLA (F.) — Fin juin, juillet, prés. Nohant (Indre), C. Royat, Gravenoire, Mont-Dore (Auvergne), C. — Chenille en août dans tiges du *Chenopodium valvarum*.

Gen. 92. — Ematheudes (Z.)

622. — PUNCTELLA (Tr.) — Juin, bois de Saint-Florent-sur-Cher, R.

Gen. 93. — Anerastia (Hb.)

623. — LOTELLA (Hb.) — 20 juin, bois de Saint-Florent (Cher), R.

GEN. 94. — EPHESTIA (Gn.)

633. — ELUTELLA (Hb.) — 25 juin, 15 juillet, greniers, intérieur des maisons. C. au réflecteur. Nohant (Indre), Cher, Auvergne. — Chenille en avril dans les fruits secs, les plantes sèches.

634. — FICELLA (Dougl.) — Mont-Dore (Auvergne), 20 juillet, un exemplaire.

641. — INTERPUNCTELLA (Hb.) — Nohant (Indre), mai, dans les armoires sur les pots de confitures. R. (Espèce méridionale). — La chenille hiverne dans les cônes du pin pignon, dont elle mange les amandes, se chrysalide en mars, avril.

VI. GALLERIAE

GEN. 95. — GALLERIA (F.)

642. — MELONELLA (L.) CEREANA (L.) — A R. avril, juillet, autour des ruches. Nohant (Indre), Saint-Florent (Cher), à la miellée Boussac (Creuse). — Chenille en mai, puis août dans les ruches. Deux générations.

GEN. 96. — APHOMIA (Hb.)

643. — SOCIELLA (L.) COLONELLA (L.) — C. juin, 15 juillet. 4 septembre, Nohant (Indre), au réflecteur, Saint-Florent (Cher). — Chenille en septembre dans les nids de guêpes.

GEN. 97. — MELISSOBLAPTES (Z.)

645. — BIPUNCTANUS (Curt.) — Murat (Cantal), août. Un exemplaire.

GEN. 98. — ACHROEA (Hb.)

647. — GRISELLA (F.) ALVEARIA (F.) — R. avril, juillet, Saint-Florent (Cher), Nohant (Indre), 10 août, au réflecteur. — Chenille en juin, septembre, dans les ruches.

F. TORTRICINA

GEN. 99. — RHACODIA (Hb.)

648. — CAUDANA (F.) — A R. juillet, septembre, Nohant (Indre), forêt d'Allogny, Saint-Florent (Cher). — Chenille en mai sur le tremble et le saule-marceau, l'osier, entre les feuilles attachées.

649. — EFFRACTANA (Froel.) — Bois de Morthomiers (Cher), septembre, un exemplaire.

Gen. 100. — Teras (Tr.)

650. — CRISTANA (S. V.) — A C. septembre, hiverne et reparaît en mars. Saint-Florent (Cher). Nohant (Indre). — Chenille en mai sur l'aubépine (*Crataegus oxyacantha*).

D. ab. Desfontainana (F.) — Avec le type. Indre, Cher, septembre.

Ab. Albicostana (Sand.) — Inédite. Tête, corps, abdomen, blancs de neige. Les ailes supérieures blanches, depuis la côte jusqu'à la pointe apicale, et jusqu'à la moitié interne en biais, les crêtes blanches avec une lunule blanche sur ce qui reste de l'aile qui est fauve et tachée de brun. Ailes inférieures grises, jolie aberration, Nohant (Indre), septembre.

E. ab. Vittana (Stph.) — Nohant (Indre), fin août.

G. ab. Cristalana (Dom.) — Avec le type, Indre, Cher, septembre.

J. ab. Ruficostana (Curt.) — Avec le type, Indre, Cher, octobre.

M. ab. Profana (F.) — Avec le type, Indre, Cher, septembre.

652. — HASTIANA (L.) — C. 10 octobre, hiverne et reparaît en mars. Nohant (Indre). Saint-Florent (Cher). Deux générations. — Chenille en mai, septembre, sur les saules *Salix alba* et *viminalis*, le peuplier, le *Viburnum tinus*.

A. ab. Coronana (Wd.) — Avec le type, Indre, Cher, octobre.

B. ab. Buringerana (Hb.) — Avec le type, Indre, Cher, septembre.

C. ab. Byringerana (Hb.) — Avec le type, Indre, Cher.

D. ab. Leprosana (Froel.) — 15 juillet, Nohant (Indre), C.

E. ab. Scabrana (Hb.) — 25 octobre, Nohant (Indre.

F. ab. Autumnata (Stph.) — C. Nohant (Indre), octobre.

G. ab. Combustana (Hb.) — Avec le type, Indre, août.

H. ab. Aquilana (Hb.) — Avec le type, Indre, Cher, septembre.

I. ab. Radiana (Hb.) — Nohant (Indre), octobre, R.

653. — — ABIETANA (Hb. — A R. d'octobre à mars, hiverne et pond en mars. Saint-Florent-sur-Cher. (Espèce d'Allemagne),

654. — MACCANA (Tr.) — R. Nohant (Indre). Sologne du Cher. Forêt d'Allogny, 25 octobre. — Chenille sur le *Vaccinium myrtillus* et sur le *Viburnum tinus*.

655. — FIMBRIANA (Thnb.) — R. Mont-Dore (Auvergne). Aurillac (Cantal). Nohant (Indre), éclos le 21 décembre. (Espèce du nord). — Chenille en septembre sur le bouleau.

656. — MIXTANA (Hb.) — R. d'octobre à mars. La Brande (Indre). — Chenille en juillet sur la bruyère, rameaux liés par de la soie.

657. — LOGIANA (S. V.) TRISTANA (Hb.) — C. dans les bois en juin (1re génération), pond en juillet. Nohant (Indre). — Chenille en mai, puis septembre, dans les feuilles pliées du *Viburnum lantana*, se chrysalide en septembre.

    A. AB. GERMARANA (Froel.) — (Deuxième génération). C. éclot du 15 au 20 octobre. Nohant (Indre), hiverne et pond en mars.

    B. AB. PLUMBOSANA (Stph.) — R. Nohant (Indre), éclot du 5 au 10 mars.

659. — PERMUTATANA (Dup.) — R. Morthomiers, bois de Saint-Florent-sur-Cher, en août. (Espèce de Hongrie.)

660. — VARIEGANA (S. V.) — A R. juillet, 20 août, 10 septembre, haies, bois, Saint-Florent (Cher). Nohant (Indre), C. — Chenille en mai, juin et septembre, sur la ronce, l'églantier, l'aubépine, le prunellier.

    A. AB. ASPERANA (F.) — A R. octobre, même époque, mêmes localités. Nohant (Indre), 29 septembre, au réflecteur.

662. — BOSCANA (F.) — C. 10 juin 10 juillet, 20 octobre. Nohant (Indre). Saint-Florent, Sologne (Cher). Deux générations. — Chenille en mai et en septembre sur l'orme.

663. — PARISIANA (Gn.) — C. de septembre à mars, 20 juillet, 5 novembre, Nohant (Indre), Saint-Florent (Cher). Deux générations. — Chenille en mai et septembre sur l'orme, feuilles attachées.

664. — LITERANA (L.) — A R. de septembre à mars sous les écorces des chênes, Nohant (Indre), — Chenille en mai sur le chêne, se chrysalide entre les feuilles.

    B. VAR. SQUAMANA (F.) — Plus commune que le type, juillet, Nohant (Indre).

    D. AB. TRICOLORANA (Hw.) — R. 25 juillet, Nohant (Indre).

665. — NIVEANA (F.) TREVERIANA (Hb.) — C. d'octobre à mars, bois de bouleaux, Sologne du Cher, La Brande (Indre) — Chenille en juin sur le bouleau dans les feuilles pliées.

666. — ROSCIDANA (Hb.) — A R. d'octobre à mars, bois de Saint-Florent-sur-Cher, forêt d'Allogny (Cher). — Chenille en juin sur le tremble.

667. — LIPSIANA (S. V.) SUDORIANA (Hb.) — R. juillet, août. Sologne du Cher, éclot 5 mars, Nohant (Indre). — Chenille sur le bouleau en septembre.

670. — SPONSANA (F.) FAVILLACEANA (Hb.) — A C. Nohant (Indre), octobre, bois de Saint-Florent (Cher). — Chenille en juin sur le hêtre, sous la feuille dans une toile légère.

671. — RUFANA (S. V.) — R. d'août à novembre. Nohant (Indre), Chenille en juin sur le saule marceau.

672. — SCHALLERIANA (L.) — R. septembre, Saint-Florent (Cher). Nohant (Indre). — Chenille en mai sur le saule, l'osier.

673. — COMPARANA (Hb.) Nohant (Indre), éclosion du 6 au

25 mars, A R. — Chenille sur le saule et l'osier en septembre.

674. — ASPERSANA (Hb.) C. juillet, août, près marécageux, Nohant (Indre), Saint-Florent (Cher). — Chenille en juin sur le *Sanguisorba officinalis*.

675. — SHEPHERDANA (Stph.) — Sommerère, Sologne du Cher, juillet. Un exemplaire. — Chenille en avril sur la *Spirea ulmaria* (Reine des prés). Espèce d'Angleterre.

676. — FERRUGANA (S. V.) — C. septembre, 15 octobre, hiverne dans les feuilles sèches restées aux chênes et aux hêtres, reparaît en mars pour pondre. Nohant (Indre), Saint-Florent (Cher). — Chenille en mai sur le hêtre et le chêne, feuilles roulées.

A. VAR. TRIPUNCTANA (Hb.) — A C. Mêmes mœurs que le type. Nohant (Indre). Eclosion, 1ᵉʳ mars.

677. — LITHARGYRANA (H. S.) — R. Forêts de Chœurs, de Bommiers (Indre), Cher (Espèce de l'Allemagne du Nord), juillet, août. — Chenille en juin sur le chêne, le hêtre.

678. — SELASANA (H. S.) — T R. Nohant (Indre), 10 juin, Saint-Florent (Cher), juillet (Espèce de Hongrie). — Chenille en juin sur le chêne, le hêtre.

679. — QUERCINANA (Z.) — A C. bois de Saint-Florent (Cher), juillet, août (Espèce d'Allemagne). — Chenille en juin sur le chêne.

681. — FORSKALEANA (L.) — A C. juin. Nohant (Indre), Saint-Florent (Cher). — Chenille en mars sur l'érable.

682. — HOLMIANA (L.) — C. 15 juillet. Nohant (Indre), Saint-Florent (Cher). — Chenille en mai sur le prunier, le rosier, l'aubépine, entre les feuilles attachées.

683. — CONTAMINANA (Hb.) — C. 18 septembre, 2 octobre. Nohant (Indre), Saint-Florent (Cher). — Chenille en juin sur le prunellier, le poirier sauvage, l'aubépine.

A. VAR. CILIANA (Hb.) — Aussi C. que le type, 10 octobre. Nohant (Indre).

B. VAR. DIMIDIANA (Froël.) — R. 20 août. Aurillac (Cantal), Nohant (Indre).

684. — LORQUINIANA (Dup.) — R. septembre, bois de Saint-Florent, Nohant (Indre), hiverne et reparaît en mars, avril. — Chenille en mai sur le *Lythrum salicana*, puis en septembre.

GEN. 101. — TORTRIX (Tr.)

685. — PICEANA (L.) — C. juin, juillet. Nohant (Indre) (Espèce d'Allemagne). — Chenille en mai sur tous les arbres.

686. — PODANA (Sc.) AMERIANA (Tr.) — C. 10, 15, 20 juin. Nohant (Indre), Saint-Florent (Cher). — Chenille en mai sur le chêne.

689. — CRATAEGANA (Hb.) — C. mai, juin. Nohant, Les Tailles (Indre), Saint-Florent (Cher). — Chenille sur le chêne, le charme.

690. — XYLOSTEANA (L.) — C. 10 juin, 10 juillet, Nohant (Indre), Saint-Florent (Cher). —- Chenille en mai sur le chèvrefeuille.

691. — ROSANA (L.) LAEVIGANA (S. V.) — C. 12 juin. Nohant (Indre), Cher, Allier, Creuse, Auvergne. — Chenille en mai sur les arbres fruitiers, sur le millepertuis, l'aubépine.

692. — SORBIANA (Hb.) — C. 6 juin, 10 juillet, forêts du Cher, de l'Allier, Nohant (Indre), Auvergne. — Chenille en mai sur l'alisier, le pommier sauvage.

693. — SEMIALBANA (Gn.) — C. 15 juin, 10 septembre, Nohant (Indre), Mont-Dore, Gravenoire (Auvergne), 15 juillet, (Espèce d'Angleterre). — Chenille en avril sur les *Iris*, feuilles liées.

695. — COSTANA (F.) — R. Mont-Dore (Auvergne), bois de hêtres, 15 juillet (Espèce d'Allemagne).

696. — CORYLANA (F.) — C. juin, juillet, Nohant (Indre), Saint-Florent-sur-Cher. — Chenille polyphage en mai sur tous les arbres.

698. — RIBEANA (Hb.) — C. 15 mai, 15 juin, Nohant (Indre), Saint-Florent (Cher), Sologne, Auvergne. — Chenille en mai sur l'aubépine, le groseiller, l'orme, le bouleau.

699. — CERASANA (Hb.) C. juin, Nohant (Indre), Cher, Auvergne. — Chenille en mai sur le chêne.

700. — CINNAMOMEANA (Tr.) — Royat (Auvergne), R. juillet, bois de pins (Espèce d'Allemagne).

701. — HEPARANA (S. V.) — C. 15 juin, 25 juillet, 10 septembre, Nohant (Indre), Saint-Florent (Cher), — Chenille en mai sur le frêne, le hêtre et les arbres fruitiers.

703. — LECHEANA (L.) — C. mai, juin, Nohant (Indre), Saint-Florent (Cher). — Chenille en avril sur les arbres fruitiers.

VAR. OBSOLETANA (Wood.) — Toute noire. Nohant (Indre), d'éclosion, mai. — Chenille sur le rosier en avril.

VAR. KLUGIANOÏDES (Sand.) — Var. inédite. Plus petite que le type, ailes noires à base vert pomme, séparée par une ligne plonbée, une demi ligne ensuite et un point également plombé. 10 mai, Nohant (Indre), d'éclosion. — Chenille sur le rosier en avril.

707. — INOPIANA (Hw.) CENTRANA (H. S.) — Saint-Florent (Cher), forêts, 20 juin, 10 juillet, A C. (Espèce d'Angleterre).

708. — DUMICOLANA (Z.) — T R. Nohant (Indre), 8 juillet. (Espèce méridionale).

709. — HISTRIONANA (Foël.) — Mont-Dore (Auvergne), bois de sapins, 15 juillet.

712. — MUSCULANA (Hb.) — A R. mai, juin, bois de Saint-Florent (Cher). — Chenille en octobre sur le pommier.

713. — UNIFASCIANA (Dup.) — A C. juin, Saint-Florent (Cher).

714. — STRIGANA (Hb.) — Saint-Florent-sur-Cher, fin juin. —
Chenille sur l'*Artemisia campestris*, en mai.

715. — DIVERSANA (Hb.) — Royat, Mont-Dore (Auvergne), R.
(Espèce d'Angleterre).

716. — OCHREANA (Hb.) — Juin, R. forêt de Cheurs (Indre).

717. — FORMOSANA (Hb.) — R. 12 juillet, Gravenoire, bois de
pins, Mont-Cornador, Saint-Nectaire (Auvergne), d'éclosion.
(Espèce de la Russie méridionale). — Chenille en juin sur les
pins, dans les cônes, se chrysalide dans les mousses.

719. — POLITANA (Hw.) — R. 20 avril, les Brandes, Rongères
(Indre). (Espèce d'Allemagne). — Chenille sur les bruyères
en octobre.

720. — CINCTANA (S. V.) — R. juin, août, bruyères, landes arides,
20 juillet, forêt du Capucin, Mont-Dore (Auvergne).

722. — RIGANA (Sodof.) — C. mai, bois secs. Nohant (Indre).
Saint-Florent (Cher). — Chenille sur les clématites, en mars,
avril.

725. — MINISTRANA (L.) — C. juin. Sommerère (Sologne), bois de
bouleaux. Guéret (Creuse). Forêt de Saint-Chartier (Indre). —
Chenille en septembre, octobre sur le saule-marceau, le bouleau, le nerprun. Elle hiverne à sa grosseur, se chrysalide en
mars.

726. — BIFASCIANA (Hb.) — Royat (Auvergne), 10 juin. — Chenille en octobre, fruits du nerprun et du cornouiller.

727. — CONWAYANA (F.) — A R. juin, Nohant (Indre), Cher. —
Chenille en octobre sur le troëne et sur l'épine vinette
(Berberis).

728. — BERGMANNIANA (L.) — C. 20 juin, 10 juillet, Nohant
(Indre), Saint-Florent (Cher). — Chenille en mai sur les
rosiers, se chrysalide dans la feuille pliée.

729, — LOEFLINGIANA (L.) — A R. 25 juin, Nohant (Indre),
Murat (Cantal), 10 juillet, R. — Chenille en mai sur le chêne,
se chrysalide dans la feuille pliée.

A. Var. ectypana (Hb,) — A R. juin, avec le type, Nohant
(Indre).

730. — VIRIDANA (L.) — C. juin, Nohant (Indre), Saint-Florent
(Cher). — Chenille en mai sur le chêne.

731. — PRONUBANA (Hb.) — Aurillac, Figeac (Cantal), A C.
avril, mai, septembre (Espèce méridionale), — Chenille
polyphage sur le thyn, l'asphodèle, le lentisque, les euphorbes, d'octobre à mars.

737. — FORSTERANA (F.) ADJUNCTANA (Tr.) — R. juin, bois de
Saint-Florent (Cher).

738. — VIBURNIANA (F.) — C. septembre, octobre, Nohant (Indre).
Saint-Florent (Cher). — Chenille en juillet dans les pousses
attachées de l'*Ononis spinosa*,

739. — UNICOLORANA (Dup.) ASPHODILANA (H. S.) — Royat (Auvergne), Nohant, bois de Rongères (Indre), C. 8, 10, 15 mai. — Chenille du 1ᵉʳ au 25 avril, sur les asphodèles, se chrysalide entre les feuilles liées par de la soie, reste 15 jours en chrysalide.

740. — PALEANA (Hb.) — 15 juillet, Mont-Dore, Chaudefour (Auvergne), C.

   A. Var. icterana (Froël.) — C. 15 juillet, Mont-Dore (Auvergne).

   B. Var. intermedia (H. S.) — C. 15 juillet, Mont-Dore La Cacadogne, Puy-de-Sancy (Auvergne).

746. — STEINERIANA (S. V.) — A C. 15 juillet, hauteurs de Chaudefour, La Cacadogne (Auvergne), vole en plein jour sur les gentianes.

747. — RUSTICANA (Tr.) — A R. mai, sur les bruyères, La Brande (Indre) (Espèce des montagnes de Hongrie).

748. — ROLANDRIANA (L.) — R. Mont-Dore (Auvergne) juillet. — Chenille sur le *Veratrum album*.

750. — ANGUSTIORANA (Hw.) — Avril, juillet, Volvic (Puy-de-Dôme). — Chenille sur le laurier ordinaire.

751. — RETICULANA (Hb.) — R. juin, juillet, Nohant (Indre). — Chenille sur le chèvrefeuille.

752. — PILLERIANA (S. V.) — 25 juin, devenue rare depuis longtemps, Nohant (Indre), Saint-Florent (Cher), Clermont (Puy-de-Dôme), Guéret (Creuse), Murat (Cantal). — Chenille sur la vigne et sur les *Stachys*.

755. — GROTIANA (F.) — C. 15 juin, forêts de Cheurs, de Saint-Palais, Sologne (Cher). Nohant (Indre), 2 juillet. — Chenille en mai sur le chêne, l'aubépine.

756. — GNOMANA (Cl.) — C. juin, forêts de Cheurs, d'Allogny (Cher). Nohant (Indre). — Chenille polyphage en mai.

761. — GERNINGANA (S. V.) PECTINANA (Hb.) — Mont-Dore (Auvergne), bois de hêtres, fin juillet, 10 août, R. (Espèce d'Allemagne).

764. — FAVILLACEANA (Hb.) — A R. septembre, octobre. Nohant (Indre). — Chenille en septembre sur le saule.

Gen. 103 — Sciaphila (Tr.)

767. — OSSEANA (Sc.) — R. juin, juillet, prairies montagneuses. Saint-Florent-sur-Cher, Royat (Auvergne).

770. — ARGENTANA (Cl.) GOUANA (L.) — T C. Mont-Dore, forêt du Capucin, Chaudefour (Auvergne). 15 juillet au 15 août, (Espèce alpine).

776. — PENZIANA (Hb.) — R. terrains granitiques, Crevant (Indre), Mont-Dore (Auvergne), bois de hêtres, C. 15 juillet. (Espèce de Suisse). — Chenille sur les *Sedum*, en juin.

780. — WAHLBOMIANA (L.) — C. 20 mai, septembre, prairies, deux générations. Nohant (Indre). — Chenille en avril, puis juin, sur les plantes herbacées.

    A. VAR. ALTICOLANA (H. S.) — R. Nohant (Indre), 25 mai.

    B. VAR. VIRGAUREANA (Tr.) — C. Nohant (Indre), juin. — Chenille fin avril sur le cerfeuil.

    C. VAR. MINORANA (H. S.) — C. Nohant (Indre), juillet. — Chenille 10 mai sur la luzerne.

    D. VAR. COMMUNANA (H. S.) — C. Nohant (Indre), juillet.

    E. VAR. INCERTANA (Tr.) — C. Nohant (Indre), 22 mai. — Chenille fin avril sur la luzerne.

785. — NUBILANA (Hb.) — R. juin, Saint-Florent (Cher). — Chenille en avril sur les *aster*.

GEN. 104. — SPHALEROPTERA (Gn.)

787. — ALPICOLANA (Hb.) — Un ♂. Puy-de-Sancy (Auvergne), juillet, dans les herbages (Espèce alpine).

GEN. 105. — DOLOPLOCA (Hb.)

789. — PUNCTULANA (S. V.) — A C. avril, mai, bois de Saint-Florent (Cher). (Espèce de Hongrie). — Chenille en juin, juillet sur le troëne.

GEN. 106. — CHEIMATOPHILA (Stph.)

790. — TORTRICELLA (Hb.) — C. 25 février au 4 mars. Les Tailles (Indre). Forêts du Cher. Creuse. Auvergne, C. — Chenille en juin sur le chêne.

GEN. 109. — OLINDIA (Gn.)

793. — HYBRIDANA (Hb.) — A C. mai, haies d'aubépine, Nohant (Indre).

    B. VAR. ALBULANA (Tr.) — R. avec le type.

794. — ULMANA (Hb.) — R. mai autour des ormes et des noisetiers, Nohant, Crozon (Indre).

GEN. 110. — COCHYLIS (Tr.)

798. — LATHONIANA (Hb.) — 10 juillet, Royat (Auvergne), un exemplaire. (Espèce de Hongrie).

799. — HAMANA (L.) — C. 25 juin, juillet. Nohant (Indre). Saint-Florent (Cher), Creuse, Allier. — Chenille en septembre, octobre dans les tiges et les fleurs de la cardère et des *Cirsium*.

801. — ZOEGANA (L.) — C. 20 juin, 6 juillet, Nohant (Indre). Saint-Florent (Cher). — Chenille en avril, mai, dans la racine de *Centaurea jacea*.

803. — AMIANTANA (Hb.) — R. 10 mai, Nohant (Indre), au réflecteur. (Espèce de Hongrie).

817. — SCHREIBERSIANA (Froël.) — R. mai, Saint-Florent (Cher). — Chenille en janvier, février, sous l'écorce des peupliers et des ormes.

822. — CRUENTANA (Froël.) — C. 15 avril, mai sur les bruyères, La Brande (Indre), Le Lioran (Cantal), 10 août.

825. — AMBIGUELLA (Hb.) ROSERANA (Froël.) — C. avril, 20 juillet, Nohant (Indre), au réflecteur. Cher, Allier. — Chenille en juin dans les fleurs de la vigne, en août dans les grains de raisin et les feuilles.

827. — STRAMINEA (Hw.) — R. août, Saint-Florent (Cher).

830. — HILARANA (H. S.) — A R. Nohant (Indre). Saint-Florent (Cher), juillet. — Chenille en juin sur l'*Artemisia campestris*, dans la tige où elle produit une boursouflure.

831. — JUCUNDANA (Dup.) — Nohant (Indre), juillet, R.

840. — DIPOLTELLA (Hb.) — R. 20 mai, bois des Paquelets, La Brande (Indre), (espèce d'Allemagne). Royat (Puy-de-Dôme), 15 juillet. — Chenille en janvier dans les ombelles sèches de l'*Achillea millefolium*.

841. — ZEPHYRANA (Tr.) — A C. 15 juillet, coteaux arides, Nohant (Indre). Saint-Florent (Cher), 25 avril. — Chenille en mai dans les racines de l'*Eringium campestris*.

    A. VAR. MARGAROTANA (Dup.) — A C. 25 avril, prairies de Nohant (Indre).

    C. VAR. DUBRISANA (Curt.) — A C. forêts du Cher, de l'Indre.

847. — RUTILANA (Hb.) — A C. mai, Saint-Florent (Cher), (espèce d'Allemagne). — Chenille sur le genevrier dans une toile entre les aiguilles, en mars.

852. — HARTMANNIANA (Cl.) BAUMANNIANA (S. V.) — A C. 20 mai, 10 juillet, bois de pins. Nohant, (Indre). Saint-Florent, Sologne (Cher). Royat (Auvergne).

853. — DECIMANA (S. V.) — R. juillet, Saint-Florent (Cher).

854. — ALEELLA (Schulz.) TESSERANA (S. V.) — C. juin, coteaux arides. Nohant (Indre). Saint-Florent (Cher).

    VAR. A. (H. S. N° 327). — R. juin, Saint-Florent (Cher).

855. — BADIANA (Hb.) — R. juin, Nohant (Indre). — Chenille en juillet dans les tiges de la Bardane *(Lappa minor)*.

858. — KINDERMANNIANA (Tr.) — R. Juillet, Saint-Florent (Cher). (Espèce de Hongrie). — Chenille sur l'*Artemisia campestris*?

859. — SANGUINANA (Tr.) — Saint-Florent (Cher), A R. juillet, août. (Espèce de Hongrie). — Chenille en mai dans la tige de l'*Eryngium Campestris*.

860. — FRANCILLANA (F.) — Juillet, Nohant (Indre), A C. au réflecteur. — Chenille en mai dans les tiges sèches de l'*Eryngium campestris*.

866. — SMEATHMANNIANA (F.) — A R. juin, champ de blé

Nohant (Indre). — Chenille en octobre dans les ombelles de la millefeuille où elle hiverne.

878. — IMPLICITANA (H. S.) — R. juin, La Châtre, rochers des bords de l'Indre. Mont-Dore (Auvergne). (Espèce d'Allemagne). — Chenille en octobre dans les fleurs de *Gnaphalium*, *Tanacetum*, *Artemisia*, *Solidago virgaurea*.

879. — CILIELLA (Hb.) — C. 10 juillet, lisières des forêts, Saint-Florent (Cher), Nohant (Indre), C. au réflecteur, 15 juin. — Chenille en juin dans les graines de primevère.

881. — EPILINANA (Z.) — A R. 10 juin, 15 juillet. Nohant (Indre), au réflecteur. (Espèce d'Allemagne).

883. — PHALERATANA (H. S.) — A R. 10 juillet. Nohant (Indre), au réfleéteur. (Espèce alpine),

884. — ROSEANA (Hw). — R. juin. Nohant (Indre) , au réflecteur. — Chenille dans les têtes de la cardère.

887. — PURPURATANA (H. S.) — A R. août, Nohant (Indre), au réflecteur. (Espèce de Hongrie). — Chenille dans les fleurs de la *Chondrilla juncea*.

889. — RUPICOLA (Curt.) — R. juin. Nohant (Indre), prairies.

891. — MUSSEHLIANA (Tr.) — R. juillet. Prés humides, Vijon, Planet (Indre). (Espèce d'Allemagne). — Chenille en avril dans les tiges d'*Alisma plantago*, puis en juillet.

893. — MANNIANA (F. R.) — Nohant (Indre), 20 juin. R. au réflecteur. (Espèce de Hongrie).

898. — AMBIGUANA (Froël.) PUMILANA. — R. avril, mai, bois de bouleaux de Sommerère, Sologne du Cher. (Espèce d'Angleterre et du midi de l'Allemagne). — Chenille en mars, avril, dans les chatons du saule et du bouleau.

902. — PALLIDANA (Z.) — 20 juin, Nohant (Indre), au réflecteur, (un exemplaire). (Espèce d'Allemagne).

903. — POSTERANA (Z.) — A C. mai, 25 juillet, Nohant (Indre). — Chenille en octobre, dans les fleurs de centaurée *Carduus nutans*, bardane *(Lappa tomentosa)*.

906. — DUBITANA (Hb.) — C. mai, août, Nohant (Indre). Saint-Florent (Cher). — Chenille en juin, septembre, dans les fleurs de *Senecio*, *Jacobea* et des chicoracées.

Gen. 111. — Phtheochroa (Stph.)

908. — RUGOSANA (Hb.) — R. avril, Saint-Florent (Cher). — Chenille en août dans les fleurs et les graines de la bryone.

Gen. 113. — Retinia (Gn.)

915. — DUPLANA (Hb.) — R. février, mars, bois de pins. Sologne. La Brande (Indre). — Chenille dans les cônes de pins.

918. — PINIVORANA (Z.) — R. juillet, Le Lioran (Cantal).

919. — TURIONANA (Hb.) — R. mai, bois de pins, Royat (Auvergne). (Espèce d'Allemagne).

921. — BUOLIANA (S. V.) — C. juin, plantations de pins de la Brande (Indre). Sologne du Cher. — Chenille en avril, mai, dans les pousses des pins sylvestre et maritime qu'elle courbe.

924. — RESINELLA (L.) — C. bois de pins, Sologne du Cher, juin. — Chenille sur les pins, occasionne une boursouflure.

Gen. 114. — Penthina (Tr.)

925. — PROFUNDANA (S. V.) — C. 20 juin, juillet. Forêts. Nohant (Indre). Saint-Florent (Cher). —Chenille en avril sur le chêne.

926. — SCHREBERIANA (L.) — A R. 25 juin, Mont-Dore (Auvergne). — Chenille sur le bois-joli (Prunus padus).

927. — SALICELLA (L.) SALICANA (H. S.) — C. juin, juillet, Nohant (Indre), Cher, Allier, Auvergne. — Chenille en mai, sur le saule, le peuplier.

929. — SEMIFASCIANA (Hw.)— A R. de juin en août. Saint-Florent (Cher). (Espèce d'Angleterre). — Chenille sur le saule et l'osier, dans les chatons et les bourgeons, avril.

930. — SCRIPTANA (Hb.) HARTMANNIANA (L.) — C. juillet, oseraies, bords du Cher, à Saint-Florent, Reuilly (Indre), C. — Chenille en juin sur le saule.

932. — CORTICANA (Hb.) — C. juin, forêts humides, Allogny (Cher), Crevant (Indre). — Chenille en mai sur le chêne.

933. — BETULAETANA (Hw.) — A R. juin, bois de bouleaux, Sommerère , Sologne. (Espèce d'Angleterre). — Chenille en mai, sur le bouleau.

937. — VARIEGANA (Hb.) — C. 20 mai, juin, août, Nohant (Indre), Saint-Florent (Cher). — Chenille en avril, juillet sur les arbres fruitiers, les rosiers.

938. — PRUNIANA (Hb.) — C. 15 mai, 10 juin, août. Nohant (Indre), Saint-Florent (Cher). — Chenille en avril, juillet, sur les arbres fruitiers, le peuplier, le saule.

939. — OCHROLEUCANA (Hb.) — C. 1ᵉʳ juin, parcs, jardins. Nohant (Indre). — Chenille en mai sur les rosiers.

940. — DIMIDIANA (Sodof.) — Juillet, R. Mont-Dore (Auvergne). (Espèce de l'Allemagne du Nord). Nohant (Indre), 25 août, à la miellée.

943. — OBLONGANA (Hw,) — C. mars, 15 mai, 10 juillet. Nohant (Indre), Saint-Florent (Cher), Creuse, Auvergne. — Chenille en juin, septembre, dans les têtes de la cardère Dypsacus sylvestris.

944. — SELLANA (Hb.) — C. avril, mai. Nohant (Indre), Saint-Florent (Cher), Creuse, Auvergne. — Chenille en juillet dans les têtes du chardon à foulon puis en octobre.

945. — GENTIANA (Hb.) — R. juillet, Mont-Dore (Auvergne). — Chenille en mai, septembre dans les graines de la gentiane.

950. — NIGRICOSTANA (Hw.) — R. juin, juillet, Saint-Florent-sur-Cher (Espèce d'Allemagne). — Chenille dans la racine du Stachys sylvatica (l'Epiaire des bois), avril.

951. — FULIGANA (Hb.) — R. juin, août. Nohant (Indre). (Espèce d'Allemagne).

953. — LAPIDEANA (H. S). — R. juillet. Mont-Dore (Auvergne).

958. — ARBUTELLA (L.) — Un exemplaire, juillet. Royat (Auvergne). (Espèce de l'Écosse). — Chenille sur le raisin d'ours et sur l'airelle, en août.

959. — MYGINDANA (S. V.) — R. mai, juin, bruyères de la Sologne (Cher). (Espèce d'Angleterre). — Chenille sur le *Myrica gale* (bois sent bon), en avril, feuilles terminales liées ensembles.

960. — RUFANA (Sc.) — C. juin, Nohant (Indre). Saint-Florent (Cher). (Espèce d'Allemagne). — Chenille sur les rosiers en avril.

962. — STRIANA (S. V.) — C. 25 juin au 15 juillet, 20 septembre. Nohant (Indre). (Espèce d'Angleterre). Mont-Dore, 15 juillet, C. Murat (Cantal), 20 août, C. — Chenille en mai sur la Bardane.

963. — BRANDERIANA (L.) — R. juin, Saint-Florent (Cher). (Espèce d'Angleterre). — Chenille en mai sur le tremble.

VAR. VIDUANA (H. S.) — R. juin, Saint-Florent (Cher).

966. — SIDERANA (Tr.) — A R. juin, (espèce de Hongrie). Saint-Florent (Cher). Nohant (Indre).

970. — STIBIANA (Gn.) — Forêt de sapins du Lioran (Cantal), 15 août, un exemplaire. (Espèce alpine).

971. — METALLIFERANA (H. S.) — R. juillet, Puy-de-Sancy, Bois du Capucin (Auvergne), au réflecteur. (Espèce alpine).

972. — PALUSTRANA (Z.) — Sologne du Cher, juin, un exemplaire.

976. — SCHULZIANA (F.) — Le Lioran (Cantal), 25 juillet, un exemplaire, forêts de sapins.

977. — SPURIANA (H. S.) — Mont-Dore (Auvergne), juillet, A R.

978. — OLIVANA (Tr.) — Nohant (Indre), juillet, R. au réflecteur. bois de hêtres au Mont-Dore (Auvergne), juillet. (Espèce d'Allemagne.)

980. — ARCUELLA (Cl.) ARCUANA (L.) — C. 15 juin au 15 juillet, forêts. Nohant (Indre), Cher, Allier, Auvergne. — Chenille en avril dans la tige des noisetiers.

981. — RIVULANA (Sc.) CONCHANA (Hb.) — Juin, bois, taillis de chênes. Saint-Florent (Cher), R. Mont-Dore (Auvergne), août, Nohant (Indre), A R.

982. — UMBROSANA (Frr.) — A C. juin, bois de chênes, Nohant (Indre), juillet. (Espèce d'Allemagne).

983. — URTICANA (Hb.) — Vallée de la Cère (Cantal), C. Saint-Florent (Cher). Bords de l'Indre, à Nohant, C. 15 mai. — Chenille en avril sur la ronce, l'orme, le bouleau, le saule.

984. — LACUNANA (S. V.) — A C. Nohant (Indre). Saint-Florent (Cher), 22 mai, juin. Sologne. — Chenille en avril sur l'orme, le bouleau, le saule.

985. — RUPESTRANA (Dup.) — Saint-Florent (Cher). (Espèce d'Allemagne). Nohant (Indre), A R. juillet.

988. — LUCIVAGANA (Z.) — A C. à Nohant, en juin et septembre (Indre), Mont-Dore (Auvergne), août. (Espèce de Hongrie).

989. — CESPITANA (Hb.) — C. juin, prés, pacages, Nohant (Indre), Saint-Florent (Cher), Allier.

991. — BIFASCIANA (Hw.) — R. juillet. Guéret (Creuse), Auvergne. Nohant (Indre), R. (Espèce d'Angleterre).

993. — BIPUNCTANA (F.) — R. 20 juillet, Mont-Dore (Auvergne). (Espèce de l'Allemagne du Nord). — Chenille en mai sur le myrtille.

997. — CHARPENTIERANA (Hb.) — Sologne du Cher, R. juillet. Nohant (Indre).

998. — FULGIDANA (Gn.) GIGANTANA (H. S.) — C. juin. Saint-Florent (Cher). Nohant (Indre), au réflecteur. (Espèce alpine).

1001. — ACHATANA (S. V.) — C. juin, buissons, haies, Nohant (Indre). Saint-Florent (Cher). (Espèce d'Allemagne). — Chenille sur le prunellier.

1003. — ANTIQUANA (Hb.) — R. juin. Saint-Florent (Cher). — Chenille sur le *Stachys arvensis*.

Gen. 115. — Aspis (Tr.)

1004. — UDDMANNIANA (L.) — C. 15 juillet, bois, pacages. Nohant (Indre). — Chenille en mai, à l'extrémité des feuilles des ronces et des framboisiers attachées.

Gen. 116. — Aphelia (Stph.)

1006. — LANCEOLANA (Hb.) — C. 20 juin, 15 juillet. Nohant (Indre), avril, mai, prés. Royat (Auvergne). Le Lioran (Cantal), août. — Chenille sur le *Juncus conglomeratus*, mai, août.

1007. — NIGROVITTANA (Stph.) — N'est qu'une variété de l'espèce précédente, juillet, août. (Espèce de l'Ecosse). Nohant (Indre), C.

1011. — FURFURANA (Hw.) — R. Gargilesse (Indre), plateaux, juin. (Espèce d'Angleterre).

Gen 117. — Eudemis (Hb.)

1013. — BOTRANA (S. V.) — R. mai, dans les bois, Saint-Florent (Cher). — Chenille en septembre, octobre, sur le chêne.

1016. — ARTEMISIANA (Z.) — R. bois de Saint-Florent (Cher), 20 avril. Issoudun (Indre). — Chenille sur l'*Odondites lutea*, en octobre, parmi les graines.

Gen. 118. — Lobesia (Gn.)

1025. — PERMIXTANA (Hb.) — R. 20 mai. Saint-Florent (Cher). (Espèce d'Angleterre). — Chenille en juin, septembre, sur *Anchusa officinalis*.

Gen. 120. — Eccopsis (Z.)

1027. — LATIFASCIANA (Hw.) — C. juin, forêts de chênes. Nohant (Indre). Saint-Florent (Cher). (Espèce d'Angleterre).

Gen. 122. — Petalea (Gn.)

1030. — FESTIVANA (Hb.) — Au réflecteur, C. en juillet. Saint-Florent (Cher). Nohant (Indre). (Espèce de Hongrie). — Chenille en mai sur le chêne.

Gen. 123. — Grapholitha (Tr.)

1031. — GRANDAEVANA (Z.) — Murat (Cantal), R. juin, juillet.

1032. — INFIDANA (Hb.) — R. 10 septembre, landes incultes, Ardentes (Indre). — Chenille sur l'*Artemisia campestris*, juin.

1038. — LACTEANA (Tr.) — Murat (Cantal), 10 août. (Espèce de Hongrie). Un exemplaire.

1045. — EXPALLIDANA (Hw.) — C. Nohant (Indre), juin, juillet. Saint-Florent (Cher), prairies. (Espèce d'Angleterre).

1046. — HOHENWARTIANA (S. V.) — C. 15, 20 mai, 3 juillet, 10 septembre, prairies, Nohant (Indre). Saint-Florent (Cher), d'éclosion et au réflecteur. — Chenille en juillet dans les têtes de *Cirsium lanceolatum*.

1049. — CAECIMACULANA (Hb.) — C. juin, juillet, Nohant (Indre). Saint-Florent (Cher). (Espèce de Dalmatie). — Chenille en mai dans les racines de *Centaurea jacea*.

1051. — DECOLORANA (Frey.) — Nohant (Indre), 15, 24 mai, au réflecteur, A C.

1052. — MODICANA (Z.) — C. Nohant (Indre), 25 mai, prairies bordées d'ormes. Saint-Florent (Cher), C. — Chenille dans les capitules des chardons en août.

1053. — HEPATICANA (Tr.) — R. rochers de la Creuse, juin. Gargilesse, bois de Vavrey (Indre). — Chenille en octobre dans les tiges des *Senecio sylvaticus* et *sarracenicus*.

1059. — FUSCULANA (Z.) — 25 mai, Nohant (Indre), un exemplaire au réflecteur. (Espèce méridionale).

1061. — GRAPHANA (Tr.) — A R. Nohant (Indre), juillet. (Espèce de Hongrie).

1066. — TEDELLA (Cl.) COMITANA (S. V.) — C. 5 juin, Nohant (Indre). Saint-Florent (Cher). Bois du Capucin, Mont-Dore (Auvergne), 25 juin. Planet (Indre), C. — Chenille en avril sur les bourgeons de sapins *(Abies excelsa)*, octobre.

1067. — PROXIMANA (H. S.) — A R. juin, Nohant (Indre). (Espèce d'Angleterre).

1068. — DEMARNIANA (F. R.) — R. mai, Sologne du Cher. La Brande (Indre). — Chenille en avril dans les bourgeons des bouleaux.

1069. — COULERUANA (Dup.) — R. 25 juin, Mont-Dore (Auvergne).
— Chenille sur le serpolet en mai.

1070. — SUBOCELLANA (Don.) CAMPOLILIANA (S. V.) — R. Saint-
Florent (Cher), mai. — Chenille en octobre, saule marceau,
feuille en dessous.

1071. — NISELLA (Cl.) — C. juillet, Nohant (Indre). — Chenille en
avril sur les chatons des saules et des peupliers.
     A. VAR. PAVONANA (Don.) — C. avec le type. Nohant
(Indre).
     B. VAR. DECORANA (Hb.) — C. avec le type. Nohant (Indre).

1072. — USTULANA (Hb.) — A R. juillet, Nohant (Indre). (Espèce
de l'Allemagne du Sud).

1073. — PENKLERIANA (Fr.) MITTERBACHIERANA (Dup.) — C.
juin, lisières de forêts, Nohant (Indre). Espèce très-variable.
— Chenille dans les chatons du noisetier et les bourgeons
de l'aune en avril.

1074. — OPHTHALMICANA (Hb.) — A C. septembre, octobre,
Saint-Florent (Cher). (Espèce d'Allemagne), Nohant (Indre).
— Chenille en mai sur le tremble, le saule marceau.

1076. — SOLANDRIANA (L.) — R. Saint-Florent (Cher), bois,
juillet, forêt de Chœurs (Indre). — Chenille en mai sur le
chêne.

1078. — SORDIDANA (Hb.) — R. juillet, bords de l'Indre, Nohant
(Espèce d'Angleterre). — Chenille en mai sur l'aulne.

1079. — BILUNANA (Hw.) — R. juin, bois de bouleaux, Sologne
du Cher. (Espèce d'Angleterre). — Chenille dans les chatons
du bouleau en avril.

1080. — TETRAQUETRANA (Hw.) — C. bois, parcs, avril, mai,
juillet, Nohant (Indre). — Chenille sur le bouleau, l'aune en
septembre.

1081. — IMMUNDANA (Fr.) — C. avril, forêts, parcs, bords de
l'Indre, août, septembre, Nohant (Indre), Saint-Florent (Cher),
Sologne. — Chenille en mai sur le bouleau, l'aulne, puis en
octobre.

1085. — SIMILANA (Hb.) BIMACULANA (Don.) — R. juin, septembre, Sologne du Cher, Auvergne. — Chenille en mai sur
le bouleau.

1088. — INCARNATANA (Hb.) — R. Nohant (Indre), pacages, juin
(Espèce d'Angleterre). — Chenille en avril sur l'aubépine.

1089. — SUFFUSANA (Z.) — C. mai, juin, haies, buissons. Nohant
(Indre), Saint-Florent (Cher), Allier. — Chenille en avril,
mai, sur l'aubépine.

1091. — TRIPUNCTANA (S. V.) C. mai, Nohant (Indre), Saint-
Florent-sur-Cher, R. — Chenille en avril sur le rosier,
l'églantier.

1092. — CYNOSBANA (F.) — C. jardins, Nohant (Indre), éclot vers
le 15 avril, reparaît en juillet (Deux générations). — Chenille

en mai sur les rosiers dans les jeunes pousses et en septembre.

1093. — ASSECLANA (Hb.) — C. mai, août, Nohant (Indre), Saint-Florent (Cher). (Espèce de Hongrie).

1095. — PFLUGIANA (Hw.) SCUTULANA (Tr.) — A C. juin, Nohant (Indre). — Chenille en septembre, dans la tige des chardons dont elle mange la moëlle, se chrysalide en terre.

1096. — CIRSIANA (Z.) — C. mai. Nohant (Indre), Saint-Florent-sur-Cher (Espèce alpine). — Chenille en octobre dans les tiges des *Cirsium*, scabieuses, chardons.

1101. — TRIGEMINANA (Stph.) — R. juin, Saint-Florent-sur-Cher. (Espèce d'Angleterre). — Chenille sur les racines du *Senecio jacobea*.

1103. — TETRAGONANA (Stph.) — A C. juin, Nohant (Indre). Saint-Florent (Cher). (Espèce d'Angleterre, d'Allemagne). — Chenille en mai sur le *Centaurea nigra*.

1105. — BRUNNICHIANA (S. V.) — A R. mai, Nohant (Indre). Saint-Florent (Cher). — Chenille en octobre dans les tiges du *Tussilago farfara*.

1106. — TURBIDANA (Tr.) — R. Gargilesse (Indre), juillet. — Chenille dans les tiges du *Petasites riparia* en octobre.

1107. — FOENELLA (L.) — Nohant (Indre). Saint-Florent (Cher), C. Creuse, juin, juillet. — Chenille en avril, mai, dans les racines de l'*Artemisia vulgaris*.

VAR. A. (A TACHES PLOMBÉES). — A. C. avec le type. Nohant (Indre).

1112. — CITRANA (Hb.) — C. 20 juin, Nohant (Indre). Gravenoire, Royat (Puy-de-Dôme), C. 20 juillet. — Chenille en septembre dans les racines de la millefeuille et de l'armoise.

1117. — PUPILLANA (Cl.) — A C. vallée de l'Alagnon, Murat (Cantal), 20 août, vole au coucher du soleil sur les absinthes en fleurs. (Espèce de Hongrie). — Chenille sur l'armoise maritime et sur l'absinthe, en septembre.

1118. — METZNERIANA (Tr.) — R. juin, Saint-Florent-sur-Cher. (Espèce de Hongrie). — Chenille en septembre sur l'*Artemisia campestris*.

1121. — INCANA (Z.) — Nohant (Indre), juin, A R. au réflecteur. (Espèce de Hongrie). — Chenille sur l'armoise en septembre.

1122. — CONTERMINANA (H. S.) — C. mai, 10 juin, 15 juillet, Nohant (Indre). Saint-Florent (Cher). (Espèce de Hongrie). Jardins potagers. — Chenille en septembre dans les graines de laitues.

1123. — ASPIDISCANA (Hb.) — Nohant (Indre), C. mai, lisières des forêts. Vierzon, Saint-Florent (Cher). Forêts du Capucin, Mont-Dore (Auvergne), R. — Chenille en octobre dans un tube de soie dans les fleurs de *Solidago virgaurea*.

1124. — HYPERICANA (Hb.) — C. juin, juillet, Nohant (Indre). Saint-Florent (Cher). Guéret (Creuse). — Chenille en mai dans les fleurs et dans les graines attachées du millepertuis *(Hypericum perforatum)*.

1125. — ALBERSANA (Hb.) — C. mai, Nohant (Indre). Saint-Florent (Cher). D'éclosion et au reflecteur. — Chenille en octobre sur le *Lonicera periclemenum*.

1127. — TENEBROSANA (Dup.) — A R. juin. Saint-Florent-sur-Cher. Nohant (Indre). — Chenille en septembre dans les siliques des pois et des vesces.

1128. — NEBRITANA (Tr.) — 20 avril, bois de Vavrey, C. sur les genêts en fleurs. Nohant (Indre). — Chenille dans les siliques des genêts en juillet.

1130. — VICIANA (Gn.) — 10, 25 avril. Nohant, La Brande, Greuille (Indre), C. vole en plein soleil autour des buissons d'ajoncs *(Ulex europeus)*. — Chenille dans les graines de l'*Ulex europeus* en septembre.

1134. — FUNEBRANA (Tr.) — A C. 25 mai, 5 juin. Nohant, Planet (Indre). — Chenille en août, octobre, dans les fruits à noyaux, surtout les prunes.

1135. — GEMMIFERANA (Tr.) — R. Saint-Florent (Cher), mai. (Espèce de Hongrie).

1136. — CAECANA (Schl. H. S.) — R. juin, Saint-Florent (Cher).

1138. — MICACEANA (Const. ann. S. F. 1865). — Les brandes d'Ardentes, Saint-Août (Indre), vole en plein soleil autour des buissons d'*Ulex europeus*, C. mai, juin. — Chenille dans les graines de l'*Ulex europeus*, en septembre, octobre.

1139. — SUCCEDANA (S. V.) — C. mai. Nohant (Indre). — Chenille en août dans les pousses du *Cytisus nigrans* et de l'ajonc.

1142. — SERVILLANA (Dup.) — A R. juin, autour des saules marceaux. Saint-Florent (Cher). Nohant (Indre). (Espèce d'Allemagne). — Chenille en octobre dans une boursouflure des branches du saule marceau. Elle hiverne et s'y chrysalide.

1144. — STROBILELLA (L.) STROBILANA (Hb.) — C. mai. Chanteloup, Nohant (Indre). Bois de Morthomiers, Saint-Florent (Cher). — Chenille en octobre dans les cônes du *Pinus abies*. Elle hiverne, se chrysalide en avril.

1145. — JUNIPERANA (Mill.) — 15 mai. Rocamadour (Lot), C. Saint-Florent (Cher). Etang du Lys-Saint-Georges (Indre), R. — Chenille en avril dans les baies de Genevrier.

1147. — SPLENDIDULANA (Gn.) — R. Saint-Florent (Cher), avril, mai, bois de sapins.

1148. — COROLLANA (Hb.) — Forêt d'Allogny (Cher), juillet, un exemplaire. — Chenille en octobre sur le tremble, boursouflure en janvier.

1149. — SCOPARIANA (H. S.) — C. 15 avril, champs de genêts, clairières. Nohant, Gargilesse (Indre). Saint-Florent (Cher).

1150. — COSMOPHORANA (Tr.) — R. bois de pins, avril. La Brande (Indre). (Espèce de l'Allemagne du nord). — Chenille en janvier sous l'écorce des pins, vit avec la chenille de la *Retinia resinella.*

1151. — CONIFERANA (Rtz.) — Nohant (Indre), un exemplaire d'éclosion, juin (Espèce du Nord). — Chenille sur le sapin.

1155. — PACTOLANA (Z.) — Planet (Indre), 6 juin, un exemplaire. (Espèce du Nord). — Chenille sur le sapin.

1156. — WOEBERIANA (S. V.) — C. juin, juillet. Saint-Florent (Cher). — Chenille en avril sous l'écorce du prunier et du cerisier, s'y chrysalide.

1157. — RUFILLANA (Stt.) PUDICANA (H. S.) — R. Saint-Florent (Cher), mai. Nohant (Indre). (Espèce d'Angleterre). — Chenille en septembre dans les ombelles des carottes sauvages.

1158. — INTERNANA (Guenée). — Mai, Sommerère, (Sologne). Nogent-le-Rotrou. Espèce découverte par Guénée. Vole en plein soleil dans les herbages.

1162. — COMPOSITELLA (F.) GUNDIANA (Hb.) — C. Nohant (Indre), luzernières fin mai, 20 juin, 15 juillet. Saint-Florent (Cher). — Chenille sur le coudrier, le noisetier.

1163. — LEPLASTRIANA (Curt.) — R. Saint-Florent, juin.

1167. — PERLEPIDANA (Hw.) — C. 20 avril, clairières, taillis, Nohant (Indre). Saint-Florent (Cher). (Espèce d'Allemagne). — Chenille en juillet dans les graines de l'*Orobus niger.*

1169. — FISSANA (Froel.) — A R. avril, mai, bois humides. Rongères (Indre). Saint-Florent (Cher). (Espèce de Hongrie).

1170. — DISCRETANA (Wk.) DORSANA (Hb.) — A R. mai, forêts, bois de Rongères (Indre). (Espèce de Hongrie).

1171. — INQUINATANA (Hb.) — A C. 15 avril, août, forêts, Nohant (Indre), Saint-Florent (Cher).

1173. — DORSANA (F.) JUNGIANA (Froël.) — R. mai, sur les bruyères, Saint-Florent (Cher).

1174. — OROBANA (Tr.) — Nohant (Indre). un exemplaire, au réflecteur, 20 mai (Espèce de Hongrie).

1176. — CORONILLANA (Z.) — A C. juillet, Nohant, Saint-Florent, bois frais (Espèce de Hongrie).

1180. — AURANA (F.) — R. août, en plein soleil sur les ombellifères et les ronces en fleurs. Saint-Florent-sur-Cher.

Gen. 124. — Carpocapsa (Tr.)

1181. — POMONELLA (L.) — C. 15 juin au 15 juillet, Nohant (Indre), Saint-Florent (Cher), Royat (Puy-de-Dôme), 10 juillet. — Chenille de juillet à octobre dans les pommes, poires, prunes, noix. Elle hiverne dans une toile de soie entre les écorces.

1182. — GROSSANA (Hw.) — C. juin, Sologne, Saint-Florent (Cher), Nohant, Crevant (Indre). — Chenille en septembre dans les faines du hêtre, se chrysalide en terre sous la mousse.

1183. — SPLENDANA (Hb.) — C. juin, juillet, Les Tailles de Nohant (Indre), Saint-Florent (Cher). — Chenille fin septembre dans les glands tombés, se chrysalide en terre sous la mousse.

1184. — REAUMURANA (Hein.) — C. mai, juin, La Châtre (Indre), Guéret (Creuse). — Chenille fin septembre dans les châtaignes, se chrysalide en terre, sous la mousse dans les fissures des écorces.

1185. — AMPLANA (Hb.) C. 25 juillet, 10 août, Saint-Florent (Cher), Nohant (Indre). — Chenille de septembre à novembre dans les glands du chêne, se chrysalide sous les mousses.

Gen. 125. — Coptoloma (Ld.)

1186. — JANTHINANA (Dup.) — A C. fin juin, juillet, Saint-Florent (Cher). — Chenille en septembre dans les fruits du prunellier.

Gen. 126. — Phthoroblastis (Ld.)

1187. — FIMBRIANA (Hw.) — A R. avril, sur le tronc des chênes, Saint-Florent (Cher), Nohant (Indre). (Espèce d'Angleterre et d'Allemagne). — Chenille en octobre dans le bois des chênes pourris.

1188. — ARGYRANA (Hb.) — C, 20 mars, avril, forêts, Nohant (Indre), Saint-Florent (Cher). (Espèce de Hongrie). — Chenille en juillet, octobre, sur le chéne, le hètre, dans la mousse des écorces.

1189. — PLUMBATANA (Z.) — Planet (Indre), mai, juin, A R. — Chenille sur les chênes.

1191. — COSTIPUNCTANA (Hw.) — Nohant (Indre), juin, bois de chênes. R. — Chenille dans les galles du chêne.

1194. — JULIANA (Curt.) NIMBANA (H. S.) — R. juin. Nohant (Indre).

1195. — MOTACILLANA (Z.) — R. juin. Saint-Florent (Cher). (Espèce d'Allemagne).

1198. — SPINIANA (Dup.) — Nohant (Indre), A R. 24 septembre sur le raisin. (Espèce d'Allemagne).

1203. — REGIANA (Z.) — A R. mai, juin. Saint-Florent (Cher). (Espèce d'Angleterre). — Chenille en septembre, dans les graines d'érable.

A. Var. Honorana (H. S.) — R. Saint-Florent (Cher), avec le type.

1207. — FLEXANA (Z.) VIGELIANA (H. S.) — R. mai, Saint-Florent (Cher). Nohant (Indre). (Espèce d'Allemagne). — Chenille en septembre dans les prunes.

1208. — GERMMANA (Hb.) — R. Auvergne, juin.

1209. — RHEDIELLA (Cl.) — A R. 20 avril, Nohant (Indre). — Chenille en juillet, septembre, dans les baies de l'aubépine.

GEN. 127. — TMETOCERA (Ld.)

1210. — OCELLANA (S. V.) — C. 10 juin, juillet. Nohant (Indre). Saint-Florent (Cher), au réflecteur. — Chenille en mai dans les feuilles d'aulne roulées au sommet.

GEN. 128. — STEGANOPTYCHA (H. S.)

1211. — ACERIANA (Dup.) — C. juillet. Nohant (Indre). Saint-Florent (Cher). Royat (Puy-de-Dôme), 10 juillet. (Espèce d'Allemagne.) — Chenille en avril dans les bourgeons des peupliers.

1212. — INCARNANA (Hw.) — C. juin. Nohant (Indre). Saint-Florent (Cher). — Chenille en mai sur le peuplier.

1213. — NEGLECTANA (Dup.) — C. juin. Nohant (Indre). Saint-Florent (Cher). — (Espèce d'Allemagne). — Chenille en mai sur l'aubépine.

1216. — SIMPLANA (F. R.) — R. juin, forêt d'Allogny (Cher). (Espèce d'Allemagne). — Chenille en mai sur le tremble.

1218. — PAUPERANA (Dup.) — R. avril, haies d'églantiers, Saint-Florent sur Cher. (Espèce de Hongrie).

1220. — RAMELLA (L.) — C. juillet, août, bois de bouleaux, Sologne, Saint-Florent (Cher). — Chenille en avril, mai sur les bourgeons de bouleaux.

1222. — OPRESSANA (Tr.) — A C. juillet sur les peupliers. Nohant (Indre). Saint-Florent (Cher).

1224. — PINICOLANA (Z.) — C. 10 juillet. Royat (Auvergne). Sologne (Cher). (Espèce alpine). — Chenille sur les pins, avril.

1225. — CORTICANA (Hb.) — C. 20 juin, 20 juillet, sur le tronc des chênes. Nohant (Indre). Saint-Florent (Cher). Royat (Auvergne), 10 juillet. — Chenille en avril, mai, feuilles de chêne.

1228. — RATZEBURGIANA (Rtz.) — R. juin, bois de sapins. Morthomiers (Cher).

1229. — NANANA (Tr.) — A C. mai, parcs, sapinières, Morthomiers, Saint-Florent (Cher), Planet (Indre), 5 juin. — Chenille en avril dans une toile, parmi les aiguilles de l'*Abies excelsa*.

1232. — VACCINIANA (Z.) — C. Mont-Dore (Auvergne), 15 juillet. (Espèce alpine.)

1234. — NITIDULANA (Z.) — R. Mont-Dore (Auvergne). Le Lioran (Cantal). (Espèce de l'Allemagne du nord). Forêts de sapins, 20 août.

1235. — ERICETANA (H. S.) — A R. mai, juin, collines boisées. Saint-Florent (Cher).

1236. — FRACTIFASCIANA (Hw.) — C. 20 avril, 15 juillet, prés, bois. Nohant (Indre). Saint-Florent-sur-Cher. — Chenille en mars, puis août, dans les têtes de la *Scabiosa arvensis*.

1239. — QUADRANA (Hb.) — A C. 15 avril, sur les bruyères. Nohant (Indre). Saint-Florent (Cher).

1240. — PYGMAEANA (Hb.) — 5 juin. Parc de Planet, A C. (Indre). — Chenille sur le sapin, en avril.

1241. — ABIEGANA (Dup.) — R. Mont-Dore (Auvergne), 10 juillet. — Chenille sur les sapins.

1243. — MERCURIANA (Hb.) — R. 25 juillet, 10 août. Mont-Dore (Auvergne. (Espèce alpine).

1245. — AUGUSTANA (Hb.) — Juillet. Murat (Cantal), R. — Chenille en avril dans les chatons des saules.

1246. — CRUCIANA (L.) — Juin, Reuilly, Vatan, Issoudun (Indre)· (Espèce du Nord). — Chenille en avril, sur les saules.

1248. — TRIMACULANA (Don.) — C. Nohant (Indre), 10 juin, 15 juillet. Saint-Florent (Cher), allées d'ormes. — Chenille en mars dans les chatons du noisetier, se chrysalide en terre.

1249. — MINUTANA (Hb.) — C. Saint-Florent (Cher), juillet. Nohant (Indre). — Chenille en mai sur le peuplier.

Gen. 129. — Phoxopteryx (Tr.)

1250. — MITTERBACHERIANA (S. V.) — C. juin. Saint-Florent (Cher). Nohant (Indre). Royat (Auvergne), juillet. — Chenille en mars dans les chatons du noisetier, se chrysalide en terre.

1251. — OBTUSANA (Hw.) — R. juin, juillet. Nohant (Indre). (Espèce d'Angleterre).

1252. — UPUPANA (Tr.) — R. 12 juillet. Nohant (Indre). (Espèce de Hongrie). — Chenille sur le chêne, le bouleau, mai.

1253. — LAETANA (F.) HARPANA (Hb.) — C. juin, juillet, forêts. Saint-Florent (Cher). — Chenille en mai sur le tremble, le peuplier.

1254. — TINEANA (Hb.) — C. avril, mai. Nohant (Indre). Saint-Florent (Cher). — Chenille sur l'aubépine, en septembre, octobre.

1255. — CURVANA (Z.) — Bois de Saint-Florent (Cher). Un exemplaire, 15 mai. (Espèce de Hongrie et d'Italie).

1256. — BIARCUANA (Stph.) — Mai, un exemplaire. Saint-Florent (Cher), sur les chatons du saule. (Espèce d'Angleterre).

1257. — DIMINUTANA (Hw.) — A C. mai. Saint-Florent (Cher). — Chenille sur le saule.

1258. — UNCANA (Hb.) — A R. mai, juin. La Brande (Indre). — Chenille en avril, sur la bruyère.

1259. — UNGUICELLA (L.) — R. juin. La Brande (Indre). — Chenille en avril, sur la bruyère.

1260. — SICULANA (Hb.) APICELLA (S. V.) — C. 20 avril, 10 mai, 25 juillet. Nohant (Indre), au réflecteur et d'éclosion. — Chenille en septembre, octobre, sur le *Rhamnus frangula*, entre les rameaux, sur le troëne, le cornouillier, hiverne en chrysalide.

1261. — COMPTANA (Foël.) — Nohant (Indre), C. 20 avril, 15 juillet, pelouses sèches. Royat, Riom (Auvergne), 10 août. Saint-Florent (Cher), 10 juillet. (Espèce de Hongrie). — Chenille en juin, septembre, sur les feuilles de la potentille cendrée.

1264. — LUNDANA (F.) — C. fin juin. Nohant (Indre). Saint-Florent (Cher). Mont-Dore (Auvergne), 15 juillet. — Chenille sur le noisetier, septembre.

1265. — MYRTILLANA (Tr.) — R. mai. Nohant (Indre). (Espèce alpine).

1266. — DERASANA (Hb.) — R. mai, juin, forêts de Saint-Florent (Cher).

Gen. 130. — Rhopobota (Ld.)

'1268. — NAEVANA (Hb.) — A C. juillet, sous bois. Saint-Florent (Cher). Crevant, Vijon (Indre), terrains granitiques. — Chenille en mai, sur le houx *(Ilex aquifolium)*.

Gen. 133. — Dichrorampha (Gn.)

1271. — SEQUANA (Hb.) — Sologne, Aubigny (Cher), juin, R. (Espèce d'Angleterre).

1273. — PETIVERELLA (L.) PETIVERANA (Hw.) — C. 20 juin. Bois de Rongères (Indre). Saint-Florent (Cher), R. — Chenille en septembre, octobre, sur la millefeuille *(Aquilea mille-folium)*.

1274. — ALPINANA (Tr.) — C. juillet, coteaux calcaires. Saint-Florent (Cher). Volvic, Mont-Dore (Auvergne), 10 août, C. dans les champs de genêts. — Chenille en septembre sur la millefeuille.

1276. — SIMPLICIANA (Hw.) CALIGINOSANA (Tr.) — C. 20 juin, pelouses sèches, coteaux pierreux. Saint-Florent (Cher). Planet, Nohant (Indre), 5 juin. (Espèce d'Angleterre). — Chenille en janvier, dans les racines de l'*Artemisia vulgaris*.

1282. — DISTINCTANA (Hein.) — A R. juin, coteaux arides. Saint-Florent (Cher). (Espèce d'Allemagne).

1283. — PLUMBAGANA (Tr.) — A R. mai. Nohant (Indre). Saint-Florent (Cher). — Chenille en septembre, sur la millefeuille.

1284. — SUBSEQUANA (Hw.) — R. 20 juillet. Mont-Dore (Auvergne). (Espèce Alpine).

1285. — ACUMINATANA (Z.) — 25 juin, bois de hêtres. (Espèce d'Allemagne). Mont-Dore (Auvergne), R.

1296. — SATURNANA (Gn.) — R. 25 mars. Nohant (Indre), sur les ormes.

1297. — SENECTANA (Guenée.) — A R. Nohant (Indre), 20 juin.

1299. — PLUMBANA (S. C.) — R. avril. La Brande (Indre). (Espèce du Piémont). — Chenille en juillet dans les gousses de l'*Ulex europeus*, jusqu'en février.

G. TINEINA

I. CHOREUTIDAE

GEN. 134. — CHOREUTIS (Hb.)

1302. — BJERKANDRELLA (Thnb.) — Le type est d'Allemagne. VAR. A. PRETIOSANA (Dup.) — R. 15 octobre. Saint-Florent-sur-Cher. Nohant (Indre). (Variété méridionale).

1303. — MYLLERANA (F.) — Sologne du Cher. Henrichemont, mai, septmbre, R.

GEN. 135. — SIMAETHIS (Leach.)

1305. — NEMORANA (Hb.) — A R. juin. Clairières des forêts du Cher, de l'Indre. — Chenille en mai sur le chêne.

1306. — PARIANA (Cl.) — A C. juillet, 20 septembre sur la verge d'or en fleurs. Nohant (Indre). Saint-Florent (Cher). — Chenille en mai, août, octobre, sur l'ortie.

1309. — OXYACANTHELLA (L.) FABRICIANA (Stph.) — C. mai, juin. Nohant (Indre). Cher, Allier, Creuse. — Chenille en août, septembre, sur les orties et la Parietaire officinale.

III. — TALAEPORIDAE

GEN. 138. — TALAEPORIA (Hb.)

1325. — POLITELLA (O.) — R. 20 juin. Nohant (Indre).

1329. — PSEUDOBOMBYCELLA (Hb.) — C. mai, rochers, troncs d'arbres. Nohant (Indre). Saint-Florent (Cher). — Chenille dans un fourreau sur les lichens, surtout sur les hêtres, en avril.

1331. — ALPESTRELLA (Hein.) — Mont-Dore (Auvergne), 15 juillet, un exemplaire. (Espèce alpine).

GEN. 139. — SOLENOBIA (Z.)

1334. — CLATHRELLA (F. R.) — R. Guéret (Creuse). (Espèce alpine).

V. — TINEIDAE

GEN. 142. — MELASINA (B.)

1344. — CILIARIS (O). — C. Royat (Auvergne), juillet et août.

GEN. 143. — DIPLODOMA (Z.)

1349. — MARGINEPUNCTELLA (Stph.) — Saint-Florent (Cher), 20 avril, R.

GEN. 144. — XYSMATODOMA (Z.)

1351. — MELANELLA (Hw.) — C. Saint-Florent (Cher). Nohant (Indre), juin. — Chenille en mai sur les lichens des arbres, les vieilles palissades.

GEN. 146. — EUPLOCAMUS (Latr.)

1355. — ANTHRACINALIS (Sc.) — R. Mont-Dore, bois de hêtres du Capucin (Auvergne), 20 juillet. (Espèce alpine). — Chenille en avril dans les racines et le tronc pourri des hêtres.

GEN. 147. — SCARDIA (Tr.)

1359. — BOLETI (F.) — C. Nohant (Indre), juin, 15 juillet, 10 octobre. Saint-Florent (Cher), C. Mont-Dore (Auvergne), C. — Chenille en octobre dans les bolets du genre *Polyporus*, sur les saules, peupliers, tilleuls.

GEN. 150. — BLABOPHANES (Z.)

1365. — IMELLA (Hb.) — R. Nohant (Indre), 10 avril. — Chenille en octobre dans les débris animaux.

1368. — FERRUGINELLA (Hb.) — A R. Nohant (Indre), 15 juillet, au réflecteur. (Espèce d'Allemagne).

1370. — RUSTICELLA (Hb.) — Nohant (Indre), juin, C. Saint-Florent (Cher). — Chenille en juin, août dans les pelotes de poils rejetées par les chouettes, greniers, clochers, trous dans les murailleset les vieux arbres.

GEN. 151. — TINEA (Z.)

1372. — FULVIMITRELLA (Sodof.) — Saint-Florent (Cher), juin, un exemplaire. (Espèce méridionale).

1374. — TAPETZELLA (L.) — — C. juin, 20 juillet. Nohant (Indre), appartements, greniers. Cher, Creuse, Auvergne, septembre. — Chenille en avril, mai, dans les fourrures, se nourrit aussi de matières animales et du poil des petits mammifères.

1376. — CORTICELLA (Curt.) — Juin. Nohant (Indre), R. — Chenille dans les étoffes en hiver.

1377. — PARASITELLA (Hb.) — C. juin, juillet. Saint-Florent (Cher). Nohant (Indre). — Chenille en octobre dans le bois pourri.

1380. — PICARELLA (Cl.) — A R. Saint-Florent (Cher). Nohant (Indre). (Espèce de l'Allemagne du Nord).

1385. — GRANELLA (L.) — C. d'avril en août, greniers, appartements. Cher, Indre, Creuse, Allier, Auvergne. — Chenille en mai, septembre, dans les grains de blé et autres céréales, le bois pourri, les fruits secs.

1386. — CLOACELLA. — C. de mars en août, greniers. Nohant (Indre). Cher, Allier, Creuse, Auvergne. — Chenille en septembre dans les grains.

1394. — PUSTULATELLA (Z.) — Saint-Florent (Cher), juin, R. (Espèce alpine).

1396. — NIGRIPUNCTELLA (Hw.) — C. Nohant (Indre), 25 septembre, deux générations. — Chenille en avril dans un fourreau sur les murailles et les rochers.

1398. — PARIETARIELLA (H. S.) — Nohant (Indre), R. juillet, 25 septembre. Deux générations. — Chenille en avril dans les mousses des murailles et des toits.

1403. — MISELLA (Z.) — A C. fin mai, juillet, intérieur des habitations. Nohant (Indre). Cher, Allier, Creuse, Auvergne. — Chenille dans les fourrures et sur les rats et souris morts dans les greniers, ronge les poils.

1404. — FUSCIPUNCTELLA (Hw.) SPRETELLA (S. V.) — C. de mai en août. Nohant (Indre). Cher, Auvergne, Creuse, Allier. — Chenille en automne et en hiver dans les détritus, les immondices, fumiers, bergeries.

1405. — PELLIONELLA (L.) — C. mai, juin, juillet, août, dans les armoires, vêtements, fourrures. Nohant (Indre), deux générations. Cher, Creuse, Auvergne, Allier. — Chenille en avril, septembre dans les maisons, attaque les pelleteries, les étoffes de laine et les collections entomologiques.

1417. — LAPELLA (Hb.) — A R. juin, août, buissons. Nohant (Indre). — Chenille en octobre dans les bolets.

1419. — SEMIFULVELLA (Hw.) — A C. Nohant (Indre), mai, 10 septembre, haies, buissons. (Espèce d'Angleterre). Deux générations. Saint-Florent (Cher), R. août, (se prend au réflecteur). — Chenille en octobre dans l'intérieur des nids d'oiseaux.

1422. — SIMPLICELLA (H. S.) — R. Nohant (Indre), 15 juin, au réflecteur, 2 juillet. (Espèce de Hongrie).

1427. — ARGENTIMACULELLA (Stt.) — Bois du Capucin, Mont-Dore (Auvergne), 25 juillet. (Espèce d'Angleterre).

GEN. 153. — TINEOLA (H. S.)

1434. — BISSELLIELLA (Hummel.) CRINELLA (Tr.) — C. 6 mars, juin dans les maisons. Nohant (Indre). Saint-Florent (Cher). Guéret (Creuse). Auvergne, Allier. — Chenille dans le crin des meubles, les plumes, les étoffes de laine, de septembre à mars, mai, juillet.

GEN. 157. — LAMPRONIA (Stph.)

1440. — MOROSA (Z.) — A C. mai, juin, fourrés, pâturages, taillis haies. (Espèce d'Angleterre, de Hongrie). Saint-Florent (Cher). Nohant (Indre), C. au réflecteur. — Chenille en avril dans les bourgeons de l'églantier.

1441. — FLAVIMITRELLA (Hb.) — Sommerère, Sologne-du-Cher, bois de bouleaux, R. 25 mai.

1444. — LUZELLA (Hb.) — Guéret (Creuse), juin, un exemplaire. (Espèce d'Angleterre).

1445. — PRAELATELLA (S. V.) — R. 25 juillet, bois de bouleaux. Sologne, Saint-Florent (Cher). — Chenille sous les feuilles mortes, d'octobre en mars, vit sur le fraisier *(Fragaria vesca)* et la benoite *(Geum urbanum)*.

1446. — RUBIELLA (Bjerk.) VARIELLA (F.) — A R. 20 juin, 20 juillet. Nohant (Indre). — Chenille en mai dans les pousses de la ronce du framboisier et du groseiller.

Gen. 158. — Incurvaria (Hw.)

1447. — MUSCALELLA (F.) — C. mai, bois, haies, forêts. Saint-Florent (Cher). Nohant (Indre), 25 avril. — Chenille sur le chêne en janvier, dans un fourreau sous les feuilles sèches.

1449. — PECTINEA (Hw.) ZINCKENII (Z.) — Juin, bois de bouleaux, Sommerère, Sologne du Cher, R. — Chenille en mai dans les feuilles du bouleau, s'y découpe un fourreau et descend se chrysalider en terre.

1451. — KOERNERIELLA (Z.) — A C. Crevant (Indre). Mont-Dore (Auvergne), avril, mai, bois de hêtres et de bouleaux. (Espèce de Hongrie). — Chenille en mai sur le hêtre.

1459. — CAPITELLA (Cl.) — R. juin. Nohant (Indre). — Chenille en avril dans la moëlle des tiges de groseiller *(Ribes alpinum)*.

1461. — OEHLMANNIELLA (Tr.) — A R. 15 juin, bois. Nohant (Indre). Sologne, forêt d'Allogny (Cher). — Chenille sur le tremble, le peuplier, en octobre, novembre.

Gen. 159. — Nemophora (Hb.)

1464. — SWAMMERDAMMELLA (L.) — C. avril, mai, forêts. Nohant, bois de Vavrey (Indre). Bois de Saint-Florent (Cher). Allier, Creuse, Auvergne. — Chenille en mai, juin, sur le chêne, puis sur les plantes herbacées dans un fourreau.

1465. — PANZERELLA (Hb.) — A R. 25 avril, broussailles, clairières des bois. Nohant, bois de Vavrey (Indre). Bois de Saint-Florent (Cher).

1467. — SCHWARZIELLA (Z.) — A C. avril, mai, haies, broussailles. Nohant, bois de Vavrey (Indre). Saint-Florent (Cher). (Espèces d'Angleterre, d'Allemagne).

1469. — PILULELLA (Hb.) — A R. mai. Mont-Dore (Auvergne). — Chenille en janvier dans un fourreau de feuilles sèches, forêts de hêtres.

1470. — PILELLA (S. V.) — A C. mai, bois des terrains calcaires. (Espèce alpine). Saint-Florent (Cher). Les Tailles, Nohant (Indre). — Chenille en janvier dans un fourreau de feuilles sèches, sous les pierres.

1471. — METAXELLA (Hb.) — C. mai, forêts. Nohant, bois de Vavrey (Indre). Saint-Florent (Cher).

VI. — ADELIDAE

Gen. 160. — Adela (Latr.)

1472. — FIBULELLA (S. V.) — C. 25 avril. Bois de SaintFlorent (Cher). — Chenille dans un fourreau au pied de la *Veronica chamaedrys*, en janvier.

1475. — RUFIFRONTELLA (Tr.) — R. avril, lisières des bois. Nohant (Indre). (Espèce de Russie, d'Allemagne).

1478. — RUFIMITRELLA (Sc.) FRISCHELLA (Hb.) — C. mai, prairies. Nohant (Indre). Saint - Florent (Cher). (Espèce de Dalmatie). — Chenille en janvier dans un fourreau, au pied du *Sysimbrium alliaria.*

1479. — VIOLELLA (Tr.) — A C. mai, lisière des bois. Saint-Florent (Cher). Nohant, les Brandes (Indre).

1480. — MAZZOLELLA (Hb.) — Saint-Florent-sur-Cher, un exemplaire, juillet. (Espèce méridionale).

1487. — AUSTRALIS (H. S.) — A R. mai, bois taillis. Nohant (Indre). Saint-Florent (Cher). (Espèce méridionale).

1490. — OCHSENHEIMERELLA (Hb.) — Mont-Dore (Auvergne), bois de hêtres, 10 juillet. — Chenille en mars, avril, dans les feuilles sèches du myrtille dont elle se fait un fourreau.

1494. — DEGEERELLA (L.) — C. mai, juin, bois. Nohant (Indre). Cher, Creuse. — Chenille en janvier dans un fourreau de feuilles sèches, sur les plantes herbacées.

1495. — CROESELLA (Sc.) SULZELLA (S. V.) — Mai, bois secs. Nohant (Indre). Saint-Florent (Cher), C. — Chenille en janvier dans un fourreau de feuilles sèches.

1497. — ASSOCIATELLA (Z.) — R. bois de hêtres. Mont-Dore (Auvergne), juin. Nohant (Indre), 15 mai. — Chenille en hiver, fourreau sur le hêtre.

1498. — VIRIDELLA (Sc.) — C. 15 avril, mai. Bois de la Sologne, forêt d'Allogny, Saint - Florent (Cher), Nohant (Indre). — Chenille en janvier dans un fourreau, sous les feuilles sèches des noisetiers et des hêtres.

1499. — CUPRELLA (S. V.) — A C. 15 avril, mai. Bois de Vavrey (Indre), bords de l'Indre, prairies. Cher, Allier. — Chenille dans un fourreau au pied des saules, en janvier.

Gen. 161. — Nemotois (Hb)

1500. — METALLICUS (Poda.) SCABIOSELLUS (Sc.) — C. juin, bois secs. Saint-Florent (Cher). Nohant (Indre), août. — Chenille en octobre dans les fleurs des *Scabiosa columbaria* et *arvensis*, passe l'hiver sous la plante, se fait un fourreau avec les petites fleurs de scabieuses.

1501. — PFEIFFERELLUS (Hb.) — Mont-Dore (Auvergne), juillet Murat (Cantal), 25 juin.

1503. — RADDAELLUS (Hb.) — C. juin, bois secs. Saint-Florent (Cher). Nohant (Indre). (Espèce de Hongrie). — Chenille en août dans les fleurs du *Dipsacus sylvestris.*

1505. — CUPRIACELLUS (Hb.) — A C. juin, bois secs. Saint-Florent (Cher). Royat (Auvergne). — Chenille en avril sur les *Sedum album* et *reflexum.*

1511. — FASCIELLUS (F.) — A C. mai, juin, bois secs. Saint-Florent (Cher). La Brande, Nohant (Indre), C.

1513. — VIOLELLUS (Z.) CYPRIACELLUS (Z.) — A R. juin, juillet. Saint-Florent-sur-Cher. Nohant (Indre).

1514. — MOLLELLUS (Hb.) — R. juin, Saint-Florent-sur-Cher).

1515. — MINIMELLUS (S. V.) — A R. juillet, bois de Saint-Florent (Cher). (Espèce de Hongrie, d'Angleterre). — Chenille en avril sur les *Sedum album* et *reflexum*.

1517. — DUMERILIELLUS (Dup.) — A R. juin. Gargilesse (Indre. Forêt du Capucin, Mont-Dore, bois de pins sur le volcan de Gravenoire, 10 juillet, C. (Auvergne).

VII. — OCHSENHEIMERIDAE

Gen. 162. — Ochsenheimeria (Hb.)

1518. — TAURELLA (S. V.) — Saint-Florent-sur-Cher, 4 mai, un exemplaire. (Espèce de Hongrie).

1522. — VACCULELLA (F.) — R. Saint-Florent (Cher). Mont-Dore (Auvergne), 15 juillet. (Espèce d'Angleterre, de Suisse).

VIII. — TEICHOBIDAE

Gen. 163. — Teichobia (H. S.)

1525. — VERHUELLELLA (Stt.) — A R. mai, août. Creuse, Auvergne, juin. Nohant (Indre). — Chenille en juillet, puis en octobre et novembre sur les plantes cryptogames des rochers et des murailles, les *Asplenium ruta*, *muraria* et *trichomanes*.

IX. — ACROLEPIDAE

Gen. 164. — Acrolepia (Curt.)

1526. — CARIOSELLA (Tr.) — Nohant (Indre), A R. au réflecteur, 20 mai, 15 juin.

1527. — ARNICELLA (Heyd.) — A C. Puy-de-Sancy (Auvergne), juin. (Espèce alpine). — Mine les feuilles d'*Arnica montana*, se chrysalide sous la feuille, mai.

1530. — ASSECTELLA (Z.) BETULELLA (H. S.) — Potagers. Saint-Florent (Cher). Nohant (Indre), éclot du 28 septembre au 8 octobre, T C. — Chenille en juillet dans les graines d'oignons et de poireaux, reste trois semaines en chrysalide, éclot et passe l'hiver en papillon.

1533. — PYGMAEANA (Hw.)— C. avril, août. Nohant (Indre). Saint-Florent (Cher). (Espèce d'Angleterre). — Chenille en juillet, octobre, feuilles du *Solanum dulcamara*.

1535. — GRANITELLA (Tr.) — A R. septembre, hiverne et reparaît en mars. Nohant (Indre). (Espèce d'Angleterre, d'Allemagne). Saint-Florent-sur-Cher. — Chenille en mai sur l'*Inula dissenterica*.

. — PEYERHIMOFFELLA (Sand.) *Nova species.* — *(Inter cario-sella* et *granitella);* tête remarquablement laineuse. Saint-Florent-sur-Cher, avril, dédiée à M. de Peyerhimoff.

GEN. 165. — ROESLERSTAMMIA (Z.)

1538. — ERXLEBELLA (F.) — R. juin, bruyères. Les Brandes (Indre).

X. — HYPONOMEUTIDAE

GEN. 169. — SCYTROPIA (Hb.)

1544. — CRATAEGELLA (L.) — C. juin, haies d'aubépine. Nohant (Indre). — Chenille en mai sur l'aubépine, vit en société et se chrysalide dans une toile commune.

GEN. 171. — HYPONOMEUTA (Z.)

1447. — EGREGIELLA (Dup.) — C. mai, sur les bruyères juin, Sologne, Saint-Florent (Cher). Les brandes (Indre).— Chenille en avril sur l'*Erica scoparia.*

1549. — VIGINTIPUNCTATUS (Retz.) — C. 25 avril, 5 mai, 10 juillet, août. Deux générations. Nohant (Indre). Cher, Allier. — Chenille en société sur le *Sedum telephium,* en juin, puis en septembre.

1550. — PLUMBELLUS (S. V.) — C. 15 juillet, bois. Les Tailles, Nohant (Indre). Cher, Creuse, Auvergne. — Chenille en société sur le fusain. *(Evonymus europeus),* juin.

1551. — IRRORELLUS (Hb.) — A R. juillet, bois de Saint-Florent (Cher). Nohant (Indre). (Espèce de Hongrie). — Chenille fin mai, juin, sur le fusain.

1552. — PADELLUS (L.) VARIABILIS (Z.) — T C. 10 juillet. Nohant (Indre). Creuse, Auvergne, Cher. — Chenille sous une toile commune, en mai, sur les haies de prunellier.

1553. — RORELLUS (Hb.) — C. 15 juillet. Saint-Florent-sur-Cher. Nohant (Indre). (Espèce d'Allemagne). — Chenille en mai, sur le chêne.

1554. — MALINELLUS (Z.) — T C. juillet et octobre, jardins, vergers. Nohant (Indre). Cher, Allier, Auvergne. Deux générations. — Chenille en juin sur le pommier.

1555. — MAHALEBELLUS (Gn.) — C. 25 juillet. 5 août. Nohant (Indre). (Espèce de Dalmatie). — Chenille sur le *Prunus mahaleb,* mai, en société sous une toile commune.

1556. — CAGNAGELLA (Hb.) CAGNATELLA (Tr.) — T C. juillet, bois. Nohant (Indre). Creuse, Cher, Allier. — Chenille en société sur le fusain (*Evonymus europeus*), en juin.

1558. — EVONYMELLUS (L.) PADI (Z.) — C. juillet, août, jardins, vergers. Nohant (Indre). Creuse, Auvergne, Cher. — Chenille sur le cerisier *(Prunus padus),* en juin.

Gen. 172. — Swammerdamia (Hb.)

1559. — COMBINELLA (Hb.) APICELLA (Don.) — A C. avril, haies d'aubépine et de prunellier. Nohant (Indre). Creuse, Cher.— Chenille en septembre sous une toile commune sur le prunellier, l'aubépine.

1563. — CAESIELLA (Hb.) HEROLDELLA (Dup.) — C. Sologne du Cher, Saint-Florent (Cher). Creuse, Auvergne, Indre, juillet, bois de bouleaux, Nohant, juin. — Chenille sur le bouleau, dans une toile en septembre, se chrysalide en terre.

1564. — OXYACANTELLA (Dup.) — R. juin, haies d'aubépine, Nohant (Indre). — Chenille en mai dans une toile sur l'aubépine et le prunellier.

1565. — LUTAREA (Hw.) — Sommerère (Sologne), un exemplaire, septembre. (Espèce d'Angleterre).

1566. — PYRELLA (Villers.) CERASIELLA (Hb.) — C. avril, mai, puis septembre, jardins, vergers. Nohant (Indre). Creuse, Auvergne, Cher. — Chenille en juillet et octobre sur les arbres fruitiers (cerisier, pommier, poirier), dans une toile.

Gen. 173. — Prays (Hb.)

1571. — CURTISELLUS (Don.) - C. juin, Saint-Florent (Cher). Nohant (Indre). — Chenille en avril dans les fleurs du frêne.

A. Var. Rustica (Hw.) — R. juin, mêmes localités.

Gen. 175. — Atemelia (H. S.)

1574. — TORQUATELLA (Z.) — 15 mai, Saint-Florent-sur-Cher. La Brande (Indre). (Espèce d'Allemagne). — Chenille en octobre, en société sur les feuilles du bouleau, large boursouflure brune.

Gen. 176. — Zelleria (Stt.)

1577. — PHILLYRELLA (Mill.) — Nohant (Indre), haies de troène en juin.— Chenille sur le troène en avril. (Espèce méridionale).

1581. — SAXIFRAGAE (Stt.) — Prairies au pied du Puy-de-Sancy (Auvergne), juillet. — Chenille en mai, sur le *Saxifraga aizoon.*

Gen. 177. — Argyresthia (Hb.)

1582. — EPHIPPELLA (F.) — C. juin, vergers, bois, haies vives. Nohant (Indre). — Chenille en avril sur les bourgeons de l'aubépine et du prunellier.

1583. — NITIDELLA (F.) — C. Nohant (Indre), buissons de prunelliers, août, septembre. — Chenille en avril sur les bourgeons de l'aubépine.

Var. A. Ossea (Hw.) — A R. Nohant (Indre), juin.

1584. — PURPURASCENTELLA (Stt.) — Juin, Saint-Florent-sur-Cher, R. (Espèce d'Angleterre).

1585. — SEMITESTACELLA (Curt.) — R. août, Guéret (Creuse). Auvergne. (Espèce d'Angleterre, de Suisse). — Chenille en avril dans les bourgeons du hêtre.

1587. — ALBISTRIA (Hw.) — A R. mai, juin, haies, buissons. Nohant (Indre). — Chenille en mars dans les pousses du prunellier.

1589. — CONJUGELLA (Z.) — 15 mai, 10 juin, A R. Nohant (Indre). (Espèce d'Angleterre, de l'Allemagne du Nord). — Chenille en avril dans les pousses des frênes.

1591. — MENDICA (Hw.) — Mai, C. buissons, pacages. Nohant (Indre). — Chenille en mars dans les pousses du prunellier.

1596. — FUNDELLA (F. R.) — Juillet, Mont-Dore (Auvergne), bois de sapins. (Espèce alpine). — Chenille dans les pousses du *Pinus picea*, mai.

1597. — RETINELLA (Z.) — Juin, Sologne du Cher, bois de bouleaux. Nohant (Indre). Auvergne. (Espèce d'Angleterre, de Suisse).— Chenille sur le bouleau, bourgeons en avril.

1598. — ABDOMINALIS (Z.) — Juin, juillet, coteaux calcaires couverts de genevriers. Saint-Florent (Cher). (Espèce de Suède, de Suisse).— Chenille en avril dans les aiguilles des genevriers.

1601. — DILECTELLA (Z.) — Nohant (Indre), juin, au réflecteur.

1602. — ANDEREGGIELLA (Dup.) — R. juillet, Saint-Florent (Cher), autour des pommiers. — Chenille sur le pommier, bourgeons en mai.

1603. — CORNELLA (F.) CURVELLA (Stt.) — C. juin, poiriers et pommiers. Nohant (Indre). — Chenille en avril dans les bourgeons du poirier et du pommier.

1604. — SORBIELLA (Tr.) — Juillet, plateaux de Randanne (Auvergne). Nohant (Indre), juin, A R. (Espèce alpine). — Chenille fin mai sur le sorbier.

1606. — PYGMAEELLA (Hb.) — R. juin, juillet, bords des rivières, saulnaies, Nohant (Indre). Cher. (Espèce d'Angleterre). — Chenille en avril dans les pousses du saule.

1607. — GOEDARTELLA (L.) — R. juin, bois de bouleaux, La Brande (Indre). Sologne du Cher, R. — Chenille en avril dans les chatons du bouleau.

1608. — BROCKEELLA (Hb.) — R. juin, bois de bouleaux. Sologne (Cher). Bords de l'Indre. — Chenille en avril dans les chatons de l'aune.

1612. — ARCEUTHINA (Z.) — R. mai, coteaux couverts de genevriers, bois de Saint-Florent (Cher). — Chenille en mars dans les aiguilles du genevrier.

1613. — ILLUMINATELLA (Z.) — R. mai, juin, bois de pins, jardin de Nohant (Indre). Bois de sapins du Capucin, Mont-Dore (Auvergne), C. Forêt du Lioran (Cantal), C. — Chenille en janvier dans les bourgeons des pins et des sapins.

1615. — PRAECOCELLA (Z.) — Mai, autour des genevriers. Saint-Florent (Cher). Nohant (Indre), A R. — Chenille dans les aiguilles du genevrier.

1616. — AURULENTELLA (Stt.) — 20 juillet, Saint-Florent (Cher), C. autour des genevriers. Nohant (Indre). (Espèce d'Angleterre, de Suisse). — Chenille dans les aiguilles du genevrier.

Gen. 178. — Cedestis (Z.)

1617. — GYSSELENIELLA (Dup.) — Mai, bois de pins. Sommerère, Sologne (Cher), C. juin. (Espèce de Hongrie et de Russie).— Chenille d'octobre en janvier dans une toile, entre les aiguilles du pin sylvestre.

1618. — FARINATELLA (Dup.) — R. mai, bois de pins de la Brande, Rongères (Indre). (Espèce d'Angleterre, de Suisse). — Chenille d'octobre en janvier, mine les aiguilles des pins et des sapins.

Gen. 179. — Ocnerostoma (Z.)

1619. — PINIARELLA (Z.) — La Brande (Indre). Sologne (Cher), avril, mai. (Espèce d'Angleterre, de Suisse). — Chenille entre les aiguilles du pin qu'elle mine de haut en bas, en mars.

1620. — COPIOSELLA (Frey.) — Mont-Dore (Auvergne), juillet. (Espèce alpine).

XI. — PLUTELLIDAE.

Gen. 180. — Eidophasia (Stph.)

1621. — MESSINGIELLA (Fab.) — R. 15 juillet, bois de hêtres, Mont-Dore (Auvergne). (Espèce d'Angleterre).

Gen. 181 — Plutella (Schrk.)

1624. — PORRECTELLA (L.) — C. mai, juillet, vergers, jardins. Nohant (Indre). Saint-Florent (Cher). Allier. — Chenille en août sur la julienne.

1625. — GENIATELLA (Z.) — R. Gargilesse (Indre), juin. — Chenille sur les crucifères, avril.

1626. — XYLOSTELLA (L.) CRUCIFERARUM (Z.) — C. avril, mai, juillet, août, 12 octobre, hiverne et reparaît en avril, potagers. Nohant (Indre). Creuse. Auvergne. Cher. — Chenille en juin, septembre, sur les crucifères. Elle se chrysalide entre les feuilles.

Gen. 182 — Cerostoma (Latr.)

1629. — VITTELLA (L.) — C. 29 juin, août, bois, 15 juillet. (Espèce de Hongrie). Saint-Florent-sur-Cher. Nohant (Indre). — Chenille en mai dans la mousse au pied des ormes.

    A. ab. Carbonella (Hb.) — A C. mêmes localités.

1630. — SEQUELLA (Cl.) — R. Nohant (Indre), 25 juillet. (Espèce d'Allemagne). — Chenille en mai sur le saule.

1639. — RADIATELLA (Don.) — T C. août, septembre, hiverne et reparaît en mars, forêts, lisières des bois, champs de genêts. Saint-Florent (Cher). Nohant (Indre). Le Lioran (Cantal), forêts de sapins au 20 août, C. — Chenille en mai sur le genêt.

1641. — PARENTHESELLA (L.) COSTELLA (F.) — A R. août, septembre, forêts du Cher et de l'Indre. Nohant. — Chenille en mai, juin sur le chêne, le hêtre.

1643. — SYLVELLA (L.) — C. septembre, forêts du Cher et de l'Indre. Nohant. — Chenille en juin sur le chêne.

1644. — LUCELLA (F.) — C. juillet, forêts du Cher et de l'Indre. Nohant. (Espèce d'Allemagne, d'Angleterre). — Chenille en juin sur le chêne.

1645. — ALPELLA (S. V.) — A C. Août, Saint-Florent-sur-Cher, bois de chênes (Espèce alpine de Hongrie). — Chenille en juin sur le chêne.

1646. — PERSICELLA (S. V.) — C. Juin, septembre, jardins, vergers, forêts. Nohant (Indre), Saint-Florent (Cher). — Chenille en mai, août. Sur le chêne, le pêcher.

1647. — ASPERELLA (L.) — A. R. Juillet, hiverne et reparaît en mars. Saint-Florent (Cher), Nohant (Indre). — Chenille en juin sur le chêne et les arbres fruitiers dans une toile légère sur les feuilles.

1648. — SCABRELLA (L.) — C. Vergers en juin, juillet, Saint-Florent (Cher), Nohant (Indre), Creuse, (Espèce alpine, Hongrie, Angleterre). — Chenille en mai sur les pommiers.

1649. — HORRIDELLA (Tr.) — R. Septembre, Saint-Florent-sur-Cher. (Espèce d'Angleterre, de Hongrie). — Chenille en juin sur le pommier, coque blanche, luisante, pointue aux deux bouts.

1650. — NEMORELLA (L.) — A R. Juin, forêts. Saint-Florent (Cher). Nohant (Indre). — Chenille en mai sur l'écorce des chèvrefeuilles.

1651. — FALCELLA (Hb.) — Mont-Dore (Auvergne). Un exemplaire au réflecteur, 25 juillet. — Chenille en mai sur le chèvrefeuille.

1652. — DENTELLA (F.) HARPELLA (S. V.) — C. juillet, jardins, bois, Saint-Florent (Cher). Nohant (Indre). Mont-Dore (Auvergne), août. — Chenille en mai sur le chèvrefeuille dont elle ronge l'écorce.

Gen. 183. — Theristis (Hb.)

1653. — MUCRONELLA (Sc.) CAUDELLA (L.) — C. septembre, octobre, hiverne et reparaît dans les premiers jours de mars, bois, haies, Saint-Florent-sur-Cher. Nohant (Indre), avril. — Chenille en juin sur le fusain.

XII. — ORTHOTAELIDAE

GEN. 184. — ORTHOTAELIA (Stph.)

1654. — SPARGANELLA (Thnb.) — C. juillet, août, Saint-Florent (Cher). Nohant (Indre). (Espèce d'Angleterre, d'Allemagne). — Chenille en juin dans les tiges du *Sparganium ramosum*, se chrysalide dans l'intérieur de la plante.

XIII. — CHIMABACCHIDAE

GEN. 185. — DASYSTOMA (Curt.)

1655. — SALICELLA (Hb.) — C. 20 février, Sologne du Cher, Saint-Florent (Cher). Nohant (Indre). — Chenille en juillet, septembre sur le bouleau, le saule, le tremble.

GEN. 186. — CHIMABACCHE (Z.)

1656. — PHRYGANELLA (Hb.) — A C. octobre, novembre, forêts du Cher et de l'Indre. Nohant, C. — Chenille en juin, juillet sur le chêne.

1657. — FAGELLA (S. V.) — C. 25 février, mars sur l'écorce des chênes, forêts de l'Indre et du Cher. Nohant, C. — Chenille en septembre, octobre sur le chêne et le hêtre.

XIV. — GELECHIDAE

GEN. 187. — SEMIOCOPSIS (Hb.)

1658. — ANELLA (Hb.) — Février, mars, R. Sologne du Cher, bois de bouleaux de La Cheire, Mont-Dore (Auvergne). (Espèce d'Allemagne).

1659. — STRIGULANA (S. V.) — A R. février, mars, bois de bouleaux et de trembles. Sologne du Cher. (Espèce d'Allemagne).

1660. — AVELLANELLA (Hb.) — R. mars, avril, bois de bouleaux. Sologne (Cher). Creuse. (Espèce d'Allemagne).

GEN. 188. — EPIGRAPHIA (Stph.)

1662. — STEINKELLNERIANA (S. V.) — C. mars, 10 avril, bois, haies, Nohant (Indre). — Chenille en juillet, août sur l'aubépine, le prunellier.

GEN. 189. — PSECADIA (Hb.)

1663. — SEXPUNCTELLA (Hb.) — A R. juin. Saint-Florent (Cher). Nohant (Indre). (Espèce d'Allemagne). — Chenille en août sur les fleurs de l'*Echium vulgare*, viperine.

1664. — PUSIELLA (Roem.) — A R. mai, juin. Saint-Florent-sur-

Cher. Nohant (Indre).—Chenille en avril sur les *Lithospermum* et la pulmonaire, la bourrache.

1666. — BIPUNCTELLA (F.) ECHIELLA (S. V.) — A R. mai, août. (Deux générations). Saint-Florent-sur-Cher. Nohant (Indre).— Chenille en juillet, septembre sur la viperine *(Echium vulgare)*.

1667. — FUNERELLA (F.) — A C. avril, mai, 29 juillet. Nohant (Indre). Saint - Florent - sur - Cher. Marécages de la Brenne (Indre). — Chenille en août, septembre sur le *Lithospermum purpureo caeruleum*, la consoude. *(Symphitum officinale)*.

1669. — DECEMGUTTELLA (Hb.) — 25 juillet. Nohant (Indre), A R. Saint-Florent-sur-Cher. — Chenille en août, septembre sous les feuilles du *Lithospermum officinale*.

GEN. 191. — DEPRESSARIA (HW.)

1681. — COSTOSA (Hw.) — A C. du 20 juin au 15 juillet, bruyères de l'Indre, du Cher, de la Creuse. Nohant (Indre). — Chenille en mai sur l'*Ulex europeus*.

1684. — FLAVELLA (Hb.) LITURELLA (S. V.) — C. Saint-Florent-sur-Cher. Nohant (Indre), 20 juin au 25 juillet. — Chenille en avril sur la *Centaurea jacea*, se fait un tube avec les feuilles.

  A. VAR. SPARMANNIANA (F.) — Moins commune que le type, juillet, Cher. Nohant (Indre).

1688. — PALLORELLA (Zell.) — C. juin, septembre. Cher. Nohant (Indre). — Chenille en mai sur la *Centaurea scabiosa*, reparait en juillet. (Deux générations).

1691. — UMBELLANA (Stph.) — R. Saint-Florent-sur-Cher, septembre. — Chenille en avril sur les genêts et l'ajonc. *(Ulex europeus)*.

1692. — ASSIMILELLA (Tr.) — R. juillet, landes et bruyères de La Brande (Indre). — Chenille en avril sur le genêt pileux et le genêt à balais.

1695. — NANATELLA (Stt.) — Juillet, A C. Saint-Florent-sur-Cher. Nohant (Indre. (Espèce d'Angleterre, d'Allemagne), 10 juin. — Chenille en mai, dans un tube de soie et de feuilles sur *Carlina vulgaris*.

1697, — PUTRIDELLA (S. V.) — Juillet, Marmagne (Cher), A C. pas trouvée ailleurs. (Espèce des environs de Vienne et de Ratisbonne). — Chenille en mai, sur le *Peucedan officinale*, folioles liées par de la soie, chenille verte à tête brune.

1699. — ATOMELLA (S. V.) — C. août, septembre, hiverne et reparait en mars, bois et pacages. Nohant (Indre), 25 mai. — Chenille en mai sur le *Genista tinctoria*, le genêt à balais.

1700. — SCOPARIELLA (Hein.) — R. 15 août, 10 septembre, hiverne et reparait en mars. Nohant (Indre). — Chenille en mai sur les *Genista scoparia* et *tinctoria*.

1701. — RUTANA (F.) RETIFERELLA (Z.) — R. avril, juin, Saint-Florent-sur-Cher. (Espèce méridionale). — Chenille en mai et septembre sur le nerprun et le fusain.

1702. — PETASITAE (Stdfs.) — R. juillet, août, Murat (Cantal). — Chenille en avril, mai dans la tige du *Petasites albus*.

1703. — ARENELLA (S. V.) — A C. août, hiverne et reparaît en mars. Nohant (Indre). Saint-Florent (Cher), 18 avril, 1ᵉʳ septembre. — Chenille en juin sur les *Centaurea nigra* et *scabiosa*.

1704. — PROPINQUELLA (Tr.) — Nohant (Indre), C. Cher, septembre, hiverne et reparaît eu 15 avril. (Espèce méridionale). — Chenille en mai, juin sur le *Cirsium lanceolatum*, roule en tube les feuilles.

1705. — SUBPROPINQUELLA (Stt.) — Nohant (Indre), hiverne et reparaît au 17 mars, C. à la miellée, du 15 septembre au 10 octobre. — Chenille en juin sur le chardon, toile sous la feuille.

1707. — LATERELLA (S. V.) — Saint-Florent-sur-Cher, R. Nohant (Indre), septembre, hiverne et reparaît en mars. — Chenille sur la *Centaurea nigra* juillet.

1711. — ZEPHYRELLA (Hb.) — R. Nohant (Indre), septembre, hiverne et reparaît en mars, avril. (Espèce d'Angleterre, d'Allemagne).

1719. — YEATIANA (F.) — A C. septembre, Saint-Florent (Cher), Nohant (Indre).

1721. — OCELLANA (F.) — C. juillet. Cher, Allier, Nohant (Indre). — Chenille en juin dans les jeunes pousses des saules et des bouleaux.

1723. — ALSTROEMERIANA (Cl.) — C. août, hiverne et reparaît en mars, avril. Nohant (Indre), C. au réflecteur. — Chenille en juin sur la grande ciguë, feuilles roulées.

1724. — PURPUREA (Hw.) — C. août, hiverne et reparaît au 20 mars, Nohant (Indre). — Chenille en juin dans les ombelles de la carotte, s'y chrysalide.

1725. — LITURELLA (Hb.) — HYPERICELLA (Tr.) — A C. août, septembre, hiverne et reparaît en mars, avril. Nohant (Indre). Cher. Creuse. (Espèce d'Allemagne, d'Angleterre et de Suisse). — Chenille en mai, juin, dans les rameaux réunis du mille-pertuis *(Hypericum perforatum)*.

1729. — APPLANA (F.) — C. 15 juillet, 8 septembre, 12 octobre, hiverne et reparaît en février, mars. Nohant (Indre). Saint-Florent-sur-Cher. — Chenille en juin sur le *Cherophyllum temulentum*, l'*Anthriscus sylvestris* et autres ombellifères, feuilles réunies en tube.

1730. — CILIELLA (Stt.) — R. septembre. Saint-Florent (Cher). — Chenille en juillet sur l'*Angelica sylvestris*, feuille repliée en dessous.

1733. — CAPREOLELLA (Z.) — R. septembre, hiverne et reparaît en mars. Nohant (Indre).

1734. — ROTUNDELLA (Dgl.) — C. Saint-Florent (Cher), septembre, Nohant (Indre). (Espèce d'Angleterre). — Chenille dans les fleurs de l'*Echium vulgare*, juillet.

1736. — ANGELICELLA (Hb.) — C. juillet. Nohant (Indre), Saint-Florent (Cher). — Chenille en avril sur l'*Angelica sylvestris* et l'*Egopodium podagraria*.

1737. — ASTRANTIAE (Hein.) — R. Nohant (Indre), juin.

1740. — CNICELLA (Tr.) — C. juillet, Saint-Florent-sur-Cher, Nohant (Indre). (Espèce de Russie, de Hongrie). — Chenille en avril sur l'*Eryngium campestre*.

1741. — HEPATARIELLA (Z.) — C. juillet, Saint-Florent-sur-Cher, Nohant (Indre), 10 septembre. (Espèce de Laponie et de Russie).

1742. — SARRACENELLA (Roessl.) — Le Lioran (Cantal). (Trois exemplaires). 20 août. (Espèce alpine du Tyrol). — La Chenille en juillet dans les fleurs du *Senecio cacaliaster*.

1744. — PARILELLA (Tr.) — C. juillet. Creuse, Cher, Nohant (Indre). — Chenille en avril sur les *Peucedanum oreoselinum* et *cervaria*.

1748. — FURVELLA (Tr.) — T R. juillet. Saint-Florent-sur-Cher. (Espèce de Hongrie). — Chenille en mai sur le *Dictamus albus* et *fraxinella*.

1749. — DEPRESSELLA (Hb.) — Saint-Florent (Cher), R. 8 septembre. Nohant (Indre. C. 18 septembre. — Chenille au 15 août dans les ombelles des carottes, mange les graines et s'y chrysalide, elle éclot trois semaines après.

1751. — PIMPINELLAE (Z.) — A R. septembre, Saint-Florent (Cher). (Espèce d'Angleterre, d'Allemagne, de Russie). — Chenille en juilet sur la *Pimpinella saxifraga*.

1753. — LIBANOTIDELLA (Schl. Ber.) — R. septembre, Issoudun (Indre). Saint-Florent-sur-Cher. Auvergne. (Espèce d'Allemagne). — Chenille en juillet sur le *Libanis athamanta*, dans les ombelles et feuilles enroulées.

1754. — BADIELLA (Hb.) — R. juillet, août, Nohant (Indre). — Chenille en juin sur l'*Eryngium campestre*.

1758. — CERVICELLA (H. S.) — A R. juillet, Saint-Florent-sur-Cher. Nohant (Indre). (Espèce de Hongrie).

1760. — HERACLIANA (De Geer.) — A R. septembre, hiverne et reparait en mai. Saint-Florent (Cher). Nohant (Indre). — Chenille en juillet dans les ombelles des carottes et des peucedans, se chrysalide dans la tige.

1761. — DISCIPUNCTELLA (H. S.) — A R. septembre, Saint-Florent-sur-Cher, hiverne et reparait en avril, puis juin, juillet. — Chenille en juillet, août, dans les fleurs et les graines du panais *(Pastinaca sativa)*.

1763. — HOFMANNI (Stt.) — Mont-Dore (Auvergne), 20 juillet. — Chenille en mai sur le *Libanotis montana*. (Espèce alpine).

1766. — OLERELLA (Z.) — C. 25 mars, août. Nohant (Indre), Saint-

Florent (Cher), hiverne et reparaît en mars. — Chenille en mai et juin, sur l'*Achillea millefolium*.

1767. — ALBIPUNCTELLA (Hb.) — C. juillet, août. Nohant (Indre), hiverne et reparaît en mars. (Espèce de Russie, d'Angleterre). — Chenille en juin sur l'*Anthricus helvetica*.

ABERRATION INÉDITE (Sand). — Une large bande blanche oblique sur les ailes supérieures, Nohant (Indre), 20 mars 1873.

1772. — DOUGLASELLA (Stt.) — Nohant (Indre), A C. juillet, puis septembre, hiverne, reparaît en mars. (Deux générations). — Chenille en avril, puis août, sur la carotte sauvage.

1773. — ULULANA (Roes.) — Saint-Florent (Cher), juillet, un exemplaire. (Espèce de Hongrie).

1774. — CHAEROPHYLLI (Z.) — R. juillet, Nohant (Indre). — Chenille en juin sur le cerfeuil.

1775. — ABSYNTHIELLA (H. S.) — Saint-Florent (Cher), région du calcaire oxfordien, juin, R. — Chenille en mai sur l'absinthe.

1777. — HEYDENII (Z.) — R. juillet, Mont-Dore (Auvergne). (Espèce alpine).

1781. — NERVOSA (Hw.) — A C. 25 mars, 15 septembre. Nohant (Indre). Saint-Florent (Cher). (Espèce de Hongrie). — Chenille en juin sur les ombelles de ciguë.

GEN. 193. — PSORICOPTERA (Stt.)

1788. — GIBBOSELLA (Z.) — C. juillet, forêts du Cher, de l'Indre. (Espèce de Hongrie). — Chenille en juin sur le chêne, bord de la feuille roulée.

GEN. 194. — GELECHIA (Z.)

1789. — VILELLA (Z.) — Sologne du Cher, juin, septembre, R. Saint-Florent (Cher). (Espèce d'Angleterre).

1790. — PINGUINELLA (Tr.) TURPELLA (H. S.) — C. juillet, avenues de peupliers. Nohant (Indre). (Espèce d'Allemagne). — — Chenille en mai sur le peuplier, entre les feuilles.

1791. — NIGRA (Hw.) — A C. juin, avenues de peupliers. Nohant (Indre), bords des rivières dans les saulées, (Cher). (Espèce d'Angleterre). — Chenille en mai, feuilles roulées du peuplier et du saule.

1793. — MUSCOSELLA (Z.) — R. juin, Saint-Florent-sur-Cher. — Chenille en mai, feuilles roulées de peupliers et de saules.

1795. — RHOMBELLA (S. V.) — A R. juin, vergers. Nohant (Indre). Saint-Florent (Cher). — Chenille en mai sur le pommier, le poirier.

1804. — SPURCELLA (H. S.) — Juin, R. Saint-Florent, lisières des bois de Morthomiers (Cher).

1808. — DISTINCTELLA (Z.) — A R. juillet, La Brande (Indre), sur les bruyères. lisières des bois de Morthomiers (Cher).

1819. — FLAVICOMELLA (Z.) — R. 10 mai, Nohant (Indre), haies, jardins. — Chenille sur le prunellier en octobre.

1820. — VELOCELLA (Dup.) — A C. 20 avril dans les genêts, Nohant, La Brande d'Ardentes (Indre). Cher. Creuse. — Chenille sur l'oseille sauvage, en juin.

1825. — PELIELLA (Tr.) — C. juillet, Nohant (Indre). Saint-Florent (Cher), forêts. — Chenille en mai sur le chêne, feuilles liées par de la soie.

1826. — ERICETELLA (Hb.) — C. juin, juillet, landes, bruyères du Berry, de la Marche et de l'Auvergne. Nohant (Indre), C. — Chenille d'octobre à mars sur les bruyères, entre les rameaux, réunis par des fils.

1827. — INFERNALIS (H. S.) — R. Mont-Dore (Auvergne), juin, bois de hêtres et bruyères. (Espèce de la Suède) Nohant (Indre), jardins, mai. — Chenille en avril sur l'aunée, Coroisartia inula helonium.

1828. — FUSCANTELLA (Hein.) — Saint-Florent-sur-Cher, juillet. (Espèce de l'Asie mineure). (Trois exemplaires).

1830. — LENTIGINOSELLA (Z.) — Juillet, août, Saint-Florent-sur-Cher. Nohant (Indre). (Deux exemplaires). — Chenille en avril sur le Genista tinctoria, pousses réunies en paquet.

1833. — MULINELLA (Z.) — R. juillet, champs de genêts, bruyères, Saint-Florent (Cher) (Espèce d'Allemagne). — Chenille en avril dans les fleurs des genêts à balais et d'ajoncs, trou rond au pétale postérieur.

1835. — INTERRUPTELLA (Hb.) — A C. mai, La Brande (Indre). Champs de genêts. — Chenille en juillet sur le Genista scoparia.

1838. — MALVELLA (Hb.) — 10 juin, 15 juillet, jardins, Nohant (Indre), C. au réflecteur. — Chenille en septembre dans les graines de l'Alcea rosea.

1839. — GALBANELLA (Z.) — Mont-Dore (Auvergne), juillet. R.

1848. — SOLUTELLA (Z.) — C. 20 avril, juillet, bois, bruyères, Nohant (Indre), Cher. — Chenille sur les genêts en juin.

1849. — LONGICORNIS (Curt.) — A C. mai, sur les bruyères, Nohant (Indre), Cher.

1852. — ELATELLA (H. S.) — Royat (Auvergne), R. juillet.

1856. — DIFFINIS (Hw.) — C. juin, juillet, Cher, Auvergne, Creuse. Nohant (Indre). — Chenille en avril, septembre dans les graines et les tiges du Rumex acetosellae.

1861. — SCALELLA (Sc.) — A R. mai, juin, sur l'écorce des chênes, Planet (Indre), 5 juin, forêts de l'Indre et du Cher.

1863. — VIDUELLA (Fab.) — R. Juillet, bois de hêtres du Mont-Dore (Auvergne).

1865. — LUCTUELLA (Hb.) — R. juin. Saint-Florent (Cher). (Espèce de l'Allemagne du nord et de Livonie.

1866. — TESSELLA (Hb.) QUADRELLA (F.) — C. juin, juillet, Nohant (Indre), Saint-Florent (Cher). (Espèce de Hongrie). — Chenille dans les têtes de chardons en septembre. Elle s'y chrysalide en janvier.

1868. — MACULATELLA (Hb.) — A C. Prairies en juillet. Nohant (Indre), Saint-Florent (Cher). (Espèce d'Allemagne). — Chenille en mai sur la *Coronilla varia*, feuilles opposées attachées par de la soie.

1869. — CYTISELLA (Tr.) — C. avril, mai, Nohant (Indre). Les Brandes. — Chenille sur l'*Ononis campestris* en septembre.

GEN. 195. — BRACHMIA (Hein.).

1871. — MOUFFETELLA (S. V.) — 20 juin, Nohant (Indre), R. — Chenille en avril dans les feuilles réunies du chèvrefeuille.

1875. — NIGRICOSTELLA (Dup.) — Nohant (Indre), juin, prairies. — Chenille en septembre sur la luzerne *(Medicago sativa)*.

GEN. 196. — BRYOTROPHA (Hein).

1880. — TERRELLA (S. V.) — C. juillet, Saint-Florent (Cher), Nohant (Indre). — Chenille en juin sur le *Clinopodium vulgare*.

1883. — DECREPITELLA (H. S.) — R. mai, Saint-Florent (Cher). (Espèce d'Allemagne).

1889. — DESERTELLA (Dgl.) — A R. juin. Saint-Florent (Cher). Nohant (Indre). (Espèce d'Angleterre).

1901. — AFFINIS (Dgl.) — R. juin, dans les greniers. Nohant (Indre). — Chenille en avril, dans les mousses des toits et des murailles.

1904. — DRYADELLA (Z.) — C. Nohant (Indre), 25 mai, 15 juillet, 25 septembre. (Deux générations). — Chenille en juin et octobre sur le chêne.

1905. — DOMESTICA (Hw.) — A C. juin, intérieur des maisons. Nohant (Indre). (Espèce d'Angleterre). — Chenille en avril dans la mousse des murailles.

1906. — BASALTINELLA (Z.) — A C. juillet, forêts de chênes. Nohant (Indre). Cher. — Chenille en mai dans les mousses sur l'écorce des chênes.

GEN. 197. — LITA (Tr.)

1907. — STRELITZIELLA (H. S.) — R. juin, forêt de Châteauroux (Indre). — Chenille sur les plantes herbacées en avril.

1911. — PSILELLA (H. S.) — Saint-Florent (Cher), juin. — Chenille dans un tube de soie dans les feuilles radicales de l'*Artemisia campestre* en avril.

1912. — HELOTELLA (Stgr.) — R. brandes d'Ardentes et de Rongères (Indre), mai. — Chenille sur les bruyères en avril.

1915. — ARTEMISIELLA (Tr.) — C. fin avril, Bourges, Vierzon (Cher). Nohant (Indre). (Espèce de Hongrie, de Suisse). — Chenille en avril sur l'*Artemisia vulgaris*.

1916. — ATRIPLICELLA (F. R.) — Juillet, Nohant (Indre). (Espèce d'Allemagne, de Russie, d'Angleterre). — Chenille en mai dans les fleurs des *Atriplex* et *Chenopodium*.

1935. — MURINELLA (H. S.) — Bourges, Saint-Florent (Cher), **fin** avril.

1942. — ACUMINATELLA (Zircon.) — Nohant (Indre), mai, septembre. (Deux générations). — Chenille sur les chardons *(Cirsium lanceolatum* et *palustre)*, juillet, octobre.

1949. — MORITZELLA (Hb.) — Le Lioran (Cantal), 20 août. — Chenille sur le *Lychnis dioïca*, en juillet.

1952. — HUBNERI (Hw.) — R. juillet, forêt d'Allogny (Cher). (Espèce d'Angleterre, d'Allemagne).

1954. — MACULEA (Hw.) — R. juillet, forêts, Nohant (Indre). — Chenille en mai dans les pousses réunies et dans les capsules de *Stellaria holostea.*

1956. — VISCARIELLA (Stt.) — Nohant (Indre), juillet, R. au réflecteur. (Espèce d'Angleterre). — Chenille en mai sur le *Lichnis dioica* et *viscaria*, pousses contournées et plissées.

1957. — TRICOLORELLA (Hw.) — A R. juin, haies, bois. Nohant (Indre). — Chenille en avril dans les pousses réunies de *Stellaria holostea.*

1958. — COSTELLA (Wesw.) — Nohant (Indre), 15 septembre. Henrichemont (Cher). (Espèce d'Angleterre). — Chenille fin août sur la douce amère, plaques brunâtres sur la feuille.

1960. — MACULIFERELLA (Dgl.) — R. juillet, plaine de Marmagne (Cher). Nohant (Indre), juin, au réflecteur. (Espèce de Russie. d'Allemagne, d'Angleterre).

1962. — JUNCTELLA (Dougl.) — R. juillet, Nohant (Indre), bois de chênes. (Espèce d'Angleterre et d'Allemagne). — Chenille dans les racines des graminées en mars.

1970. — FISCHERELLA (Tr.) — Nohant (Indre), 20,25 juin, au réflecteur. (Espèce d'Allemagne). — Chenille en avril sur la saponaire, feuilles et pousses agglutinées.

1971. — CAULIGENELLA (Schm.) — Saint-Florent (Cher), juillet. (Un exemplaire). (Espèce d'Allemagne). — Chenille dans la tige du *Silène nutans*, en juin.

1974. — LEUCOMELANELLA (Z.) — R. Gargilesse (Indre), juillet. (Espèce de la Russie, d'Angleterre).

1975. — TISCHERIELLA (Z.) — R. Gargilesse (Indre), juillet. (Espèce de la Livonie). — Chenille en avril dans les feuilles réunies du *Silene nutans.*

GEN. 198. — TELEIA (Hein.)

1978. — VULGELLA (Hb.) — C. juin, sur le tronc des arbres fruitiers. Nohant (Indre). — Chenille en avril sur le poirier, l'aubépine, feuilles attachées.

1979. — SCRIPTELLA (Hb.) — A C. juin, sur l'écorce des érables, Nohant (Indre), forêts du Cher. — Chenille en septembre, feuilles d'érables pliées en deux.

1980. — ALBURNELLA (Z.) — A R. mai, juillet. Nohant (Indre). — Chenille en juin, septembre, sur l'érable.

1982. — SEQUAX (Hw.) — A R. juillet, Nohant (Indre), Mont-Dore (Auvergne), août. — Chenille en mai, feuilles réunies des jeunes pousses de l'*Helianthemum vulgare*.

1984. — FUGITIVELLA (Z.) — Juin, Nohant (Indre), C. au réflecteur. — Chenille en mai sur l'orme.

1985. — FUGACELLA (Z.) — Juin, Nohant (Indre), C. au réflecteur.

1987. — HUMERALIS (Z.) — C. 10 février, 20 avril, juillet, forêts du Cher et de l'Indre, sur les lichens des chênes, Nohant, C. — Chenille sur le chêne en octobre.

1988. — PROXIMELLA (Hb.) — Juin, bois de bouleaux, Sommerère, Sologne du Cher, C. Royat (Auvergne), Nohant (Indre), R. — Chenille en septembre, octobre, sur le bouleau, feuilles roulées.

1989. — NOTATELLA (Hb.) — A R. mai, juin, bords de l'Indre, Nohant, au réflecteur. — Chenille sur le saule marceau en septembre, feuilles attachées.

1991. — TRIPARELLA (Z.) — A C. bois de chênes en mai. Nohant (Indre). Cher. — Chenille en juillet, septembre, entre deux feuilles sur le chêne.

1994. — LUCULELLA (Hb.) — C. juin, sur l'écorce des chênes, forêts de Chœurs (Indre). Saint-Florent (Cher). — Chenille sur le chêne en octobre.

1995. — DODECELLA (L.) — C. juillet, Gravenoire (Auvergne). — Chenille en avril dans les jeunes pousses du *Pinus sylvestris*.

GEN. 199. — RECURVARIA (H. S.)

1997. — LEUCATELLA (Cl.) — C. 15 juin, 4 juillet, Cher. Nohant (Indre). — Chenille en mai sur le *Sorbus domestica*.

1998. — NANELLA (S. V.) — C. juin, vergers, jardins, Nohant (Indre). — Chenille en avril dans les fleurs du poirier.

GEN. 200. — POECILIA (Hein.)

1999. — ALBICEPS (Z.) — R. juillet, vergers, Nohant (Indre).

2000. — NIVEA (Hw.) GEMMELLA (Stt.) — R. juillet. Nohant (Indre), lisières des bois de chênes. — Chenille sur les lichens des chênes.

GEN. 201. — ARGYRITIS (Hein.)

2003. — SUPERBELLA (Z.) — Planet (Indre), 15 juin, R. (Espèce alpine).

GEN. 202. — NANNODIA (Hein.)

2004. — STIPELLA (Hb.) — R. mai, août, Nohant (Indre). (Espèce de Suisse). — Chenille en juin, septembre, sur le *Chenopodium album*, mines, plaques blanches.

A. Var. Naeviferella (Dup.) — Même localité, même époque.

2005. — HERMANNELLA (F.) — R. Planet (Indre), 5 juin, Nohant (Indre) 28 avril, au réflecteur. — Chenille en septembre sur les *Chenopodium* et *Atriplex*, plaques verdâtres.

Gen. 203. — Apodia (Hein.)

2007. — BIFRACTELLA (Dgl.) — Juin, Nohant (Indre), R. — Chenille sur l'*Inula dysenterica*, en septembre.

Gen. 204. — Sitotroga (Hein.)

2009. — CEREALELLA (Oliv.) — C. mai, septembre, octobre, Nohant (Indre). — Chenille en août dans les grains du froment, de l'orge.

Gen. 205. — Ptochenusa (Hein.)

2013. — INOPELLA (Z.) — Nohant (Indre), 25 juin, R. — Chenille sur l'*Inula dysenterica*, en septembre.

Gen. 206. — Parasia (Dup.)

2016. — PAUCIPUNCTELLA (Z.) — Sologne du Cher, fin juin. — Chenille en avril sur les centaurées.

2019. — LAPPELLA (L.) — C. juin, Nohant (Indre), Saint-Florent (Cher). — Chenille en janvier dans les semences de la bardane.

Gen. 207. — Chelaria (Hw.)

2027. — HUBNERELLA (Don.) — A C. juillet, bois humides, Saint-Florent (Cher). — Chenille en juin sur le frêne, le bouleau, feuilles percées de trous.

Gen. 208. — Ergastis (Hein.)

2033. — SUBDECURTELLA (Stt.) — A R. juillet, Saint-Florent (Cher), Nohant (Indre). (Espèce d'Angleterre). — Chenille en mai sur la salicaire, *Lythrum salicaria*.

2034. — ERICINELLA (Dup.) — C. 20 avril, juillet, Nohant (Indre), Saint-Florent (Cher). — Chenille en juin, septembre, sur la bruyère *(Calluna vulgaris)* dans une toile légère.

2035. — DECURTELLA (Hb.) — C. 25 juillet, Saint-Florent (Cher), Nohant (Indre). (Espèce de Hongrie).

Gen. 209. — Doryphora (Hein.)

2037. — PULVERATELLA (Hs.) — Saint-Florent (Cher), avril, mai. (Espèce d'Allemagne). — Chenille sur la luzerne, septembre, octobre.

2046. — LUTULENTELLA (Z.) — R. juin, prairies humides, Nohant (Indre), Saint-Florent (Cher). (Espèce d'Angleterre).

2056. — ARUNDINETELLA (Stt.) — Nohant, juin, R. bords de l'Indre, Saint-Florent, bords du Cher. (Espèce d'Angleterre). — Chenille en mars, avril, sur le *Carex riparia*, mine longue, blanchâtre.

Gen. 210. — Monochroa (Hein.)

2061. — TENEBRELLA (Hb.) — C. mai juin, bruyères, La Motte-Feuilly, Nohant (Indre), Anval, Riom (Auvergne).

Gen. 211. — Lamprotes (Hein.)

2062. — ATRELLA (Hw.) UMBRIFERELLA (H. S.) — A R. juin, bruyères, Greuille (Indre), Allogny (Cher).

2067. — MICELLA (S. V.) — Mont-Dore (Auvergne), juillet, R. forêts de hêtres, au réflecteur. (Espèce d'Allemagne).

Gen. 212 — Anacampsis (Curt.)

2069. — SIRCOMELLA (Stt.) — T R. Deux exemplaires, au réflecteur, Nohant (Indre), 12 juin. (Espèce d'Angleterre).

2072. — CORONILLELLA (Tr.) — Juin, juillet, Nohant (Indre), A C. — Chenille en avril, mai, sur la *Coronilla varia*, pousses réunies en boule.

2073. — BIGUTTELLA (H. S.) — Juin, R. Nohant (Indre). (Espèce d'Allemagne). — Chenille sur le *Lotus hispidus*, en avril.

2078. — ANTHYLLIDELLA'(Hb.) — Mai, juin, brandes et bruyères de Greuille (Indre), A R. — Chenille en avril et juillet sur l'*Anthyllis vulnerariae*, les luzernes et trèfles.

2030. — ALBIPALPELLA (H. S.) — Juillet, pacages arides, Nohant (Indre). (Espèce d'Angleterre). — Chenille en juin sur le *Genista anglica*.

2081. — AZOSTERELLA (H. S.) — Un exemplaire en juin, Nohant (Indre). (Espèce de l'Autriche).

2081. *bis.* — SANDELLA (Peyerhimoff.) — (Espèce nouvelle, déterminée et dédiée par Peyerhimoff.) Nohant (Indre), juin, R.

2082. — LIGULELLA (Z.) — Juin, R. Nohant, au réflecteur. — Chenille en mai sur le *Lotus corniculatus*.

2083. — VORTICELLA (Sc.) — C. juin, bois de Rongères forêt de Chœurs (Indre), Cher. — Chenille en mai sur le *Genista tinctoria*.

2085. — TAENIOLELLA (Z.) — A C. juin, juillet, Saint-Florent (Cher), Nohant (Indre). (Espèce d'Angleterre). — Chenille en mai sur la luzerne, le trèfle, feuilles terminales réunies et décolorées.

Gen. 213. — Acanthophila (Hein)

2090. — ALACELLA (Dup.) — R. juillet, Saint-Florent (Cher), Nohant (Indre).

Gen. 214. — Trachyptila (Hein.)

2091. — POPULELLA (Cl.) — C. juillet, Nohant (Indre), Royat
(Auvergne), août. — Chenille en mai sur le peuplier, le
tremble et le bouleau.

Var. tremulella (Dup.) — Saint-Florent (Cher), Nohant
(Indre), juillet.

2092. — SCINTILLELLA (Fr.) — A R. juillet, Saint-Florent (Cher).
Chenille en mai sur l'*Helianthemum vulgare*.

2094. — SUBSEQUELLA (Hb.) — A C. juillet, Saint-Florent (Cher),
Nohant (Indre). (Espèce de Hongrie). — Chenille en mai sur
le prunellier *(Prunus spinosa)*.

Gen. 215. — Brachycrossata (Hein.)

2095. — CINERELLA (Cl.) — Juin, septembre. Nohant (Indre),
Saint-Florent (Cher), C. au réflecteur.

2097. — TRIPUNCTELLA (S. V.) — A C. Mont-Dore (Auvergne),
15 juillet, Le Lioran (Cantal), 18 août, Cher, Nohant (Indre),
25 juin, R.

2098. — MACULOSELLA (H. S.) — Le Lioran, 10 août (Auvergne).
(Espèce alpine).

Gen. 217. — Ceratophora (Hein.)

2101. — LUTATELLA (H. S.) — R. Saint-Florent (Cher), juillet. —
Chenille sur le *Calamagrostis epigeios* en mai.

2102. — TRIANNULELLA (H. S.) — Nohant (Indre), 25 juillet, A R.
— Chenille sur le liseron des haies, en juin.

2104. — RUFESCENS (Hw.) — A C. mai prairies. Nohant (Indre).
(Espèce d'Allemagne). — Chenille fin avril sur les graminées,
roule les feuilles en spirale.

2105. — LINEOLELLA (Z.) — T R. avril, Saint-Florent, Bourges
(Cher). — Chenille sur le *Calamagrostis epigeios*.

Gen. 218. — Rhinosia (Tr.)

2106. — EDNISELLA (F.) — Gravenoire (Auvergne), 20 juin, R.
(Espèce de Hongrie).

2109. — SORDIDELLA (Hb.) — A C. juillet, clairières des bois secs,
Nohant (Indre), Saint-Florent (Cher).

2110. — FERRUGELLA (S. V.) — A R. juillet, prairies, haies.
Nohant (Indre). — Chenille en avril dans les feuilles roulées
de la *Campanula persicifolia* et de la *Scabiosa columbaria*.

2111. — FLAVELLA (Dup.) — C. juin, prairies, Nohant (Indre).

2112. — FORMOSELLA (Hb.) — C. juillet, prairies artificielles,
Nohant (Indre). — Chenille en juin sur la luzerne.

Gen. 219. — Cladodes (Hein.)

2114. — DIMIDIELLA (S. V.) — Enval, Riom (Auvergne), juillet.
Deux exemplaires. (Espèce d'Allemagne).

2115. — GERRONELLA (Z.) — A C. 15 juin, Nohant (Indre), au réflecteur. Royat, Clermont (Auvergne), 10 juillet.

GEN. 221. — EUTELES (Hein.)

2119. — KOLLARELLA (Costa.) — Figeac (Lot), juillet. Un exemplaire, sur les bruyères en fleurs. (Espèce méridionale).

GEN. 223. — CLÉODORA (Curt.)

2123. — STRIALELLA (S. V.) TANACETELLA (Schr.) — A C. juin, Saint-Florent-sur-Cher, Clermont (Auvergne). Nohant (Indre). (Espèce d'Allemagne). — Chenille d'octobre à mars dans les tiges de la tanaisie.

2125. — KEFERSTEINIELLA (Z.) — Gargilesse (Indre), juin, R. (Espèce méridionale).

GEN. 224. — MESOPHLEPS (H. S,)

2130. — SILACLLEUS (Hb.) — Juin, Nohant (Indre), R.

GEN. 225. — YPSOLOPHUS (F.)

2134. — RENIGERELLUS (Z.) — A C. Nohant (Indre). Saint-Florent (Cher), juin. (Espèce de la Suisse).

2135. — USTULELLUS (F.) — C. avril, mai, Nohant (Indre), au réflecteur. — Chenille en juillet, septembre, sur le charme.

2136. — FACIELLUS (Hb.) — D'avril à juin, C. Nohant (Indre), Allier, Creuse, Saint-Florent (Cher). — Chenille en juillet sur le prunellier, les ronces dont elle plie les feuilles, puis en octobre.

2137. — LIMOSELLUS (Schl.) — 10 juillet, C. Nohant (Indre), Saint-Florent (Cher). Royat, Gravenoire (Auvergne). (Espèce de la Suisse).

2138. — SCHMIDIELLUS (Heyd.) DURDHAMELLUS (Stt.) — Juin, A C. Nohant (Indre). Sologne, Saint-Florent (Cher). Auvergne, C. — Chenille en juin dans les feuilles pliées de l'*Origanum vulgare.*

2140. — JUNIPERELLUS (L.) — Juillet, Rocamadour (Lot), C. Nohant (Indre), R. — Chenille en mars dans les aiguilles du genevrier,

2142. — MARGINELLUS (F.) — A C. juin, juillet, côteaux arides des terrains calcaires, Nohant (Indre), Saint-Florent (Cher), Etangs de Lys-Saint-Georges (Indre), Royat (Auvergne). (Espèce de Hongrie). — Chenille en juin sur le genevrier dans une toile lâche.

GEN. 226. — NOTHRIS (Hb.)

2143. — VERBASCELLA (S. V.) — — C. mai, juillet, 10 octobre. Nohant (Indre), Saint-Florent (Cher). Deux générations. — Chenille en avril, août sur les *Verbascum*, en société dans les jeunes pousses, puis dans les fleurs en août.

2144. — DECLARATELLA (Stgr.) — Nohant (Indre), R. mai. (Espèce de l'Espagne). — Chenille sur la *Scrophularia aquatica* en juillet.

2148. — SABINELLA (Z.) — R. bois de Saint-Florent (Cher), juin.
(Espèce d'Allemagne).

2152. — LEMNISCELLA (Z.) — Juillet, août, coteaux arides des
terrains calcaires, A R. Saint-Florent (Cher).

Gen. 228. — Sophronia (Hb.)

2154. — SEMICOSTELLA (Hb.) — Murat (Cantal), juillet, R.

2155. — CHILONELLA (Tr.) — Sommerère, Henrichemont (Cher),
juillet. (Espèce de Hongrie). — Chenille en avril sur l'armoise,
(Artemisia campestris).

2158. — HUMERELLA (S. V.) — Juillet, bois de Saint-Florent (Cher).
— Chenille fin mai, dans un tube de soie sous les feuilles
radicales de l'armoise.

2159. — SICARIELLA (Z.) — Juillet, bois, prés, Riom (Puy-de-
Dôme). (Espèce de Hongrie).

Gen. 230. — Anarsia (Z.)

2163. — SPARTIELLA (Schrk.) — Juillet, R. Nohant (Indre), au
réflecteur. Saint-Florent (Cher). — Chenille en mai sur le
genêt à balais, branches terminales, feuilles roulées et
pousses brunies.

Gen. 23:. — Megacraspedus (Z.)

2169. — BINOTELLUS (Fr.) — Saint-Florent, prés au bord du Cher,
20 mai. Un exemplaire. (Espèce d'Autriche).

Gen. 235. — Atremaea (Stgr.)

2179. — LONCHOPTERA (Stgr.) — (Espèce rare). Nohant (Indre),
Saint-Florent (Cher), au réflecteur. Cinq Exemplaires.

Gen. 239. — Pleurota (Hb.)

2191. — PYROPELLA (S. V.) — Saint-Florent (Cher), juin. (Espèce
méridionale).

2201. — SCHLAEGERIELLA (Z.) — C. juin, juillet, coteaux, bruyères. Planet, les Brandes (Indre). Saint-Florent (Cher).

2202. — ARISTELLA (L.) — C. juin, juillet, coteaux arides des
terrains calcaires. Saint-Florent (Cher). Nohant (Indre).

2204. — BICOSTELLA (Cl.) — C. mai, juin, landes marécageuses.
Lys-Saint Georges, Nohant (Indre). Saint-Florent (Cher).

2205. — ERICELLA (Dup.) — Juin, R. bruyères, Les Brandes
Nohant, Rongères (Indre).

Gen. 243. — Hypercallia (Stph.)

2216. — CITRINALIS (Sc.) CHRISTIERNANA (L.) — R. juin, Nohant
(Indre), Saint-Florent (Cher). — Chenille en mai sur les
Polygonum.

Gen. 244. — Lecithocera (H. S.)

2217. — LUTICORNELLA (Z.) — Saint-Florent (Cher), fin juillet, R

GEN. 245. — CARCINA (Hb.)

2219. — QUERCANA (F.) FAGANA (S. V.) — C. juillet, août, bois de chênes, Nohant (Indre). Saint-Florent (Cher), Mont-Dore (Auvergne), 2 septembre. — Chenille en mai sur le chêne dans une toile.

GEN. 247. — ENICOSTOMA (Stph.)

2223. — LOBELLA (S. V.) — C. 24 juin, sur les haies, Nohant (Indre), Saint-Florent (Cher). — Chenille en septembre sur le pru-nellier.

GEN. 248. — SYMNOCA (Hb.)

2228. — SIGNATELLA (H. S.) — R. Reuilly (Indre), juin, sur le tronc des peupliers, Saint-Florent (Cher). Espèce de l'Europe méridionale).

GEN. 250. — ANCHINIA (Hb.)

2240. — CRISTALIS (Sc.) — Murat (Cantal), juillet, R. (Espèce alpine). — Chenille en mai sur le bois gentil.

2241. — LAUREOLELLA (H. S.) — Murat (Cantal), juillet, R. (Espèce alpine). — Chenille fin avril, mai sur le bois gentil, *Daphne mezereum* et la lauréole *Daphne laureola*

GEN. 251. — HARPELLA (Schrk.)

2242. — FORFICELLA (Sc.) — A C. juin, juillet, rives du Cher, de l'Indre à Nohant, Royat (Auvergne). — Chenille en mai dans le bois pourri du saule.

2243. — GEOFFRELLA (L.) — C. 10 mai, forêts des terrains calcaires, Les Tailles de Nohant (Indre). Saint-Florent (Cher). — Che-nille en mars sous les écorces.

2246. — BRACTELLA (L.) — 25 mai, 10 juin. Saint-Florent (Cher), R.

GEN. 252. — DASYCERA (Hw.)

2247. — SULPHURELLA (F.) — R. Saint-Florent (Cher), 25 avril, 15 mai.

2248. — OLIVIELLA (F.) — C. 28 juin, jardins, bois, Nohant (Indre), Saint-Florent (Cher), juillet. — Chenille en avril, mai, dans le bois pourri.

GEN 253. — OECOPHORA (Z.)

2252. — TINCTELLA (Hb.) — R. mai, juin, bords de l'Indre, Nohant (Indre).

2253. — UNITELLA (Hb.) — C. mai, juin, bords de l'Indre, Nohant (Indre), au réflecteur. — Chenille en avril sous l'écorce des arbres morts.

2258. — PANZERELLA (Stph.) — C. mai, Nohant (Indre).

2261. — FLAVIFRONTELLA (Hb.) — C. juin, Saint-Florent (Cher). Nohant (Indre). Creuse.

2270. — NUBILOSELLA (H. S.) — Forêt du Capucin, Mont-Dore (Auvergne), fin juin. (Espèce alpine).

2271. — STIPELLA (L.) — Mont-Dore (Auvergne), juillet, bois de sapins.

2273. — SIMILELLA (Hb.) — Mont-Dore (Auvergne), bois de sapins, juillet.

2274. — CINNAMOMEA (Z.) — R. bois de sapins, Mont-Dore (Auvergne), juillet. (Espèce de Hongrie).

2276. — AUGUSTELLA (Hb.) — R. Saint-Florent (Cher), mai.

2281. — MINUTELLA (L.) — C. 25 avril au 25 mai, Nohant (Indre). — Chenille d'octobre à février, mars sur le genêt à balais.

2285. — FORMOSELLA (S. V.) — R. juillet, Saint-Florent (Cher), Nohant (Indre), juillet, au réflecteur, C. (Espèce de Hongrie).

2286. — LUNARIS (Hw.) — A C. juillet. Nohant (Indre), au réflecteur, Cher. (Espèce d'Angleterre).

2290. — SCHAEFFERELLA (L.) — Planet (Indre), 8 juin, au réflecteur, R. (Espèce d'Allemagne).

2295. — PROCERELLA (S. V.) — R. juillet, Royat, Gravenoire, -Clermont (Auvergne), Nohant (Indre), 9 juillet, au réflecteur. (Espèce de Hongrie).

GEN. 255. — OEGOCONIA (Stt.)

2298. — QUADRIPUNCTA (Hw.) — C. mai, juin, juillet, Bourges (Cher), Nohant (Indre).

GEN. 256. — BLASTOBASIS (Z.)

2303. — PHYCIDELLA (Z.) — Saint-Florent (Cher), A R. juin. (Espèce d'Allemagne).

XV. — GLYPHIPTERYGIDAE

GEN. 258. — GLYPHIPTERYX (Hb.)

2306. — BERGSTRAESSERELLA (F.) — Juillet, R. bois de sapins, Mont-Dore (Auvergne). (Espèce alpine).

2307. — FUSCOVIRIDELLA (Hw.) — R. Mai, Saint-Florent (Cher).

2310. — THRASONELLA (Sc.) — C. 25 mai, 5 juin, prés humides, Planet (Indre), bords des ruisseaux.

2312. — HAWORTHANA (Stph.) — Mont-Dore (Auvergne), juin, R. — Chenille sur la linaigrette (dans les graines). *Eriophorum alpinum,* avril, mai.

2313. — EQUITELLA (Sc.) — C. juin, murailles, rochers où croit le *Sedum acre*. Nohant (Indre), bords des chemins. — Chenille en juillet, dans les feuilles du *Sedum acre*, la feuille attaquée blanchit.

2315. — FORSTERELLA |(F.) OCULATELLA (Z.) — Juin, A R. Saint-Florent (Cher), Nohant (Indre).

2316. — FISCHERIELLA (Z.) — Mai, haies au soleil sur les fleurs, Nohant (Indre), A C. — Chenille en juillet dans les têtes du *Dactylis glomerata*.

XVI. — GRACILARIDAE

GEN. 259. — GRACILARIA (Z.)

2317. — ALCHIMIELLA (Sc.) SWEDERELLA (Stt.) — Mai, août, Nohant (Indre), bois de Saint-Florent (Cher). C. — Chenille en juin, septembre, sur le chêne, mine la feuille repliée dans un coin en cône.

2320. — STIGMATELLA (F.) — C. septembre, hiverne, reparaît en mars, avril, Nohant (Indre), Saint-Florent (Cher), C. éclosion au 10 novembre. — Chenille en juin, août, sur le saule, feuille pliée au bord, s'y chrysalide.

2324. — HEMIDACTYLELLA (S V.) — Septembre, bois. Nohant (Indre). (Espèce d'Angleterre). — Chenille en juillet sur l'érable, fragment de feuille enroulée.

2327. — FIDELLA (Reutti.) — R. Nohant (Indre), septembre.

2328. — FALCONIPENNELLA (Hb.) — Septembre, hiverne et reparaît en mars, A R. Nohant (Indre). (Espèce du nord). — Chenille sur l'aune en juin, feuille roulée. Elle s'y chrysalide.

2329. — SEMIFASCIA (Hw.) — Nohant (Indre), septembre, hiverne et reparaît en mars. R. (Espèce d'Angleterre). — Chenille fin juin, sur l'érable, feuille roulée en dessous.

2330. — POPULETORUM (Z.) — T R. Nohant (Indre), septembre.

2331. — ELONGELLA (L.) — A C. septembre, hiverne et reparaît en mars, avril, bords de l'Indre, à Nohant. — Chenille en mai, juillet, sur l'aune, fenille roulée.

2332. — JUGLANDELLA (Mn.) — Juillet, R. Nohant, Reuilly (Indre). (Espèce d'Autriche). — Chenille en mai sur les noyers, feuilles roulées en cornet.

2333. — RUFIPENNELLA (Hb.) — Septembre, hiverne et reparaît mars, Nohant (Indre). R. (Espèce du nord).

2335. — TRINGIPENNELLA (Z.) — Mai, jardins, bois, C. Nohant (Indre). — Chenille en avril, juillet, sur le plantain, feuilles ridées, épiderme supérieur brun. Se transforme dans la mine, octobre.

2336. — LIMOSELLA (Z.) — Saint-Florent (Cher), R. juillet. — Chenille en mai sur le *Teucrium chamædrys*.

2338. — SYRINGELLA (F.) — C. avril, juillet, parcs, Nohant (Indre). Deux générations. — Chenille en juin et septembre sur le lilas, le frêne, le troëne.

2339. — SIMPLONIELLA (Fr.) — Nohant (Indre), juillet. Un exemplaire. (Espèce rare du Valais.)

2341. — PHASIANIPENNELLA (Hb.) — Juillet, septembre, hiverne et reparaît en mars, bois humides, Nohant (Indre), R. — Chenille en mai, août, sur le *Polygonum hydropiper*. sur l'oseille.

      A Ab. AUROGUTTELLA (Stph.) — Nohant (Indre), plus commune que le type.

2343. — AUROGUTTELLA (Stph.) LACERTELLA (H. S.) — Mai' août, Nohant (Indre), A R. — Chenille, 15 juin, fin septembre, 10 octobre, dans les feuilles roulées en cornets, du millepertuis *(Hypericum perforatum* et *pulchrum)*.

2346. — ONONIDIS (Z.) — Nohant (Indre), 5 septembre, R. — Chenille en avril sur le trèfle, et sur l'*Ononis spinosa*, mine en dessus·

2347. — IMPERIALELLA (Mann.) — Nohant (Indre), 20 mai, bois, R. (Espèce d'Angleterre). — Chenille sur l'*Orobus niger*, août.

2350. — KOLLARIELLA (Z.) — R. mai, bois frais, Nohant (Indre). — Chenille en juin sur le genêt à balais, puis en octobre, feuilles minées d'un gris jaunâtre.

2351. — SCALARIELLA (Z.) — Riom, Auvergne, R. 25 juillet. (Espèce méridionale).

Gen. 260. — Coriscium (Z.)

2353. — BRONGNIARDELLUM (F.) — Septembre, hiverne et reparaît en mars, A C. Nohant (Indre), Saint-Florent (Cher.) — Chenille en juin sur le chêne, mine pâle sur la feuille.

2364. — CUCULIPENNELLUM (Hb.) — Septembre, hiverne et reparaît en mars jusqu'en juin. Saint-Florent (Cher), R. Nohant (Indre), A C. — Chenille en juillet, août. septembre sur le frêne et le troëne à l'extrémité des feuilles.

2355. — SULPHURELLUM (Hw.) — Juillet, octobre, hiverne et reparaît en mars. buissons, A R. Nohant (Indre).

Gen. 261. — Ornix (Z.)

2356. — GUTTEA (Hw.) — C. mai, Nohant (Indre). Saint-Florent (Cher). — Chenille en septembre sur le pommier.

2366. — ANGLICELLA (Stt.) — A C. mai, juillet. Nohant (Indre). Cher. — Chenille en juillet, septembre sur l'aubépine, sommet de la feuille repliée en dessus.

2367. — AVELLANELLA (Stt.) — C. avril, août. Nohant (Indre). Cber. — Chenille en juillet, octobre sur le noisetier, feuille repliée en dessous.

2369 — FINITIMELLA (Z.) — Nohant (Indre). 20 avril.

2370. — TORQUILLELLA (Z.) — Nohant (Indre), 10 avril, 15 août. Deux générations, A R. — Chenille sur le prunellier en juillet et septembre.

2372. — BETULAE (Stt.) — C. Sologne du Cher, 25 avril, 15 août. — Chenille en juillet, octobre sur le bouleau, feuille repliée en dessous et bien attachée.

XVII. — COLEOPHORIDAE

GEN. 232. — COLEOPHORA (Z.)

2377. — JUNCICOLLELLA (Stt.) — Saint-Florent (Cher). Les Brandes, bois de Rongères (Indre), juillet. — Chenille en mars, avril, mai, sur la bruyère *(Calluna vulgaris)*.

2378. — LARICELLA (Hb.) — Planet (Indre), juin, juillet. — Chenille en septembre et avril sur les mélèzes, sommet des feuilles blanches. (Espèce alpine).

2379. — BADIIPENNELLA (Dup.) — Juin, juillet (Cher), Nohant (Indre). — Chenille en octobre sur le prunellier, hiverne, se retrouve en avril.

2380. — MILVIPENNIS (Z.) — Juin, Sologne du Cher.

2383. — LIMOSIPENNELLA (Dup.) — Août, septembre, haies d'ormes. Nohant (Indre), C. — Chenille en juillet sur l'orme, taches d'un jaune foncé, fourreau dentelé.

2384 — OCHRIPENNELLA (Z.) — Mai, Nohant (Indre), vieux murs, décombres. — Chenille en juillet sur les *Lamium album* et *purpureaum*, taches d'un brun clair sur la feuille, fourreau droit, étroit, duveteux.

2385. — CORNUTA (Stt.) — Juin, Sologne (Cher).

2387. — OLIVACELLA (Stt.) — Sur les bruyères. La Brande (Indre), juin.

2388. — SOLITARIELLA (Z.) — Fin mai, Nohant (Indre), A C. juin. — Chenille sur la *Stellaria holostea*, premiers jours de mai, taches blanchâtres très apparentes, reste trois semaines en chrysalide.

2389. — FLAVIPENNELLA (H S.) — Juin, Saint-Florent (Cher). — Chenille sur le poirier en mai.

2390. — LUTIPENNELLA (Z.) — Juillet, C. Nohant (Indre), A C. Saint-Florent (Cher). — Chenille en mai sur le chêne.

2392. — FUSCEDINELLA (Z.) — Juillet, C. Nohant (Indre). — Chenille en mai sur le charme, l'aune, l'aubépine, le néflier.

2393. — BINDERELLA (Kollar). — Sommerère, Sologne du Cher, juillet. (Espèce de Suisse).

2394. — VIMINETELLA (Z.) — Nohant, forêt de Saint-Chartier (Indre), juillet. sur le saule marceau. — Chenille en mai sur le saule marceau, taches vert pâle.

2401. — SICCIFOLIA (Stt.) — Bois de bouleaux, haies d'aubépine, Nohant, La Brande de Bellevue, Greuille (Indre), en juin, C. — Chenille sur le bouleau et sur l'aubépine, fin juillet, août.

2403. — GRYPHIPENNELLA (Stt.) — A R. juin, Nohant (Indre), éclot en juillet. — Chenille en mai sur les rosiers, grandes taches jaunâtres, fourreau formé du bord dentelé de la feuille, sous la feuille.

2404. — NIGRICELLA (Stph.) — Juillet, Nohant (Indre). — Chenille en mai sur les arbres fruitiers, fourreau court, brun clair.

2405. — PARIPENNELLA (Z.) — Nohant (Indre), juin. — Chenille sur les feuilles du prunellier, de la ronce, taches pâles; en septembre.

2407. — ALBITARSELLA (Z.) — Juin, Nohant (Indre), A C. — Chenille en mai sur le lierre terrestre, sur le *Thymus serphyllum*.

2408. — FUSCOCUPRELLA (H. S.) — Saint-Florent (Cher), juin, au réflecteur.

2409. — ALCYONIPENNELLA (Kol.) — Juin, juillet, Nohant (Indre), au réflecteur, C. — Chenille de septembre à avril sur les centaurées et scabieuses, fourreau noir courbé, aplati.

2412. — FRISCHELLA (L.) — Nohant (Indre), juin au réflecteur. — Chenille sur le trèfle en fleurs, mai.

2413. — FUSCICORNIS (Z) — Nohant (Indre), juin, R. au réflecteur. (Espèce méridionale).

2414. — DEAURATELLA (Z.) — 15 juillet, Saint-Florent (Cher), juin, Nohant (Indre), C. au réflecteur. — Chenille et fourreau en mai sur la *Centaurea jacea*.

2415. — FABRICIELLA (Vill.) — Nohant (Indre), C. au réflecteur, juillet. (Espèce d'Angleterre).

2418. — CHALCOGRAMMELLA (Z.) — Juin, juillet, bords des chemins, des terrains calcaires du lias et de l'orfordien, Nohant (Indre). Saint-Florent (Cher). — Chenille d'octobre à avril sur le *Cerasctium arvense*.

2419. — HEMEROBIELLA (Sc.) — Nohant (Indre), Saint-Florent (Cher), C. 25 jnin, juillet. — Chenille sur le cerisier en mai, le poirier, le pommier, le millepertuis.

2422. — ANATIPENELLA (Hb.) — Juillet, Nohant (Indre). — Chenille en mai sur le chêne et le prunellier, fourreau à stries perpendiculaires, sous la feuille.

2423. — IBIPENNELLA (Z.) — Juillet, bois de bouleaux, Sommerère (Sologne). La Brande (Indre). — Chenille en mai sur le bouleau, fourreau noir en forme de pistolet, sous les feuilles.

2424. — PALLIATELLA (Zk.) — Juillet, C. Nohant, Les Tailles (Indre). Forêts du Cher. — Chenille en juin sur les arbres forestiers.

2426. — CURRUCIPENNELLA (Z.) — Juillet, forêts du Cher. Nohant (Indre). — Chenille en mai dans un fourreau en forme de pistolet, sur le chêne.

2432. — AURICELLA (F.) — Bois de Sommerère (Sologne), Nohant (Indre), C. au réflecteur. — Chenille en avril sur le *Stachys recta* et la *Betonica officinalis*.

2433. — VIRGATELLA (Z.) — Juillet, prairies, Nohant (Indre). (Espèce de Hongrie). — Chenille en mai sur la *Salvia pratensis*, fourreau plat, tache d'un brun jaunâtre.

2434. — CONYZAE (Z.) — Saint-Florent (Cher), terrains calcaires, Nohant (Indre), juillet, au réflecteur. — Chenille sur l'*Inula conyza* en mai.

2435. — SERENELLA (Z.) — Sologne, C. Saint-Florent (Cher), juillet, Nohant (Indre), C. — Chenille sur l'*Hippocrepis comosa*, sur la coronille variée, en mai, juin.

2436. — CORONILLAE (Z.) — Juin, juillet, Nohant (Indre), C. Saint-Florent (Cher). — Chenille en avril, pousses de l'*Astragalus glycyphillos* et de la *Coronilla varia*, sous les feuilles.

2437. — GALLIPENNELLA (Hb.) — Juillet, Nohant (Indre), R. — Chenille en juin sur les légumineuses.

2438. — VULNERARIAE (Z.) — C. juin, terrains calcaires, Saint-Florent (Cher), Nohant (Indre). — Chenille sur l'anthyllide.

2442. — PYRRULIPENNELLA (Z.) — Sologne, Saint-Florent (Cher), juin. Les brandes de Sainte-Sévère (Indre). — Chenille en mai sur les bruyères *(Calluna vulgarie* et *Erica cinerea)* pousses terminales, fourreau long, noir, aplati, un peu courbé.

2443. — DITELLA (Z.) — Nohant (Indre), 25 juin, 5 juillet, au réflecteur, R. — Chenille de septembre en avril et mai sur l'armoise *(Arthemisia campestris)*.

2544. — PARTITELLA (Z.) — Saint-Florent)Cher), R. juin, Nohant (Indre), au réflecteur. (Espèce d'Allemagne).

2448. — COLUTELLA (F.) — C. juin, Saint-Florent (Cher), Nohant (Indre), juillet, au réflecteur, C.

2451. — VICINELLA (Z.) — Mai, août, Nohant (Indre), Saint-Florent (Cher). (Espèce d'Allemagne).

2454. — CONSPICUELLA (Z.) — Fin avril, juillet, coteaux arides, Saint-Florent (Cher), Nohant (Indre). Deux générations. — Chenille en mai sur la *Centaurea nigra* puis en septembre, taches pâles, fourreau noir, courbé, aplati.

2457, — CAELEBIPENNELLA (Z.) — Saint-Florent (Cher), juillet, Gargilesse (Indre). —Chenille fin mai, juin, sur l'armoise.

2459. — LUGDUNIELLA (Stt.) — Nohant (Indre), A C. juillet. — Chenille en mai sur la *Vicia cracca*, fourreau gris, papiracé en forme de pistolet.

2460. — VIBICELLA (Hb.) — C. juillet, Saint-Florent (Cher), Nohant (Indre). — Chenille en mai sur le *Genista tinctoria*, fourreau en forme de gousse.

2466. — LIXELLA (Z.) — C. juin, Nohant (Indre). — Chenille en mai sur les graminées et le *Holcus lanatus*. Fourreau blanchâtre.

2497. — ORNATIPENNELLA (Hb.) — R. juin, pelouses sèches,

Nohant (Indre). (Espèce d'Allemagne). — Chenille en mai sur les tiges des graminées.

2668. — OCHREA (Hw.) — C. juillet, Nohant (Indre), Saint-Florent (Cher). — Chenille en mai sur l'*Helianthemum vulgare*, fourreau grand, duveteux.

2473. — BALLOTELLA (Fr.) — A R. bois de Saint-Florent (Cher), Châteaubrun (Indre), mai, juin. (Espèce de Hongrie). — Chenille en juillet, août, sur la germandrée *(Teucrium scorodonia* et sur la *Ballota nigra)*.

2474. — WOCKEELLA (Z.) — Juin, Briantes (Indre), Saint-Florent (Cher). — Chenille en mai sur le *Genista tinctoria* taches d'un vert ochracé, fourreau long, aplati.

2478. — LEUCAPENNELLA (Hb.) — Mai, Gargilesse (Indre), Saint-Florent (Cher), C. — Chenille en juillet, dans les capsules du *Silene nutans*, se fait un fourreau avec les capsules.

2481. — SATURATELLA (Stt.) — Saint-Florent (Cher), juillet. — Chenille en mai sur le genêt à balais.

2482. — DISCORDELLA (Z.) — R. juillet, Nohant (Indre). — Chenille en mai sur le *Lotus corniculatus*, larges taches blanches, haies, buissons abrités.

2483. — GENISTAE (Stt.) — Nohant (Indre), R. juillet, pacages humides. — Chenille en avril, mai sur le *Genista anglica*.

2484. — BILINEATELLA (Z.) — C. Gargilesse. Nohant (Indre). Auvergne. Creuse. Dans les champs de genêts, en juillet.—Chenille sur le genêt à balais, en juin.

2490. — NIVEICOSTELLA (Z.) — Juillet, Saint-Florent (Cher). Nohant (Indre), C. au réflecteur. (Espèce d'Angleterre). — Chenille en octobre sur le *Sarothamnus scoparius* (genêt à balais).

2491. — ALBICOSTELLA (Dup.) — Juillet, Saint-Florent (Cher). Nohant (Indre). (Espèce d'Allemagne). — Chenille en avril sur la potentille cendrée.

2492. — TRIFARIELLA (Z.) — Juin, Saint-Florent (Cher). Nohant (Indre), C. au réflecteur. — Chenille de septembre à mars sur le genêt à balais, le fourreau ressemble à un petit paquet de feuilles sèches.

2500. — SAPONARIELLA (Heeger.) — Saint-Florent (Cher), septembre. — Chenille en juillet sur la saponaire.

2506. — ONOSMELLA (Brahm.) — Juin, Gargilesse (Indre). Saint-Florent (Cher), C. — Chenille en avril, mai sur la piloselle, sur la vipérine, fourreau sous la feuille.

2508. — INFLATAE (Stt.) — Saint-Florent (Cher), juin, deux exemplaires. (Espèce d'Angleterre). — Chenille en août sur les capsules du *Silene inflata*.

2509, — CHAMAEDRYELLA (Stt.) — Juillet, bois de Rongères (Indre). Bois de Saint-Florent (Cher). — Chenille en avril sur la germandrée *Teucrium chamaedrys*, taches brun pâle.

2511. — THERINELLA (Tgst.) — Sommerère, Sologne (Cher), 25 juin. — Chenille en septembre.

2512. — TROGLODYTELLA (Dup). — Saint - Florent (Cher), juin. Nohant (Indre). — Chenille sur l'eupatoire, l'armoise, la millefeuille, en mai.

2515. — LINEOLEA (Hw.) — R. Saint-Florent (Cher), juin. — Chenille de mars à mai sur le *Ballota nigra* et *Stachis recta*, le long des haies ; taches brunes, fourreau allongé sous la feuille.

2517. — NUTANTELLA (Mühl.) — Henrichemont, Sologne (Cher), juillet.

2529. — CICONIELLA (H. S.) — Nohant (Indre), 15 juin. — Chenille sur la millefeuille.

2536. — ARGENTULA (Z.) — Saint-Florent (Cher), juillet. — Chenille en septembre, octobre.

2539. — VIGAUREAE (Stt.) — Juillet, août, Saint - Florent (Cher). Mont-Dore (Auvergne). -- Chenille en septembre, octobre, dans les graines de la verge d'or, se chrysalide en avril.

2516. — LARIPENELLA (Zett.) — Saint - Florent, Sologne (Cher), juillet, août. — Chenille en septembre, octobre sur les *Chenopodium* et *Atriplex*.

2548 — FLAVAGINELLA (Z.) — Saint-Florent (Cher). Nohant (Indre). (Espèce de Russie). — Chenille en septembre sur le *Chenopodium album*, fourreau formé des petites graines du *Chenopodium* liées par de la soie.

2550. — ARTEMISICOLELLA (Bruand.) — Juillet, Gargilesse (Indre). Saint-Florent, (Cher). — Chenille en août, septembre, dans les graines de l'*Artemisia vulgaris*.

2551. — TAENIIPENNELLA (H. S.) — Saint-Florent (Cher), juillet.

2553. — MURINIPENNELLA (Dup.) — Juillet, Saint-Florent (Cher). — Chenille en juin sur les graines de *Luzula* ; le fourreau ressemble à la graine de la plante.

2555. — CAESPITITIELLA (Z.) — juin, juillet, bords des chemins et des ruisseaux où poussent les joncs. Nohant, bois de Vavrey (Indre), T. C. — Chenille de septembre à mai sur les semences des joncs.

GEN. 263. — GONIODOMA (Z.)

2557. — AUROGUTTELLA (F.R.) — Nohant (Indre), 15 juillet, août.

XVIII. -- LAVERNIDAE

GEN. 264. — CHAULIODUS (Tr.)

2558. — ILLIGERELLUS (Hb.) — Nohant (Indre), juillet. — Chenille en mai dans les feuilles de l'*Aegopodium podagraria.*,

2559. — SCURELLUS (H. S.) — Juin, terrains granitiques, Crevant (Indre). Saint-Florent (Cher). (Espèce alpine).

2560. — PONCTIFICELLUS (Ab.) — Mai, clairières et coteaux des bois du terrain calcaire, A C. Nohant (Indre), Saint-Florent (Cher). (Espèce d'Allemagne).

2567. — CHAEROPHYLLELLUS (Goeze.) — C. Nohant, bords de l'Indre, endroits humides, juillet, 4 novembre. — Chenille en juin, 28 septembre, dans une toile commune, sur l'*Angelica sylvestris* et l'*Heracleum sphondylium.*

2568. — STAINTONIELLUS (Stt.) —R. Henrichemont (Cher), coteaux incultes de la Sologne, fin juin. Nohant (Indre), juin au réflecteur. (Espèce méridionale). — Chenille en mai sur le rouvet blanc *(Osyris alba).*

Gen. 265. — Laverna (Curt.)

2570. — FESTIVELLA (S. V.) — Saint-Florent (Cher), R. Nohant (Indre), A C. au réflecteur et sur le lierre, 8 au 20 mai.

2572. — CONTURBATELLA (Hh.) — Royat)Auvergne, août, sur les fleurs d'épilobes *(Epilobium augustifolia).* (Espèce de Suisse)· — la chenille doit vivre sur les épilobes.

2574. — LACTEELLA (Stph.) — R. Saint-Florent (Cher), 15 mai. (Espèce de l'Allemagne).

2575. — MISCELLA (S. V.) — R. mai, août, Saint-Florent (Cher). — Chenille en mars, avril, juillet, ssptembre, sur l'*Heliantemum vulgare.* (Deux générations).

2578. — FULVESCENS (Hw.) EPILOBIELLA (Schrk.) — C. 6 juillet· août, 8 septembre, hiverne et reparaît en avril. Nohant (Indre). Saint-Florent (Cher). — Chenille en juin sur l'*Epilobium hirsutum.*

2580. — RASCHKIELLA (Z) — Royat (Auvergne), 10 juillet, au réflecteur, R. (Espèce d'Angleterre).

2582. — DECORELLA (Stph.) — R. mai, septembre. Nohant (Indre). (Espèce d'Angleterre). — Chenille en juillet dans les graines de l'*Epilobium palustre,* renflements sur les tiges.

2583. — SUBBISTRIGELLA (Hw.) — R. 25 mars, septembre. Nohant (Indre), jardins, au réflecteur. (Espèce d'Allemagne). — Chenille en juillet dans les graines de l'*Epilobium montanum* et autres épilobes.

2584. — HELLERELLA (Dup.) — Juin, Nohant (Indre), R. au réflecteur. (Espèce d'Angleterre).

2585. — VINOLENTELLA (H. S.) — Juillet, Saint-Florent (Cher), R. (Espèce d'Allemagnè).

2587. — EPILOBIELLA (Roemer.) LANGIELLA (Hb.) — Juillet, octobre, hiverne et reparaît en mars. Nohant (Indre). Saint-Florent (Cher). — Chenille en juin, septembre, sur l'*Epilobium hirsutum.*

2588. — PHRAGMITELLA (Stt.) — Bourges (Cher), juillet. Les étangs du Lys-Saint-Georges (Indre). (Espèce d'Angleterre), — Chenille de septembre à avril, dans les massettes du *Typha lutifolia.*

Gen. 266. — Chrysoclista (Stt.)

2589. — LINNEELLA (Cl.) — Juin, jardins, bois, Nohant (Indre),

R. au réflecteur. — Chenille en janvier dans l'aubier des arbres, le bois pourri.

2590. — BIMACULELLA (Hw.) — 15 août, Mont-Dore (Auvergne), Nohant (Indre), 15 mai, R. au réflecteur. (Espèce d'Allemagne).

2593. — AURIFRONTELLA (Hb.) — 15 juin, Nohant (Indre). Saint-Florent (Cher), R. au réflecteur.

Gen 268. — Tignama (Z.)

2595. — PERDICELLUM (Z.) — Mai, bois de Saint-Florent (Cher).

2596. — BALTEOLELLUM (F. R.) — 15 mai, Nohant (Indre). Cher, R·

2597. — HERRICHIELLUM (H. S.) — Mai, Saint-Florent (Cher). Nohant (Indre), R. (Espèce d'Allemagne). — Chenille en juillet sur le *Lonicera xylosteum;* mine large, jaune.

2601. — TRANSVERSELLUM (Z.) — Juin, juillet, Nohant (Indre), R. — Chenille sur le serpolet *Thymus serpillum.*

Gen. 270. — Perittia (Stt.)

2603. — OBSBUREPUNCTELLA (Stt.) — Nohant (Indre), mai, au réflecteur. (Espèce d'Angleterre).

Gen. 271. — Heydeinia (Hofm.)

2609. — FULVIGUTTELLA (Z.) — Nohant (Indre), 15 juin. (Espèce d'Allemagne). — Chenille sur l'*Angelica sylvestris*, en septembre.

Gen. 272. — Asychna (Stt.)

2611 — MODESTELLA (Dup.) — Avril, pacages, A C. Nohant (Indre). — Chenille en septembre sur l'églantier.

2612. — AERATELLA (Z.) — Juin, juillet, R. Saint-Florent (Cher). (Espèce d'Angleterre).

Gen. 273. — Ochromolopis (Hb.)

2613. — ICTELLA (H. S.) — Juillet, Saint-Florent (Cher). (Espèce de Suisse).

Gen. 274. — Stagmatophora (H. S.)

2620. — HEYDENIELLA (F.) — Saint-Florent (Cher), mai. Un exemplaire. (Espèce d'Allemagne). — Chenille sur le *Stachys sylvatica* en septembre.

2621. — SERRATELLA (Tr.) — R. mai, juin, Nohant (Indre). (Espèce d'Allemagne).

Gen. 275. — Pyroderees (Hein.)

2625. — ARGYROGRAMMOS (Z.) — Saint-Florent (Cher). Deux exemplaires. (Espèce de la Grèce).

XIX. — ELACHISTIDAE

GEN. 276. — BUTALIS (Tr.)

2626. — OBSCURELLA (Sc). — Nohant (Indre). Saint-Florent (Cher). (Espèce alpine).

2628. — GRANDIPENNIS (Hw.) — Mai, C. bois, landes. La Brande, Nohant (Indre). Saint-Florent (Cher). — Chenille en septembre sur l'ajonc (Ulex europeus), dans une toile, elle hiverne et reparaît en mars.

2629. — AMPHONICELLA (Hb.) — Murat (Cantal), juillet. (Espèce alpine). — Renseignements douteux.

2630. — SELINIELLA (Z.) — 18 juillet, Nohant (Indre). (Espèce d'Allemagne). — Chenille en mai sur l'Helianthemum vulgare.

3631. — FALLACELLA (Z.) — R. juin, 15 août, Nohant (Indre).

2634. — TABIDELLA (H. S.) — R. juin, Saint-Florent (Cher). (Espèce de Dalmatie).

2635. — FLAVIVENTRELLA (H. S.) — Saint-Florent (Cher), juin, région du calcaire oxfordien.

2639. — FUSCOAENEA (Hw.) — Saint-Florent (Cher), juin.

2640. — SENESCENS (Stt.) — Nohant (Indre), 5 juillet, R.

2645. — POTENTILLAE (Z.) — R. juin, Saint-Florent (Cher). (Espèce de Silésie).

2648. — PASCUELLA (Z.) — 10 mai, juin, rochers des bords de l'Indre à la Rochaille.

2654. — DENIGRATELLA (H. S.) — R. mai. 10 août. Nohant (Indre). (Espèce de la Grèce).

2658. — PARVELLA (H. S.) — Saint-Florent (Cher), mai, fin juillet. (Espèce de Suisse).

2659. — LAMINELLA (H. S.) — Juin, juillet, Saint-Florent (Cher). (Espèce de Hongrie).

2661. — FUSCO-CUPREA (Hw.) — C. juin, Nohant (Indre), Saint-Florent (Cher).

2667. — PUNCTIVITTELLA (Costa). — Juin, Saint-Florent (Cher), bruyères, Les Brandes, Nohant (Indre), au réflecteur. (Espèce d'Italie).

2679. — RESTIGERELLA (Z.) — Juin, bruyères et forêt de Saint-Chartier (Indre). (Espèce de Hongrie.)

2682. — SCOPOLELLA (Hb.) — C. juin. La Rochaille (Indre), Saint-Florent (Cher).

2683. — CHENOPODIELLA (Hb.) — C. mai, juin, coteaux arides, Saint-Florent (Cher), Nohant (Indre). — Chenille en octobre sur les pousses du Chenopodium album, hiverne jusqu'en février.

2685. — NORICELLA (Z.) — Le Lioran (Cantal), juillet. (Espèce alpine).

2686. — DISSIMILELLA (H. S.) — Gargilesse (Indre), juin, R.

2692. — SICCELLA (Z.) — Septembre. Nohant (Indre), Saint-Florent (Cher).

2696. — ACANTHELLA (God.) — A R. Saint-Florent (Cher), mai.

GEN. 277. — AMPHISBATIS (Z.)

2699. — INCONGRUELLA (Stt.) — R. avril, marais, chemins humides. Nohant (Indre). (Espèce d'Angleterre).

GEN. 278. — PANCALIA (Curt.)

2700. — LATREILLELLA (Curt.) — C. avril, juillet. Nohant (Iudre). Saint-Florent (Cher), sur les fleurs. (Espèce d'Allemagne).

2701. — LEUWENHOEKELLA (L.) — C. avril, mai. Nohant (Indre), Mont-Dore (Auvergne), juin, sur les fleurs. — Chenille en février entre l'écorce des arbres résineux.

GEN. 279. — ENDROSIS (Hb.)

2703. — LACTEELLA (S. V.) — Nohant (Indre), Saint-Florent (Cher), C. au réflecteur du 20 avril au 20 mai, reparaît au 15 juillet, intérieur des maisons. — Chenille dans les balayures, les débris végétaux, le foin, la paille des greniers.

GEN. 281. — SCHRECKENSTEINIA (Hb.)

2705. — FESTALIELLA (Hb.) — Mai, buissons de ronces, Nohant (Indre). — Chenille en septembre, feuilles de ronces en dessous. endroits ombragés des bois.

GEN. 282. — HELIODINES (Stt.)

2706. — ROESELLA (L.) — Avril, potagers, R. Nohant (Indre). — Chenille en juin sur les épinards sous une toile verdâtre. Elle reste dix mois en chrysalide.

GEN. 283. — STATHMOPODA (Stt.)

2707. — PEDELLA (L.) — 25 juin, A C. Nohant bords de l'Indre, Saint-Florent (Cher). — Chenille en septembre dans les fruits de l'aune (Alnus glutinosa).

2707 (bis). — LAFITOLELLA. — NOVA SPECIES (M. Sand.) Nohant (Indre), 15 juillet, au réflecteur. Un exemplaire, dédiée au marquis de La Fitole.

2708. — GUERINI (Stt.) — Nohant (Indre), R. au réflecteur, octobre. — Chenille en juillet dans les galles du chêne.

GEN. 284. — COSMOPTERYX (Hb.)

2709. — LIENIGIELLA (Z.) — Les Etangs-Brisses (Indre), R. 25 juin. (Espèce d'Angleterre). — Chenille en septembre, octobre sur l'Arundo phragmites, plaques longues, blanchâtres, cocon dans la mine.

2711. — EXIMIA (Hw.) — Les Etangs-Brisses (Indre), 10 juillet.

Gen. 285. — Batrachedra (Stt.)

2715. — PRAEANGUSTA (Hw.) — Juin, Nohant (Indre), Saint-Florent. — Chenille en avril dans les chatons tombés des peupliers et saules.

2716. — PINICOLELLA (Dup.) — Juin, bois de pins, Sologne-du-Cher, Gravenoire (Auvergne), Les Brandes (Indre). (Espèce d'Autriche).

Gen. 286. — Antispila

2718. — PFEIFFERELLA (Hb.) — C. mai, Nohant (Indre). Saint-Florent (Cher). (Espèc d'Angleterre). — Chenille en juin, mine ovale dans les feuilles du cornouiller, puis en septembre.

2719. — TREITSCHKIELLA (F.) — Mai, A C. Nohant (Indre). (Espèce alpine). — Chenille en juin, septembre, feuilles du cornouiller sanguin.

Gen. 287. — Heliozela (H. S.)

2721. — SERICIELLA (Hw.) — C. 20 avril, forêt de Saint-Chartier (Indre). Forêts du Cher. — Chenille sur le chêne, en juillet.

Gen. 288. — Stephensia (Stt.)

2726. — BRUNNICHIELLA (L.) — Mai, R. Nohant (Indre). (Espèce de Suisse). — Chenille en août, feuilles du *Chenopodium vulgare*.

Gen. 289. — Elachista (Stt.)

2727. — QUADRELLA (Hb.) — Juillet, bois frais. Nohant (Indre) Saint-Florent (Cher). — Chenille en mai sur la *Luzula pilosa*.

2729. — TETRAGONELLA (H. S.) — Bois de Saint-Florent (Cher), juin. (Espèce alpine). — Chenille en mai sur le *Carex montana*.

2731. — MAGNIFICELLA (Stt.) — 25 juillet, Saint-Florent (Cher), R. (Espèce de Suisse). — Chenille en avril sur la *Luzula pilosa*, mine à la surface supérieure de la feuille.

2733. — GLEICHENELLA (F.) — Juin, Saint-Florent (Cher). — Chenille en avril dans les carex à feuilles étroites, mines renflées sur la surface supérieure.

2734. — APICIPUNCTELLA (Stt.) — Juin, Saint-Florent (Cher).

2735. — ALBIFRONTELLA (Stt.) — Juin, bois, haies. Nohant (Indre). Saint-Florent (Cher). — Chenille en mai dans les feuilles de l'*Aira caespitosa* en dessus.

2747. — AIRAE (Stt.) — 25 mai, bois frais, forêts, jusqu'en juin, Nohant (Indre). (Espèce d'Allemagne). — Chenille en avril dans les touffes de gazon. *Aira caespitosa*.

2750. — PULLELLA (H. S.) — Mai, buissons. Nohant (Indre), Saint-Florent (Cher). (Espèce d'Allemagne).

2759. — GREGSONI (Stt.) — Juin. Nohant (Indre). — Chenille en avril dans les feuilles de *Poa annua*, taches blanchâtres.

2760. — STABILELLA (Frey.) — Mont-Dore (Auvergne), juillet. (Espèce de Suisse).

2763. — BEDELLELLA (Stt.) — Mai, août, Saint-Florent (Cher). (Espèce d'Angleterre). — Chenille en avril sur l'*Acena pratensis* sommet miné, face de la feuille inférieure pourprée.

2765. — PULLICOMELLA (Z.) — Mont-Dore (Auvergne), août. (Espèce de Suisse).

2775. — BIFASCIELLA (Tr.) Mont-Dore (Auvergne), juillet, R. au réflecteur. (Espèce d'Allemagne).

2781. — ADSCITELLA (Stt.) — Mont-Dore (Auvergne), juillet R. au réflecteur. (Espèce d'Angleterre).

2783. — TAENIATELLA (Stt.) — Mai, buissons, haies, Nohant (Indre). — Chenille en octobre, mine allongée d'un brun pâle, froncée sur le *Brachypodium sylvaticum* et les graminées dans les haies. (Espèce d'Angleterre).

2784. — CHRYSODESMELLA (Z.) — R. 20 mai, bois sec. Nohant (Indre). (Espèce de Suisse). — Chenille en avril, extrémité des feuilles du *Carex montana* et *Brachypodium pinnatum*.

2785. — GANGABELLA (Z.) — R. 25 mai, 15 juin. Nohant (Indre). Chenille sur le *Dactylis glomerata*. La mine rend les feuilles renflées, en avril, puis novembre.

2786. — ZONARIELLA (Tgstr Bidr.) — R. 21 mai, 25 juillet, Nohant (Indre). — Chenille en avril, puis juin, mine les feuilles de l'*Aira caespitosa*. (Espèce d'Ecosse).

2789. — CERUSELLA (Hb.) — Mai, août, bords des Etangs, Nohant (Indre), Saint-Florent, Bourges (Cher). — Chenille en avril dans les feuilles de l'*Arundo phragmites*, plaques blanchâtres.

2792. — RHYNCHOSPORELLA (Stt.) — Mont-Dore (Auvergne). juillet, août. (Espèce de Suisse).

2793. — PALUDUM (Frey.) — Nohant, Les Etangs-Brisses (Indre), juin. (Espèce d'Angleterre).

2795. — BIATOMELLA (Stt.) — Nohant (Indre), A R. mai, août. (Espèce d'Angleterre). — Chenille en avril, puis en juillet sur le *Carex glauca*.

2796. — POLLINARIELLA (Z.) — Juin. C. lisières de forêts, Nohant (Indre). — Chenille en avril sur l'*Acena flavescens*.

2797. — COLLITELLA (Dup.) — Juillet, Saint-Florent (Cher), R. (Espèce de Russie).

2799. — DISERTELLA (H. S.) — Mai, juin, C. Nohant (Indre). — Chenille en mai sur le *Brachypodium sylvaticum* et *Holcus mollis*, mine longue.

2804. — RUFOCINEREA (Hw.) — Nohant (Indre), C. mai, juin, haies buissons. — Chenille de septembre en mars, au milieu des touffes de l'*Holcus mollis*, mine longue et large.

2805. — ANSERINELLA (Z.) — Mai, C. Nohant (Indre), dans les pâturages, Saint-Florent (Cher).

2809. — DISPUNCTELLA (Dup.) — Mai, août, Nohant (Indre). (Espèce d'Allemagne).

2811. — NITIDULELLA (H. S.) — Sommerère, Sologne, forêt d'Allogny (Cher), 20 mai. (Espèce de Hongrie).

2813. — ARGENTELLA (Cl.) CYGNIPENNELLA (Hb.) — Juin, C. Nohant (Indre), Saint-Florent (Cher). — Chenille en avril sur les brômes, le *Dactylis glomerata*, dans les haies, mine large, se chrysalide au dehors.

2814. — POLLUTELLA (H. S.) — Nohant (Indre), Saint-Florent (Cher), en avril et mai.

2817. — SUBALBIDELLA (Schlg. Ber.) OCHREELLA (Stt.) — Nohant (Indre), R. au réflecteur, juin. (Espèce d'Angleterre).

2819. — FUSCOCHRELLA (Frey.) — Nohant (Indre), juin, R. au réflecteur. (Espèce de Suisse).

XX. — LITHOCOLLETIDAE.

GEN. 291. — BEDELLIA (Stt.)

2823. — SOMNULENTELLA (Z.) — Nohant (Indre) avril C. — Chenille en août, septembre, octobre, sur le liseron des champs, mine large transparente.

GEN. 293. — LITHOCOLLETIS. (Z.)

2825. — ROBORIS. (Z.) — Mars, avril, bois de chênes, C. Nohant (Indre). Saint-Florent (Cher). — Chenille en septembre sur le chêne, mine visible des deux côtés de la feuille.

2826. — AMYOTELLA (Dup.) — Mai, août, Nohant (Indre. Bois de Saint-Florent (Cher). — Chenille en septembre sur le chêne.

2827. — HORTELLA (F.) — Mai, août, Nohant (Indre), C. Bois de Saint-Florent (Cher). — Chenille en septembre sur le chêne.

2828. — SYLVELLA (Hw.) — 6 avril, mai, août, Nohant (Indre), C. Saint-Florent (Cher). — Chenille en juin, juillet, septembre. sur l'érable, mine sous un angle replié de la feuille.

2830. — ABRAZELLA (Z). — Avril, R. Nohant (Indre). — Chenille en octobre sur le chêne. (Espèce d'Allemagne).

2831. — CRAMERELLA (F). — Mai, août, bois de chênes. Nohant (Indre). Saint-Florent (Cher). — Chenille en octobre sur le chêne.

2832. — TENELLA (Z). — Mai, août, C. Sologne du Cher. Auvergne. Nohant (Indre), A R. — Chenille sur le bouleau, en juillet, septembre. (Espèce d'Angleterre).

2833. — HEEGERIELLA (Z). — Mai, août. Nohant (Indre). Saint-Florent (Cher). — Chenille en juillet, octobre, sur le chêne, mine petite, bord de la feuille courbée en dessous.

2834. — ALNIELLA (Z). — Mai, août. Nohant (Indre). Saint-Florent (Cher). —Chenille en juillet, octobre. sur les feuilles de l'aune entre deux nervures sous la feuille.

2836. — STRIGULATELLA (Z). — Mai, Nohant (Indre). — Chenille en octobre sur l'aune *Alnus incana.*

2839. — LAUTELLA (Z). — Avril, Nohant (Indre). — Chenille en octobre sur le chêne, mine sous la feuille, le long de la nervure médiane.

2841. — BREMIELLA (Frey.) — Nohant (Indre), avril. — Chenille sur le *Vicia sepium*, et le trèfle, la luzerne, en septembre feuille en dessous. (Espèce d'Angleterre).

2842. — INSIGNITELLA (Z.) — Sommerère, Sologne du Cher, mai. — Chenille sur le trèfle, feuille en dessous en septembre. (Espèce d'Allemagne).

2843. — ULMIFOLIELLA (Hb). — Mai, août. Nohant (Indre) Sologne du Cher, C. — Chenille en juillet, septembre, octobre, sur le bouleau ; feuille en dessous.

2844. — SPINOLELLA (Dup.) — Avril, août. Saint-Florent (Cher), C· Nohant (Indre), R. — Chenille en juillet, octobre, sur le saule marceau, feuille en dessous.

2845. — FRAXINELLA (Z.) — Bois de Rongères, La Motte-Feuilly (Indre), en avril. — Chenille sur le genêt des teinturiers en septembre. (Espèce d'Allemagne).

2846. — CAVELLA (Z.) — Sologne du Cher, La Brande (Indre), en avril. — Chenille en septembre sur le bouleau, feuille en dessous. (Espèce d'Allemagne).

2847. — VIMINETORUM (Stt.) — Nohant (Indre), A R. mai, août. Deux générations. (Espèce d'Angleterre). — Chenille en juillet, puis en octobre sur le *Salix viminalis*. Se chrysalide dans la mine, sous la feuille.

2848. — SALICICOLELLA (Stt.) — Avril, mai. Sologne du Cher, Saint-Florent (Cher). Forêt de Saint-Chartier (Indre). — Chenille en septembre sur le saule marceau, feuille en dessous. (Espèce d'Angleterre).

2849. — SALICTELLA (Z.) — Avril, Nohant (Indre), C. Saint-Florent (Cher). — Chenille sur le saule, l'osier, feuille en dessous. (Espèce d'Allemagne).

2850. — DUBITELLA (H. S.) — Nohant (Indre), mai. — Chenille en septembre sur les saules *(Salix caprea* et *cinerea)*, feuille en dessous.

2852. — POMIFOLIELLA (Z.) — Mai, août dans les vergers, Nohant (Indre). — Chenille en juillet, octobre, sur les pommiers, feuille en dessous.

2853. — SORBI (Frey.) — Mai, Nohant (Indre). Saint-Florent (Cher). — Chenille en juillet sur le sorbier, feuille en dessous.

2855. — CYDONIELLA (Frey.) — Mai, jardins, vergers, Nohant (Indre). — Chenille sur le poirier et le cognassier, septembre, feuille en dessous.

2856. — SERASICOLELLA (H. S.) — 20 avril, août, C. Nohant (Indre). Saint-Florent (Cher). — Chenille en juillet, octobre, mine sous la feuille du cerisier sauvage.

2857. — SPINICOLELLA (Stt.) — Mai, août, haies de prunelliers. Nohant (Indre). Saint-Florent (Cher). — Chenille en juin, octobre, sur le prunellier, sous la feuille.

2858. — PADELLA (Glitz.) — Nohant (Indre), mai. — Chenille en octobre sur le *Prunus padus*, feuille en dessous. (Espèce d'Allemagne).

2859. — OXYACANTHAE (Frey.) — Mai, Nohant (Indre). — Chenille en octobre sur l'aubépine, feuille en dessous.

2860. — FAGINELLA (Z.) — Avril, R. Les tailles de Nohant (Indre). — Chenille en septembre sur le hêtre, feuille en dessous.

2861. — CORYLI (Nicelli.) — Mai, vole de grand matin autour des noisetiers, Nohant (Indre). — Chenille en septembre sur le noisetier, grandes taches blanchâtres sur les feuilles.

2862. — CARPINICOLELLA (Stt.) — C. parcs, charmilles, Nohant (Indre), 4 avril. — Chenille en septembre sur le charme, partie supérieure de la feuille, se chrysalide dans la mine, en novembre, décembre.

2865. — DISTENTELLA (Z.) — Saint-Florent (Cher), C. avril. — Chenille en septembre sur le chêne, feuille en dessous.

2868. — LANTANELLA (Schrk.) — Mai, août, C. bois humides, Nohant (Indre). — Chenille en juillet, septembre sur le *Viburnum lantana*, entre les parenchymes de la feuille déprimée et tordue.

2869. — JUNONIELLA (Z.) — Mont-Dore, bois du Capucin, Royat (Auvergne), 25 juin. — Chenille sur le *Vaccinium vitis idea*, feuille en dessous, mai. (Espèce du Nord).

2870. — QUINQUEGUTTELLA (Stt.) — Nohant (Indre), mai. — Chenille sur le saule, feuille en dessous en septembre. (Espèce d'Angleterre).

2872. — SCITULELLA (Z.) — R. avril, mai, Nohant (Indre). (Espèce d'Allemagne).

2873. — PARISIELLA (Wk.) — Nohant (Indre), R. mai. Saint-Florent (Cher). — Chenille sur le chêne, feuille en dessous.

2874. — QUERCIFOLIELLA (Z.) — Mai, juillet. Nohant (Indre), Saint-Florent (Cher), C. — Chenille en juin, septembre sur le chêne, feuille en dessous.

2875. — MESSANIELLA (Z.) — Mai, septembre, Nohant (Indre). — Chenille en juillet, octobre, taches jaunes sous la feuille du bouleau, du châtaignier et du chêne.

2878. — DELITELLA (Z.) — Nohant (Indre). Sologne du Cher, mai, R. — Chenille sur le chêne, mine en dessous, en octobre.

2879. — QUINQUENOTELLA (Frey.) — Mai, septembre, Saint-Florent (Cher). — Chenille en avril, août, sur le *Genista sagittalis*, mine longue, grandes taches pâles.

2885. — CORYLIFOLIELLA (Hw.) — Mai, août, haies, C. Nohant (Indre). Saint-Florent (Cher). — Chenille en juillet, septembre, sur le sorbier, le poirier, l'aubépine, feuille pliée en deux, taches blanchâtres.

2886. — BETULAE (L.) — Mai, Saint-Florent, Sommerère, Sologne (Cher). Nohant (Indre). — Chenille sur le bouleau, le poirier, le pommier, feuille en dessus en octobre.

2889. — NICELII (Stt.) — Mai, août, C. Nohant (Indre). Saint-Florent (Cher). — Chenille en juillet et en octobre sur le noisetier, feuille en dessous. (Espèce d'Angleterre).

2892. — FROELICHIELLA (Z.) — Mai, Nohant (Indre). — Chenille sur l'aune, feuille en dessous en septembre. (Espèce d'Angleterre).

2893. — STETTINENSIS (Nicelli.) — Nohant (bords de l'Indre), mai, août, R. — Chenille sur l'aune, feuille en dessus en juin et octobre. (Espèce d'Angleterre).

2894. — KLEEMANNELLA (F.) — 20 avril, 8 mai, C. Nohant (Indre). Saint-Florent (Cher). — Chenille sur l'aune, feuille en dessous en septembre, octobre.

2895. — SCHREBERELLA (F.) — 20 avril, août, C. Nohant (Indre) Saint-Florent (Cher). — Chenille en juillet, septembre, octobre sur l'orme, feuille en dessous.

2896. — EMBERIZAEPENNELLA (Z.) — 5, 10, 20 avril, août, C. Nohant (Indre). Saint-Florent (Cher). — Chenille en juillet, septembre sur le chèvrefeuille des bois, feuille en dessous. *(Lonicera xylosteum)*.

2897. — TRISTRIGELLA (Hw.) — Nohant (Indre), en mai, août. — Chenille sur l'orme en juillet, octobre. *(Ulmus campestris)*, feuille en dessous. (Espèce d'Angleterre).

2899. — SCABIOSELLA (Dyl.) — 20 avril, A C. Nohant (Indre). — Chenille en septembre, mine dans les feuilles de la *Scabiosa columbaria* et de la pulmonaire, en dessous.

2900. — TRIFASCIELLA (Hw.) — Mai, août, novembre, Nohant (Indre). — Chenille en avril, juillet, octobre, chèvrefeuille sur la partie inférieure de la feuille.

2903. — PASTORELLA (Z.) — Avril, mai, vignes de Nohant (Indre). — Chenille en septembre sur l'osier, mine en dessous. (Espèce du Nord).

2904. — POPULIFOLIELLA (Tr.) — Mai, août, Nohant (Indre). — Chenille en juillet, octobre sur les peupliers, feuille en dessous, taches blanchâtres. (Espèce de Suisse).

2906. — APPARELLA (H. S.) — Nohant (Indre), 10 novembre, se cache dans les maisons pour hiverner. (Espèce d'Allemagne). — Chenille sur le peuplier en mai, mine sous la feuille.

2907. — TREMULAE (Z.) — Avril, C. Saint-Florent (Cher), juillet. — Chenille en juin, août, septembre sur le tremble, feuille en dessous. (Espèce de Suisse).

2908. — COMPARELLA (Z.) — Mai, août, Nohant (Indre), R. (Espèce d'Angleterre). — Chenille en juin, septembre sur les peupliers blancs ; mine sous la feuille.

Gen. 294. — Tischeria (Z.)

2910. — COMPLANELLA (Hb.) — Avril, mai. Nohant (Indre). Saint-Florent (Cher). — Chenille en octobre, feuilles de chênes, taches blanches très apparentes sur la face supérieure de la feuille.

2912. — MARGINEA (Hw.) — Avril, août. Nohant (Indre). Saint-Florent (Cher). — Chenille en mai et octobre sur la ronce, taches blanchâtres en forme d'ammonites, la feuille en dessus.

2913. — HEINEMANNI (Stgr.) — Nohant (Indre), avril. — Chenille, feuilles de ronces et de framboisiers en octobre. (Espèce d'Allemagne).

2914. — GAUNACELLA (Dup.) — Nohant (Indre), avril, sur la ronce. (Espèce d'Allemagne).

2915. — ANGUSTICOLLELLA (Z.) — Mai, pacages. Nohant (Indre). Saint-Florent (Cher). — Chenille en octobre, rosiers, églantiers, grandes plaques d'un brun blanchâtre.

XXI. — LYONETIDAE

GEN. 295. — LYONETIA (Hb.)

2916. — CLERKELLA (L.) — Avril, août. Nohant (Indre). Saint-Florent (Cher). — Chenille en mai, septembre, arbres fruitiers, chrysalide suspendue dans un hamac de soie.

2917. — LEDI (Wk.) — Sommerère, Sologne du Cher), mai. — Chenille en octobre sur le bouleau. (Espèce d'Allemagne).

2918. — PRUNIFOLIELLA (Hb.) — Septembre, haies. Saint-Florent (Cher). Nohant (Indre). — Chenille en juillet, feuilles terminales du prunellier.

    A. VAR. PADIFOLIELLA (Hb.) — Avec le type.

GEN. 297. — PHYLLOCNISTIS (Z.)

2923. — SUFFUSELLA (Z.) — Juillet, avenues de peupliers. Nohant (Indre). — Chenille en mai, août, peupliers, mine entortillée sur la feuille.

2924. — SALIGNA (Z.) — Novembre, hiverne et reparaît en mars, Nohant (Indre). — Chenille, mine sur l'osier, juin, juillet.

GEN. 298. — CEMIOSTOMA (Z.)

2925. — SUSINELLA (H. S.) — Royat (Puy-de-Dôme), juillet, au réflecteur. (Espèce de Suisse).

2926. — SPARTIFOLIELLA (Hb.) — Juin, champs de genêts. Nohant, La Brande (Indre). — Chenille en avril sur le genêt à balais, mine l'écorce des tiges, se chrysalide sous un rameau.

2927. — WAILESELLA (Stt). — Nohant (Indre), août.

2928. — LABURNELLA (Stt). — T C. Jardins, parcs, Nohant (Indre), 15 mars, 5 avril, 15 juillet, 10 août. — Chenille sous la feuille du faux-ébénier, grosses plaques d'un vert pâle en juin et en septembre.

2932. — SCITELLA (Z). — Juin, août, jardins vergers. (Espèce nuisible). Saint-Florent (Cher). Nohant (Indre). Chenille en juillet, septembre sur les arbres fruitiers, taches brunes, renflées, plus foncées au milieu.

GEN. 299. — BUCCULATRIX (Z.)

2934. — NIGRICOMELLA (Z). — Mai, août, Nohant (Indre). — Chenille en avril, juillet sur le *Chrysanthemun leucanthemum*. (Espèce d'Allemagne).

2935. — CIDARELLA (Z). — Juin, bords de l'Indre, Nohant. (Espèce d'Allemagne). — Chenille en septembre sur l'aune, galerie tortueuse, surface supérieure de la feuille, la chenille adulte vit à découvert.

2938. — ULMELLA (Z). — 15 mai, août, Nohant (Indre). — Chenille en septembre, sur l'orme, mine entortillée, près de la nervure médiane de la feuille, vit ensuite à découvert sour la feuille.

2939. — VETUSTELLA (Stt). — Août, bois de chênes. Nohant (Indre). (Espèce d'Angleterre).

2940. — CRATAEGI (Z). — 10 mai, buissons, Saint-Florent (Cher). Nohant (Indre). — Chenille en août sur l'aubépine, mine sous la feuille.

2943. — BOYERELLA (Dup). — Mai, juin, C. Nohant (Indre). Saint-Florent (Cher). — Chenille en septembre, feuilles d'orme.

2948. — FRANGULELLA (Goeze). RHAMNIFOLIELLA (Tr). — Juin. Saint-Florent) Cher). Nohant (Indre). — Chenille en septembre sur le *Rhamnus frangula*, taches pourpres en spirale, petits trous ronds, la chenille adulte vit à découvert sous la feuille.

2955. — THORACELLA (Thubg). HIPPOCASTANELA (Dup). — Mai, août, jardins, Nohant, A C. — Chenille en juin, septembre, sur le tilleul, mine à l'angle de la côte principale et des nervures de la feuille, adulte vit à découvert.

2957. — CRISTATELLA (Z). — Juin et août. Saint-Florent (Cher). Nohant (Indre). Deux générations. — Chenille au 15 avril et mai sur la millefeuille, taches brunes sur les feuilles, puis en juillet.

XXII. — NEPTICULIDAE.

GEN. — 301. — OPOSTEGA. (Z).

2963. — SALACIELLA (Tr). — Mai, juin. Coteaux calcaires, Nohant (Indre).

2968. — SPATULELLA (H. S.) — Saint-Florent (Cher), juin, R.

GEN. 302. — TRIFURCULA (Z).

2971. — IMMUNDELLA (Z). — Nohant (Indre). Juillet, bois de chênes.

Gen. 303. — Nepticula. (Z).

2974. — POMELLA (Vaugh). — Avril, mai, vergers. Nohant (Indre).
— Chenille en octobre sur le pommier. (Espèce d'Allemagne).

2975. — PYGMAEELLA (Hw). Mai, août, haies d'aubépine, vole au
soleil levant. Nohant (Indre). — Chenille en juillet, octobre,
feuilles de l'aubépine, ligne roussâtre près de la nervure
principale. (Espèce d'Angleterre).

2977. — RUFICAPITELLA (Hw). — Mai, août, sur le tronc des
chênes. Nohant (Indre). —Chenille en juillet, octobre, feuilles
de chêne, galeries longues tortueuses irrégulières.

2979. — ATRICAPITELLA (Hw).—Mai, août, sur le tronc des chênes.
Nohant (Indre). — Chenille en juillet, octobre, feuilles de
chênes. (Espèce d'Allemagne).

2981. — BASIGUTTELLA (Hein). — Mont-Dore (Auvergne), juillet.
— Chenille sur le chêne en septembre, octobre. (Espèce
d'Allemagne).

2984. — TILIAE (Frey). — Mai, parcs, jardins, Nohant (Indre). —
Chenille en octobre, feuilles de tilleul, taches blanchâtres.
(Espèce d'Allemagne).

2985. — ANOMALELLA. — Mai, août, jardins. Nohant (Indre). —
Chenille en juillet, octobre, novembre, feuilles de rosiers
(rosa canina) mine tortueuse remplie de déjections.

2987. — VISCERELLA (Stt.) — Nohant (Indre), chemins, haies
plantées d'ormes, en juin, C. (Espèce d'Angleterre). — Chenille
en septembre sur l'orme, mine sur la partie supérieure de la
feuille, se chrysalide au dehors de la feuille.

2988. — AUCUPARIAE (Frey). — Mai, Nohant (Indre). — Chenille
sur le sorbier, en octobre. (Espèce de Suisse).

2989. — MINUSCULELLA (H. S.) — Mai, juillet vergers, C. Nohant
(Indre). —Chenille en juin, août, sur le poirier; galerie étroite.
(Espèce de Suisse).

2993. — PYRI (Glitz). — Mai, Nohant (Indre). — Chenille sur le
poirier, juillet.

2994. — OXYACANTHELLA. (Stt.) — Mai, août, haies d'aubépine,
Nohant (Indre). (Espèce d'Angleterre). — Chenille en juillet,
octobre, feuilles d'aubépine, mine près du pétiole.

2995. — DESPERATELLA (Frey). — Avril, mai, vergers, Nohant
(Indre). — Chenille en octobre, novembre, sur le pommier.
(Espèce d'Allemagne).

3000. — REGIELLA (H S). — Mai, haies d'aubépine. Nohant (Indre).
(Espèce d'Allemagne). — Chenille sur l'aubépine, en septembre, octobre.

3002. — AENEOFASCIELLA (H S.) — Avril, juillet. Creuse. Auvergne. Nohant (Indre). — Chenille sur l'aigremoine, la tormen-
tille, en octobre. (Espèce d'Allemagne).

3007. — SPLENDIDISSIMELA (H S.) — Juillet. Nohant (Indre).
Mont-Dore (Auvergne). — Chenille sur les ronces et les framboisiers. (Espèce alpine).

3008. — AURELLA (Stt). — Mai, août, autour des ronces. Nohant (Indre) C. — Chenille en mars, avril, puis octobre, feuilles de la ronce. *(Rubus fruticosus.)*

3011. — GRATIOSELLA (Stt). — Juillet, Mont-Dore (Auvergne), haies d'aubépine. (Espèce d'Allemagne).

3013. — PRUNETORUM (Stt.) — Mai, haies de prunelliers. Nohant (Indre). — Chenille en octobre, feuilles de prunellier, petite mine entortillée. (Espèce d'Angleterre).

3014. — MARGINICOLELLA (Stt.) — Mai, août, allées d'ormes. Nohant (Indre). — Chenille en juillet, octobre, feuilles d'ormes, mine brune, longue, sinueuse.

3018. — ALNETELLA (Stt.) — Mai, Nohant (Indre), au bord de l'Indre. — Chenille sur l'aune en octobre, mine longue et étroite. (Espèce d'Allemagne).

3022. — CENTIFOLIELLA (Z.) — Mai, C. jardins, Nohant (Indre).— Chenille en octobre, novembre, feuilles de rosiers *(Rosa centifolia)*, mine contournée. (Espèce d'Allemagne).

3023. — MICROTHERIELLA (Stt.) — Sommerère, Sologne du Cher, mai. — Chenille sur le bouleau, le noisetier, octobre. (Espèce d'Angleterre).

3025. — BETULICOLA (Stt.) — Bois de Sommerère, Sologne du Cher, mai. — Chenille sur le bouleau, en octobre. (Espèce d'Angleterre).

3028. — PLAGICOLELLA (Stt.) — Mai, août, vergers. Nohant (Indre). — Chenille en juillet, octobre sur le prunier et le prunellier, plaques blanchâtres rondes. (Espèce du Nord).

3029. — IGNOBILIELLA (Stt.) — Saint-Florent (Cher), mai, juin. (Espèce d'Angleterre). — Chenille sur l'aubépine, octobre.

3035, — GLUTINOSAE (Stt). — Nohant (Indre), bords de l'Indre, juin. (Espèce d'Angleterre). — Chenille sur l'aune en octobre.

3037. — SORBI (Stt). — Mont-Dore (Auvergne), juillet. — Chenille sur le sorbier en octobre. (Espèce alpine).

3038. — TURICELLA (H. S.) — Mars, avril, bois de hêtres. Auvergne. Creuse. Les tailles de Nohant (Indre), R. — Chenille dans la feuille du hêtre. (Espèce de Suisse).

3040. — ARGENTIPEDELLA (Z.) — Juin, Sologne, bois de bouleaux. La Frande, Nohant (Indre). — Chenille en octobre sur le bouleau, plaques brun clair, milieu brun foncé. (Espèce du Nord).

3042. — TITYRELLA (Stt.) — Mai, Crevant (Indre) — Chenille sur le hêtre, en octobre. (Espèce alpine).

3044. — MALELLA (Stt.) — Mai, Nohant (Indre). — Chenille sur le pommier en octobre.

3045. — AGRIMONIELLA (H. S.) — Nohant (Indre), avril, septembre. (Espèce d'Allemagne). — Chenille sur l'*Agrimonia eupatorium*, juillet, octobre.

3048. — ANGULIFASCIELLA (Stt.) — Juin, jardins, Nohant (Indre),

— Chenille en octobre, novembre, feuilles de rosier *(Rosa canina)*, grandes taches irrégulières. (Espèce d'Angleterre).

3049. — RUBIVORA (Wk.) — Mai, Nohant (Indre). — Chenille sur la ronce en octobre, novembre. (Espèce d'Allemagne).

3054. — SALICIS (Stt.) — Mai, août. Nohant (Indre). (Espèce d'Angleterre). — Chenille en juillet, octobre, feuilles de saule, plaques d'un brun pâle ou vert jaunâtre.

3058. — FLOSLACTELLA (Hw.) — Mai, Nohant (Indre). — Chenille sur le noisetier, novembre. (Espèce d'Allemagne).

3064. — SEPTEMBRELLA (Stt.) — Mai, haies, jardins, Nohant (Indre), C. — Chenille en octobre, novembre sur les millepertuis *(Hypericum perforatum* et *pulchrum)*, le cocon reste dans la mine. (Espèce d'Angleterre).

3065. — CATHARTICELLA (Stt.) — Mai, Nohant (Indre), forêts. — Chenille sur le nerprun en novembre.

3067. — WEAWERI (Stt.) — Juin, Gravenoire, Mont-Dore (Auvergne). (Espèce alpine). — Chenille sur le *Vaccinium vitis idea* en octobre.

3068. — SERICOPEZA (Z.) — Mai, Nohant (Indre). — Chenille sur l'érable en octobre. (Espèce d'Allemagne).

3069. — DECENTELLA (H. S.) — Mai, Nohant (Indre), jardins, parcs. — Chenille sur le platane en octobre. (Espèce d'Allemagne).

3071. — TRIMACULELLA (Hw.) — Mai, août, Nohant (Indre). — Chenille en juillet, octobre, feuilles de peupliers, mine irrégulière, pâle, remplie de déjections gris foncé. (Espèce d'Angleterre).

3074. — SUBBIMACULELLA (Hw.) — Mai, sur le tronc des chênes, Nohant (Indre). — Chenille en octobre, feuilles de chêne, plaques restées vertes sur la feuille décolorée par l'automne. (Espèce d'Angleterre).

3076. — ARGYROPEZA (Z.) — Mai, Sologne, Saint-Florent, Allogny (Cher). — Chenille sur le tremble en octobre. (Espèce d'Allemagne).

3079. — TURBIDELLA (Z.) — Mai, Nohant (Indre). — Chenille en octobre, feuilles de peuplier. (Espèce d'Allemagne).

H. MICROPTERYGINA

Gen. 305. — Micropteryx (Hb).

3086. — CALTHELLA (Sc). — R. Mai, buissons, haies d'aubépine. Nohant (Indre).

3088. — ARUNGELLA (Sc.) — R. mai, Nohant (Indre), buissons, haies.

3089. — SEPPELLA (F). — C. Fin mai, prairies humides. Nohant (Indre).

3090. — AGLAELLA (Dup). — T C. 25 mai au 25 juin autour des buissons de prunellier. Nohant (Indre).

3098. — ANDERSCHELLA (H S). — A C. Mai, bois de Saint-Florent (Cher).

3099. — AUREATELLA (Sc.) — R. juin, Saint-Florent (Cher). (Espèce du Nord).

3102. — THUMBERGELLA (F.) — A C. juin, bois frais, prés entourés de haies. Saint-Florent (Cher). Nohant (Indre). (Espèce d'Allemagne).

3103. — SPARMANNELLA (Bosc.) — 15 avril, bois de bouleaux. La Brande (Indre). Sommerère, Sologne (Cher). Auvergne. — Chenille en juin sur le bouleau.

3104. — FASTUOSELLA (Z.) — Sommerère, Sologne, 20 avril, C. Bois de la brande d'Ardentes (Indre). Royat (Auvergne) — Chenille en juin, mine les feuilles de bouleaux.

3106. — UNIMACULELLA (Zett.) Mai, Mont-Dore (Auvergne). — Chenille mine les feuilles de bouleau. (Espèce du Nord).

3108. — SEMIPURPURELLA (Stph). — Avril, bois de la Brande (Indre). — Chenille en avril sur le bouleau et le chêne.

J. PTEROPHORINA

GEN. 307. — CNAEMIDOPHORUS (Wallgr.)

3118. — RHODODACTYLUS (S V). C. Juillet, Saint-Florent (Cher). Nohant (Indre.) — Chenille en mai sur les boutons de rose.

GEN. 308. — PLATYPTILIA (Hb.)

3121. — OCHRODACTYLA (Hb.) — 25 juin, 2 juillet, 10 août, Nohant (Indre), au réflecteur R. — Chenille en avril dans les racines du *Tussilago farfara*.

3124. — GONODACTYLA (S V.) — Mont-Dore (Auvergne,) 15 juillet, 10 août, A C. — Chenille en mai, graines de gentiane. (Espèce alpine).

3125. — FARFARELLA (Z.) — R. Aurillac (Cantal), juillet.

3126. — ZETTERSTEDTTI (Z.) — A C. Mai, juillet, Mont-Dore (Auvergne). Saint-Florent (Cher). Nohant (Indre.) — Chenille en février dans les tiges du *Senecio sylvaticus*.

3127. — NEMORALIS (Z.) — R. 15 juillet, 10 août Mont-Dore (Auvergne). — Chenille dans les tiges du *Senecio nemorensis*. (Espèce alpine).

3128. — TESSERADACTYLA (L.) — R. Mont-Dore (Auvergne), août.

GEN. 309. — AMBLYPTILIA (Hb.)

3130. — ACANTHODACTYLA (Hb). — A R. Juillet, octobre, hiverne
et reparaît en mars, Saint-Florent (Cher), Nohant (Indre). —
Chenille dans les fleurs de l'*Ononis spinosa* et du *Stachys
palustris*, mai, septembre.

3131. — COSMODACTYLA (Hb). — Murat (Cantal), août, R. (Espèce

GEN. 310. — OXYPTILUS. (Z)

3133. — TRISTIS (Z). — C. Juin. Saint-Florent (Cher). Nohant (Indre).

3134. — DISTANS (Z). — R. Juillet, Mont-Dore (Auvergne).

3136. — PILOSELLAE (Z). — C. Juin, Saint-Florent (Cher) Nohant
(Indre). — Chenille. en mai sur l'*Hieracium pilosella*.

3137. — HIERACII (Z). — A R. Juillet, Saint-Florent (Cher) Nohant
(Indre). — Chenille en mai, juin, sur l'*Hiéracium umbellatum*
dans les feuilles réunies en paquet.

3139. — ERICETORUM (Z). — R. juin. Saint-Florent (Cher).

3140. — DIDACTYLUS (L). — A R. Juin. Saint-Florent (Cher).
Nohant (Indre).

3143. — PARVIDACTYLUS (Hw). OBSCURUS (Z). — A C. Juin,
septembre, Nohant (Indre), Saint-Florent (Cher).

GEN. 311. — MIMAESEOPTILUS (Wallgr.)

3149. — PHAEODACTYLUS (Hb). — Gravenoire (Auvergne), 25 juin,
juillet.

3151. — PELIDNODACTYLUS (Stein). — A R. juin, prés secs,
lisières des bois secs, Nohant (Indre). — Chenille en janvier
dans les tiges du *Saxifraga granulata*, jusqu'en mai.

3152. — SEROTINUS (Z.) — R. Nohant (Indre), juin. — Chenille en
mai dans les tiges et les fleurs de scabieuses, puis en octobre.

3153. — ZOPHODACTYLUS (Dup.) — A C. mai, août, Nohant (Indre).
— Chenille fin juillet dans les capitules de la petite centaurée
(Erythrea centaureum), puis en septembre.

3156. — COPRODACTYLUS. — A R. mai, Saint-Florent (Cher). Mont-
Dore (Auvergne), juillet.

3158. — PLAGIODACTYLUS (Stt.) — A R. mai, septembre, Auver-
vergne. — Chenille en juillet sur la *Globularia vulgari*
(terrains calcaires), puis en novembre.

3161. — PTERODACTYLUS (L.) — C. 10 mai, juin, septembre,
Nohant (Indre), Cher, hiverne et reparaît en mars, avril. —
Chenille sur la *Veronica chamaedrys*, avril, juillet, octobre.

3163. — STIGMATODACTYLUS (Z.) — Royat (Auvergne), août.

GEN. 312. — OEDEMATOPHORUS (Wallgr.)

3165. — LITHODACTYLUS (Tr.) — A R. Saint-Florent (Cher). 20
mai.

GEN. 313. — PTEROPHORUS (Wallgr.)

3167. — MONODACTYLUS (L.) — A C. mai, août, septembre, hiverne
et reparaît en mars. Nohant (Indre). Saint-Florent (Cher). —
Chenille en avril, juillet, octobre sur les liserons, sur le *Chenopodium album* et l'*Atriplex patule*.

GEN. 314. — LEIOPTILUS (Wallgr.)

3168. — SCARODACTYLUS (Hb.) — A C. mai, juillet, 25 septembre,
Nohant (Indre). Saint-Florent (Cher). — Chenille en juin,
septembre sur l'épervière.

3170. — TEPHRADACTYLUS (Hb.) — R. juillet, Saint-Florent (Cher).

3173. — CARPHODACTYLUS (Hb.) — R. juillet, Mont-Dore (Auvergne). (Espèce d'Allemagne).

3174. — MICRODACTYLUS (Hb.) — R. mai, juin, Saint-Florent
(Cher), bois humides. — Chenille sur l'*Eupatorium cannabinum*, dans les fleurs, hiverne et s'y chrysalide. (Espèce
d'Allemagne).

3177. — OSTEODACTYLUS (Z.) — A C. juin, bois de Saint-Florent
(Cher). Nohant (Indre). — Chenille sur le seneçon et sur le
Solidago virgaurea.

3178. — BRACHYDACTYLUS (Tr.) — R. Gargilesse (Indre), juillet.
— Chenille sur la *Lactuca muralis* en avril.

GEN. 315. — ACIPTILIA (Hb.)

3181. — SPILODACTYLA (Curt.) C. juin, août, Châteaubrun (Indre),
Saint-Florent (Cher), Nohant (Indre), R. — Chenille fin avril,
juillet sur le *Marubium vulgare* et la *Ballota fetida*.

3187. — XANTHODACTYLA (Tr.) — A R. juillet, bois de Saint-Florent (Cher).

3191. — BALIODACTYLA (Z.) — A C. juin, Nohant (Indre), Saint-Florent (Cher).

3194. — TETRADACTYLA (L.) — C. juillet, Nohant (Indre), Saint-Florent (Cher). — Chenille en juin sur le *Thymus serpillus*.

3195. — MALACODACTYLA (Z.) — C. juillet. Endroits arides. Nohant
(Indre). Saint-Florent (Cher).

3197. — ISCHNODACTYLA Tr.) (— Saint-Florent (Cher) R. juillet.

3201. — PENTADACTYLA (L.) — C. juin, juillet, août, septembre,
Nohant (Indre), Saint-Florent (Cher), Guéret (Creuse). Auvergne. — Chenille en avril, juillet, sur les crucifères.

3202. — PALUDUM (Z.) — Les étangs Brisses (Indre), R. juillet.
(Espèce d'Angleterre).

K. ALUCITINA

Gen. 316. — Alucita.

3208. — GRAMMODACTYLA (Z.) — A R. juin, forêt de Saint-Chartier (Indre). Bois de Saint-Florent (Cher).

3211. — HEXADACTYLA (L.) POLYDACTYLA (Hb.) — C. juillet,
jardins, vergers, hiverne et pond en avril. Nohant (Indre).

3212. — HUBNERI (Wallgr.) HEXADACTYLA (Hb.) — C. mai,
hiverne et pond en avril, intérieur des maisons, Nohant
(Indre).

ACCLIMATATIONS

Sericaria (Bombyx.)

. — MORI (Ver à soie du murier, origin. de la Chine). — Bourges,
Saint-Florent-sur-Cher. Nohant (Indre). Se nourrit de feuilles
de murier, fait son cocon et se chrysalide, juin, éclot du 20
au 25 juillet, les pontes sont de 400 œufs.

Attacus (Bombyx.)

2. — CYNTHIA (Ver à soie de l'ailante, origin. des Indes). — Nohant
(Indre). Le comte de Lamotte - Baracé (Indre-et-Loire), le
papillon éclot du 26 juin au 5 juillet. — Chenille vit sur
l'ailante.

Antheraea (Bombyx.)

3. — YAMA--MAÏ (Ver à soie du chêne, origin. du Japon). — Nohant
(Indre). M. Vote, à Romorantin (Loir-et-Cher). — La chenille
vit sur les chênes. Elle sort de l'œuf du 15 au 18 avril. La
nourrir d'abord avec les jeunes pousses, puis avec les feuilles
à tout leur développement, l'arroser souvent. Elle fait son
cocon et se chrysalide du 15 au 18 juillet. — Le papillon éclot
du 25 au 30 août, s'accouple, le ♂ meurt après l'accouplement,
la ♀ pond pendant trois jours 200 œufs. Les œufs passent
l'hiver.

4. — PERNYI (Orig. du nord de la Chine). — Nohant (Indre),
l'accouplement dure de vingt-quatre à quarante-huit heures.
La ♀ pond de 150 à 200 œufs. — Chenille vit sur le chêne en
mai, juin, se chrysalide en juillet, éclot à la fin d'août.

TABLE ALPHABÉTIQUE DES FAMILLES

N.-B. — Les chiffres se rapportent aux numéros des pages.

www.ingramcontent.com/pod-product-compliance
Lightning Source LLC
Chambersburg PA
CBHW071941090426
42740CB00011B/1767